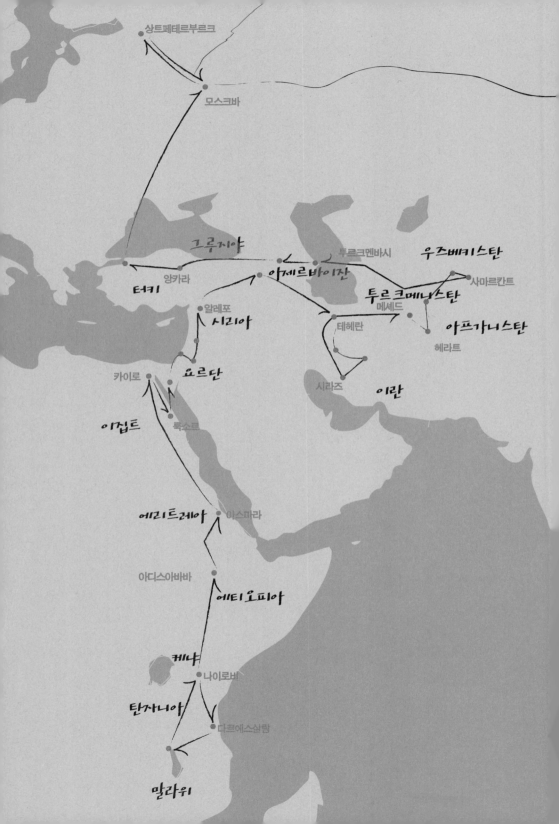

4

아프리카 · 중동 · 중앙아시아

바람의 딸
걸어서 지구 세 바퀴 반 1

바람의 딸
걸어서 지구 세 바퀴 반

한비야 1

아프리카 | 중동 | 중앙아시아

푸른숲

이 책을 아프리카와 중동에 흩어져 있는
난민 어린이들, 특히 아프가니스탄에서
왼다리와 오른팔이 잘려나간 채
꼬질꼬질한 손으로 내게 빵을 건네주던
꼬마 친구에게 바친다.

:: 개정판 서문 ::

나의 가장 좋은 것만 주고 싶은 여러분께

"정말 못 말리는 에너지 덩어리였군."

개정판을 내느라 '바람의 딸' 세계 일주 편을 다시 읽는 내내 이런 혼잣말이 저절로 나왔다. 책 속에서는 15년 전의 내가 온몸으로 세상과 만나고 있었다. 때로는 즐겁게 때로는 힘겹게, 그러나 언제나 기대와 호기심에 가득 차서.

7년 동안 나는 혼자서 아프리카, 중동, 중앙아시아, 중남아메리카와 아시아를 육로로 돌았다. 온갖 곡절을 겪으며 국경을 넘나들고, 기차나 버스는 물론 고물 트럭 짐칸이나 낙타도 얻어 타며 다니고, 최고급 호텔에서 동굴까지 갖가지 숙소에서 자고, 먹을 수 있는 것은 뭐든지 먹으며, 셀 수 없이 많은 사람들을 만났다. 그런데 이상한 건 이렇게 정신없이 돌아다니는 사람이 지치는 기색도 없다는 거다.

중국 윈난성의 중뎬에서 티베트의 라싸로 가는 길처럼 100시간 이상 기차와 버스를 탔으면 지치고 여행에 진저리가 날 만도 한데, 책 속의 나는 씩씩하고 힘이 넘친다. 신기하다. 도대체 저런 힘은 어디서 나왔을까?

다시 만나는 그때 그 사람들은 또 얼마나 반가웠는지 모른다. 내 마음을 설레게 했던 이란 반정부 지도자, 볼리비아 산속에서 혼자 사시는 할머니, 아프가니스탄에서 내게 빵을 주던 꼬마, 라오스 물놀이 축제에서 신나게 같이 놀던 다국적 배낭족 연합군⋯⋯. 10년도 넘은 일이라 가물가물할 줄 알았는데, 한 명 한 명 사진처럼 선명하게 머릿속에 되살아난다.

그러나 누구보다도 반가운 건 바로 나였다. 서른다섯 살, 그때의 나를 만나는 건 참으로 재미있고 즐거웠다. 책을 읽으며 지금보다 훨씬 겁 없고 발랄하고 사랑스러운 나도 만났고, 매우 당돌하고 거칠고 툭 하면 울고 웃고 화내는 나도 만났다. 어느 때는 머리를 쓰다듬어주고 싶도록 기특한 나도 있었고 정말 한 대 탁, 때려주고 싶을 만큼 얄미운 나와도 마주쳤다.

그러나 어쩌랴. 내 마음에 들든 들지 않든 그게 15년 전의 내 모습이고 내 인격이고 내 수준인 것을. 지금의 잣대로 과거의 나를 재는 것은 가혹할 뿐만 아니라 옳지도 않다. 그때도 나름대로 할 수 있는 최선의 노력을 다했을 테니까 말이다. 그래서 나는 과거의 내 모습 그대로를 사랑하기로 했다.

개정판 작업을 하면서 담당 편집자에게 신신당부했다.

'전 4권의 원문은 정보나 사실이 틀리거나, 문법적으로 맞지 않는 경우가 아닌 한 절대로 고치지 말 것!'

책을 새로 단장해 내면서, 나라고 왜 멋지게 문장을 다듬고 깊은 생각을 보태 좀 더 매력적으로 보이고 싶지 않겠는가. 그러나 거친 문장과 표현일지라도 그것 역시 그때의 내 문장 실력이고 내 사고의 깊이이기에 그대로 놔둬야 한다고 생각했다.

사진도 그렇다. 다른 여행 책에 비해 거의 없다시피 한 사진도 확 늘리고 흑백사진도 컬러로 바꾸고 싶은 마음이 전혀 들지 않았다면 거짓말이다. 그러나 나는 독자들이 눈으로 보는 사진보다는 마음으로 듣는 내 이야기에 좀 더 집중했으면 했다. 그래서 되도록 적게 넣자고 마구 우겼다.

'바람의 딸' 시리즈의 첫 번째 책이 1996년에 나왔으니까 벌써 12년이 흘렀다. 그동안 나는 오지 여행가에서 긴급 구호 팀장으로 변했다.

책도 그 후에 쓴 여섯 권을 보태 모두 일곱 권이 나왔다. 누가 뭐래도 지난 12년간 나는 세상에서 가장 행복한 작가였다고 생각한다. 얼떨결에 베스트셀러 작가가 되어서도, '바람의 딸'이라는 예쁜 별명을 얻어서만도 아니다. 바로 독자들 때문이다. 나처럼 많은 독자 편지를 받는 작가가 또 있을까? 그들이 내게 보내준 수천 통의 편지는 그저 책에 대한 감상이 아니었다. 내 책이 자신의 삶을 비추는 작은 등불이라고 했다. 하고 싶은 일을 찾았다고 했다. 용기가 없어 망설이던 여행을 드디어 떠난다고 했다. 그 가운데는 이런 고백도 있었다.

'질풍노도 같았던 사춘기에, 그리고 너무나 막막했던 20대 초반에 내 곁엔 늘 언니가 있었어요. 앞으로도 많이 흔들리겠지만 뿌리째 뽑히지는 않을 것 같아요. 고맙습니다. 이 고마운 마음, 달라진 삶으로 보답하겠습니다. 꼭 그렇게 할게요, 비야 언니.'

이런 사연이 나를 울린다. 더불어 내 책을 읽고 무엇인가를 결심한 독자들에게 무한한 애정과 동시에 강한 책임감을 느낀다. 나는 정말이지 내 책을 읽는 독자들에게 내가 가진 것 가운데 가장 좋은 것만을 주고 싶다. 내 동생, 내 조카 혹은 내 아들, 딸뻘일 친구들에게 좋은 에너지는 물론 좋은 유전자도 함께 전해주고 싶다.

한국인, 여자, A형 등 부모님으로부터 받은 내 생물학적인 유전자를 전할 기회는 점점 줄어들고 있지만, 내 경험과 책을 통해 시공을 초월하며 만난 사람들과 동시대의 스승들에게서 물려받아 형성된 나의 사회적 유전자는 여러분과 기꺼이 나누고 싶다. 모든 유전자에는 우성과 열성이 있는 법. 급하고 참을성 없는 다혈질 유전자나 지나치게 감정에 치우치는 비논리적인 유전자는 전해지지 않았으면 좋겠다.

대신 늘 난 운이 좋다, 복도 많다 생각하는 긍정적 유전자, 어떤 상황에서든 끝까지 해보려는 최선 유전자, 뭐든지 궁금한 호기심 유전자, 타인과 더불어 행복하겠다는 행복 유전자 그리고 한국의 아들, 딸로만이 아니라 세계의 아들, 딸로 살겠다는 세계시민 유전자는 그대로 옮겨주고 싶다. 그렇게 할 수 있으면 정말 좋겠다.

　또 한 가지 이번에 확실히 깨달은 것이 있다. 내가 무사히 여행을 마칠 수 있었던 건 다름 아닌 기도 덕분이라는 사실이다. 가족과 친구, 가까운 사람들은 물론, 이름도 성도 모르는 수많은 분들이 여행 중인 나를 위해 각자의 신께 간절히 기도해주지 않았다면 내가 어떻게 그 험한 육로 세계 일주를 손가락 하나 다치지 않고 끝낼 수 있었을까? 참으로 고맙고도 고마운 일이다.

　이제는 내 차례다. 그래서 나는 얼마 전부터 내 책을 읽는 사람들, 책을 읽은 후 길 떠나는 사람들, 그리고 이런저런 중요한 결심을 한 사람들을 위해 나의 하느님께 매일 기도 드리고 있다. 부디 그들을 보호해주시고 그들에게 용기와 지혜를 주십사 간청하는 기도, 이 기도를 앞으로도 계속할 작정이다. 이 책이 사라지는 날까지 그럴 것이다.

　책 만드는 사람들은 책도 운명과 수명이 있는 유기체라고 한다. 이 책은 좋은 운을 타고나서 10년 이상 여러분과 사랑을 주고받았다. 그러나 이 책도 제 역할을 다하고 나면 이 세상에서 사라질 것이다. 그때가 언제일지는 아무도 알 수 없는 일. 나는 그날까지 지금처럼 여러분과 마음껏 내 여행 얘기를 나누고 싶다. 더불어 내가 앞으로 겪게 될 새로운 경험과 깨달음, 어려움과 고통까지 나누며 함께 성장하는 기쁨도 한껏 누리고 싶다.

　이제 드디어 나와 함께 좌충우돌, 흥미진진한 세계 일주 여행을 떠날 시간이다. 이번엔 좀 긴 여행이 될 테니, 떠나기 전에 한 번 더 배낭끈을 꽉 조이고 신발 끈도 바싹 붙들어 매길 바란다.

　자, 이제 문밖으로 나가자. 나가서 온 세상을 가슴 가득 품어보자.

2007년 10월
아프리카 짐바브웨에서
한비야

:: 차례 ::

개정판 서문 나의 가장 좋은 것만 주고 싶은 여러분께 6

책 머리에 나의 세계 여행이 있기까지 17
돌아가신 아버지와의 약속 18 | 제2의 부모 위튼 씨 부부 도움으로 미국 유학 20
유럽 배낭여행으로 자신감 얻어 25 | 언제, 어디로, 어떻게 떠날까? 27
'나 홀로 여행'은 나 자신과의 여행 31 | 여행 1년은 평범한 인생 10년 34

이란·아프가니스탄 39

반정부 지도자와 나눈 열흘간의 사랑
걸프 해변 방파제 데이트 40 | 그와 함께 있어 더 좋은 테헤란 44
마지막 날의 뜨거운 입맞춤 48

신드바드의 나라 페르시아
프랑스 거지가 가르쳐준 이란 비자 받는 법 52
팔자에 없는 '이복동생' 야스오 54 | 귀여운 여대생 미나네 집 구경 58
"여기서 내 아들하고 같이 살아" 60 | 1500년 동안 타고 있는 불 64

탈레반 병사 사진 찍다 총살 직전까지
종군기자 말만 믿고 겁 없이 전쟁터로 68
여자는 집 아니면 무덤에 있어야 한다 71 | 목숨과 바꿀 뻔한 사진 두 장 75

커피 한 잔이면 어린이 셋을 살릴 수 있다
지뢰밭에서 노는 아이들 79 | 아! 이 일을 하고 싶다 81

투르크메니스탄 · 우즈베키스탄 · 터키 85

칼바람 속에 울며 넘은 국경
내 여권이 가짜라고? 86 | 얼굴이 텅 비어버린 사람들 90
고려인 아줌마의 뜨거운 밥상 93

사마르칸트의 귀한 사랑
중앙아시아의 옥외 박물관 부하라 97 | 사마르칸트, 이슬람제국의 진주 100
혼자 맞는 새해는 너무 외로워 103

연분홍 치마가 봄바람에 휘날리더라
얼떨결에 러시아 경찰을 물리치다 105 | 눈물의 밤 기차 15시간 108
밀항 파티, 보드카는 내가 쏜다 110 | "나타샤 나타샤, 챙기 챙기" 113

내 품에 안긴 터키 꼬마 친구
천 개의 얼굴 천 개의 매력 117 | 외국 손님 찻값은 안 받겠다고? 119
"비야 이모 따라 한국 갈래" 120

산 산 산, 단풍 단풍 단풍
운전사 싸브리, 간 떨어지다 125 | 쿠르드 할머니가 싸 주신 달콤한 살구 128
유스펠리에 가보지 않고 가을 산을 말하지 말라 129

세계에서 가장 이름값 하는 도시 이스탄불
카파도키아의 동화 속 동굴 방 134 | 터키탕 체험기 136
세계 배낭여행자들의 사부가 되다 138 | 내 목소리도 잠재운 수다 퀸의 내공 141

케냐·탄자니아·말라위 145

잠보! 아프리카 첫날부터 강도를 만나다
따끈따끈한 정보가 넘치는 배낭족 숙소 146
대낮의 무법천지, 케냐 나이로비 149 | 당신의 사랑은 어떤 모습인가 150
사자는 장난으로 약자를 죽이지 않는다 154 | 현지인들의 마음을 여는 열쇠 158

맘바 마을 '프로' 엄마의 사랑
미혼모가 더 인기 있는 이유 161 | 일만 하는 여자들이 더 많이 웃는다 164
장관님, 전 관심 없거든요 166 | 이별 없는 마을은 없을까? 167

킬리만자로는 내게 천천히 가라 한다
정상에 오른 사람의 행복한 얼굴 171 | 고산병, 인간에게 보내는 자연의 경고 173
아름다움은 고통을 뛰어넘는다 175 | 마침내 정상, 그러나 시력을 잃다 177
아싼테 싸나, 고마운 내 몸 180

슬픈 역사의 아름다운 섬 잔지바르
올드스톤 타운에서 길을 잃다 183 | 코란으로 점치고 부적 만들고 185
그 사람 조나단 188

여행은 떠나는 자만의 것이다
범선을 타고 인도양을 떠다니며 191 | 흑백영화 같은 기찻길 194
말라위에서는 라르고의 속도로 198 | 진심으로 원하는 일 하며 살기 200
걸을 줄만 알면 일하는 호숫가 아이들 203

여행의 가장 큰 소득은 자신에 대한 믿음
젊은이는 오버랜드 트럭을 타라 206 | 잠깐 머문 곳도 내게는 고향 207
"누나, 콘돔 가지고 다녀요?" 209 | 빗속의 귀곡 산장 212
10달러에 산 탄자니아 입국 도장 215

우유만 먹고도 용맹한 마사이 사나이들
신들린 한국말 수다 218 | 한 남자의 아내 넷이 친자매처럼 살아 220
내 생애 첫 딸기 우유 223 | 마사이, 문명이 범치 못한 원시의 위엄 226
물만 있으면 부러울 게 없다 228 | 한비야, 케냐 TV 뉴스에 나오다 230

보란족, 남녀평등? 좋아하시네
트럭 얻어 타고 가다 엉덩이 다 까져 233 | 킴의 눈빛 236
언니 같은 국경 병원 이탈리아 수녀 237 | 최소한의 것만으로 감사하며 살기 239
내 룸메이트는 어린 송아지 242 | 여자의 몸값은 소 다섯 마리 245
앞니가 벌어져야 미인 246

에티오피아·에리트레아·이집트 251

커피의 원산지가 어딘지 아시나요
에티오피아의 1년은 13개월 252
눈에 띄는 밀수 작전, 눈감아주는 검문 작전 254
말라리아 예방약 때문에 황달 걸리다 256 | 젖가슴 예쁜 콘소 마을 처녀들 258
닭 잡는다고 식칼 들고 설쳐 261 | 벌거벗고 근무하는 누드 경찰서장 264

말라리아보다 무서운 라면 결핍증
만나는 사람마다 모두 내 가족 267 | 아디스아바바에서 보낸 부활절 269
오, 블루나일! 272

우울한 사람은 시멘 산으로 가라
랄리벨라의 교회는 천사들이 만들었다네 276
서서히 드러나는 '영국 히피'의 정체 278 | 그리스 신들의 체스 놀이판 280
이그, 진작에 얘기를 하지 284

에리트레아, 들어는 보셨나요
악, 하고 숨 막히는 '악숨' 가는 길 287 | 30년을 싸운 작은 거인 289
군더더기 없는 삶의 아름다움 293

아프리카와 중동의 교차점 이집트
카이로는 45℃ 296 | 3시간 만에 백 년 전으로 298
남편 앞에서만 허락되는 춤 솜씨 300
사랑 잃은 남자의 마음 다지기 여행 303
사막에는 태고의 정적이 남아 있다 305 | 흑사막 오아시스의 꿀수박 307

푸른 나일 강 달빛 여행
과일 칵테일 같은 도시 카이로 311 | 룩소르에서 파라오의 욕망을 만나다 312
돛단배 타고 3박 4일 흐르고 흘러 314

요르단·시리아 319

천 년을 묻혀 있던 로즈 시티, 페트라
다하브는 배낭족의 파라다이스 320 | 아라비아의 로렌스가 마신 샘물 322
놀라움에 젖어 해가 지다 325 | 사해에 누워서 정말 책을 읽을 수 있을까? 327

베두인족은 목숨은 내놔도 손님은 내주지 않는다
여권에 이스라엘 흔적을 남기지 마라 330 | 그들 모두의 예루살렘 331
양 몇 마리면 돼요? 334

팔레스타인, 내 가슴을 아프게 하는 땅
남한 사람 절대 입국 금지 339 | 이야기로 듣는 팔레스타인 투쟁사 341
팔미라에서 읽은 한국인 편지 344 | 칠겹살 시리아 여자들과 알몸 사우나 348

러시아·시베리아 횡단 열차 353

마음까지 얼어붙는 모스크바
무표정, 무관심, 무반응, 온통 화난 사람들 354
강도보다 경찰이 더 무서워 356 | 놓칠 뻔했던 모스크바의 아름다움 358

9500킬로미터, 178시간, 시베리아 횡단 열차
7박 8일간의 룸메이트 361 | 러시아 아저씨의 세뱃돈 364
이 순간의 키워드는 보드카 366 | 강아지 밀수꾼에 마피아까지 368
끝없는 평원, 지구는 평평하다 371

내일이면 '우리 집'에 간다
베이징에서도 보이는 건 한국뿐 375 | 떡볶이, 김치찌개, 비빔국수…… 377

■ 일러두기
1. 외래어표기는 '국립국어연구원'의 '외래어표기법'에 따랐다.
2. 현지인들과의 대화나 정확한 표기법이 확인되지 않는 말은 현지 발음에 가깝게 표기했다.
3. 역사, 지리 등의 사전적 지식은 '브리태니커 백과사전'에 준했다. 단, 해당 지역의 홍보용 안내 책자에 따른 경우도 있다.
4. 국가명, 지명 등은 현재의 공식 명칭에 따랐다.

:: 책 머리에 ::

나의 세계 여행이 있기까지

"개인적인 이유로 사표를 제출합니다."

이름난 국제 홍보 회사의 나름대로 잘나가던 마케팅 차장 직을 그만둔 건 유학 후 한국에 돌아와 입사한 지 만 3년 만이었다.

"사직은 절대 안 돼요. 한 3개월쯤 휴가를 주면 그 바람기 재우고 올 수 있겠어?"

나와 팀워크가 잘 맞아 신바람 나게 함께 일하던 미국인 직속상관은 느닷없는 사표에 어안이 벙벙. 그때는 승진 말도 오가던 판이었다. 그러나 나는 조금도 망설이지 않았다. 아니, 망설일 수가 없었다. 이건 바람기 차원이 아니라 오래전부터 계획된 내 인생의 중요 프로젝트였기 때문이다.

'세계 일주 여행!'

그렇다. 나는 사람들이 생각하는 것처럼 어느 날 문득 일상에서 벗어나고 싶어 훌쩍 여행을 떠난 것이 아니다. '쪼는' 상사가 꼴 보기 싫어 사표 내던지고 홧김에 떠난 여행은 더욱 아니다. 미국에서 늦은 학업을 마치고 돌아오던 때부터 그 계획은 착실하고 치밀하게 준비된 것이다.

: 돌아가신 아버지와의 약속

내가 세계 일주를 꿈꾸게 된 것은 지금은 이 세상에 계시지 않는 아버지 덕분이다. 중앙 일간지 기자이셨던 아버지는 일찍 들어오신 날이면 저녁을 먹은 후 우리 4남매를 모아놓고 우리나라 지도와 세계 지도에서 나라 이름, 도시 이름, 산과 바다 이름 찾는 놀이를 하셨다. 그러면서 우리가 잘 알아듣지도 못하는 국제 역학 관계나 분쟁 지역 이야기를 수없이 들려주셨다.

자연히 내 관심은 세계로 넓어졌는데, 여기에 기름을 부은 책이 《김찬삼 세계 여행기》와 쥘 베른이 쓴 《80일간의 세계 일주》. 김찬삼 여행기에서 나는 그때로는 달나라 여행보다 더 먼 나라 얘기로 느껴졌던 세계 일주를 '한국 사람도 할 수 있다'는 가능성을 보았고, 《80일간의 세계 일주》에서는 '비행기를 타지 않고도 80일 만에 한 바퀴를 돌 수 있을 만큼 세계가 작다'는 것을 알았다.

"아버지, 나도 크면 세계 일주 할 거야. 이 아저씨처럼."

"그래, 꼭 해보렴. 너희가 컸을 때는 그게 가능할 테니까."

아버지는 진심으로 그렇게 되길 바라시며 내 막연한 꿈을 응원해주셨다.

내 꿈의 씨앗이 싹 틔우려고 꿈틀거린 건 고등학교 졸업 직후, 시험지에 이름만 똑바로 쓰고 나오면 합격은 문제없다던 담임 선생님의 장담이 무색하게도 대학 입시에서 보기 좋게 미역국을 먹고만 때였다.

대학에 떨어지고 나는 고교 3년간 저금한 돈을 가지고 제주도로 향했다. 그곳에 아는 사람이 있는 것은 아니었다. 수중에 돈도 있고 시간도 있고 울적한 마음도 달랠 겸 우리나라에서 갈 수 있는 맨 끝까지 가보자는 생각이었다.

엄한 집에 말해봤자 안 된다고 하실 것은 뻔한 일. 이때 소위 '이유 있는 가출'을 한 거다. 서울에서 완행열차를 타고 목포로, 목포에서 배를 타고 제주도로 갔다.

눈물 나게 아름다운 그곳의 비경에 황홀해하며 자전거를 빌려 타고 섬 안을 돌아보기도 하고, 친절한 해녀 아줌마한테서 갈치 국에 밥도 얻어먹었다. 그리고 거기서 배를 타고 부산으로, 강릉으로, 설악산으로 돌아다녔다. 꽤 많던 돈이 바닥날 때까지 팔도 유람을 한 거다.

보름 만에 집에 들어설 때는 머리를 몽땅 깎이거나 다리몽둥이가 부러질 각오를 했다. 태어나서 처음으로 무단가출을 한 데다 전화로 짧게 일방적인 소식만 전하고 말았으니 최소한 한 달 외출 금지 정도까지는 갈 거라고 생각했다.

그랬는데 웬걸, 나를 맞는 가족의 태도가 생각과는 전혀 딴판이었다. 내 '가출 유람'에 대한 처음의 분노가 걱정으로, 그게 다시 기도로 바뀐 지 오래. '제발 무사히 돌아와만 다오.' 하고 있는 터에 집에 들어선 것이다. 그러게 모든 일에는 타이밍이 좋아야 하는 거다.

이 사건을 계기로 내가 하고 싶은 일을 할 때는 허락을 받던 체제가 통고만 하면 되는 체제로 변했다. 물론 집안 가족들이 나를 믿어주었기 때문이겠지만, 이건 내 양어깨에 날개를 단 것 같은, 정말 기가 막힌 자유였다.

이때부터 대학에 입학하기 전까지 6년간 우리나라 구석구석을 발이 닳도록 돌아다녔다. 그때는 《구름에 달 가듯이》라는 국내 여행안내서가 있었는데, 그 책에 나오는 곳은 한군데도 빠트리지 않고 다녀보리라 마음먹은 적도 있었다.

당시만 해도 지나가는 사람 불러 밥 먹이고, 밥 먹는 동안 감자 삶아 싸 보내는 것이 시골 인심이었던 때라 숱하게 공짜 밥도 얻어 먹고 공짜 잠도 얻어 잤다.

: 제2의 부모 위튼 씨 부부 도움으로 미국 유학

'대학에 가야겠어.'

대입 선발 고사를 일곱 달 남겨두고 한 결심이다. 나는 그때 여러 가지 아르바이트로 용돈을 벌고 집안 생활비까지 보탰다. 고등학교 때 친하게 지내던 캐나다 선교사 덕분에 할 수 있었던 영어 번역과 통역이 가장 큰 돈벌이 종목이었다. 그 외에도 초등학교 학생들의 과외 선생, 임시 세무 공무원, 클래식 음악실 디제이 등 시간이 허락하는 한 다양한 일을 했다.

번역 일은 하이틴 문고나 중고교생용 잡지에 실리는 외국 연애소설이었는데, 나는 고졸이라는 이유로 대학생 아르바이트에 비해 번역 원고료를 반밖에 받지 못했다. 그렇지만 이런 일을 고정적으로 할 수 있다는 것만도 감지덕지하며 부당한 대우를 짐짓 모른 체했다.

소설의 내용은 대개 멋진 여자와 멋진 남자가 멋진 곳에서 만나 첫눈에 반해 사랑에 빠진다는 뻔한 내용이었지만, 나는 나름대로 어휘력과 문장력을 총동원해 번역하면서 재미도 느끼고 곧 자신감도 얻게 되었다. 이제는 슬슬 이 '반값 대우'가 억울하다는 생각이 들기 시작했다.

"언니, 내가 번역한 건 다시 손볼 것도 없다면서?"

"그래, 네 번역이 아르바이트생 가운데 제일 좋다고 하던데."

"그러니까 내 번역 원고료, 대학생들하고 똑같이 쳐줘요."

"얘는, 나도 그러고 싶지만 넌 대학생이 아니잖아. 출판사에도 규정이 있는데……."

규정? 이게 말로만 듣던 '대학물 값'이란 건가. 결과적으로 나타나는 실력이나 개인의 능력과는 상관없이 애초부터 이 사회에 그어져 있는 선, 이것이 그 언니가 말하던 규정이었다.

난 자신이 있었다. 세상을 살아가는 데 필요한 일반 지식은 고등학교만 나오면 충분하다고, 그 후의 알차고 풍요로운 삶은 학벌에 의해 결정되는 게 아니라 자신의 삶을 위해 스스로 얼마나 노력하느냐에 달린 것이라고 생각해왔다.

그러나 이 일이 있은 후 나는 곰곰이 생각해보았다. 이후에도 고졸자로서 당당하게 사회적인 편견과 부당한 대우를 감당할 자신이 있는가. 아니, 그 벽을 뛰어넘을 자신이 있는가.

며칠 뒤 나는 대학에 가기로 결심했다. 일단 결심한 이상 꿈은 크게, 서울대 영문과를 목표로 정하고 다음 날부터 연일 코피가 터지는 입시 전쟁에 돌입했다. 재수하는 데 드는 학원비와 대학 첫 학기 등록금, 내 용돈과 집안 생활비를 벌어야 했기 때문에 하던 일을 그만둘 수도 없었다.

시간이 절대적으로 부족했다. 잠자는 시간을 4시간 이하로 줄이고 공부할 수 있는 시간에는 최대한 정신을 집중해야 겨우 승산이 있으리라고 생각했다.

클래식 음악실에서는 짧은 신청곡은 무시하고 길고 긴 교향곡만 몇 곡씩 틀어놓고 공부를 했다. 초등학교 아이들에게 수련장을 풀게 하고 잠깐 눈을 붙인다는 게 그만 코까지 골며 자버리기도 했다. 아무리 집중을 하려고 해도 쏟아지는 잠 때문에 필사적인 노력을 해야 했다.

그렇게 몇 달이 지났다. 그사이 아주 신기한 변화가 생겼다. 이 힘겨운 입시 준비가 점점 행복한 시간으로 느껴지는 것이었다. 내가 스스로 세운 목표를 향해 매진하고 있다는 뿌듯한 만족감이 내 마음속에 충만했다.

그렇다. 나는 이때 난생처음으로 내가 가진 모든 것을 총동원해 혼신의 노력을 기울였다. 그렇게 최선을 다하고 있는 나 자신이 스스로도 아주 자랑스러웠다. 처음엔 오기와 자존심 때문에 시작한 공부가 내 인생에 귀하고도 귀한 교훈을 남긴 것이다. 최선을 다하는 삶이 아름답다는 것 그리고 어떤 일에 최선을 다했다면 나타나는 결과와 상관없이 후회나 미련이 없다는 것을.

내가 이 기간을 통해 얻은 최선을 다하는 방법이란 목표는 높게, 계획은 치밀하게, 실천은 확실하게 해야 한다는 것이다. 이것이 그 후부터 지금까지 내 인생 원칙이 되었다. 이 원칙이 없었다면 지금의 내 세계 여행은 여전히 꿈으로만 남아 있을지 모른다.

겨울이 오고, 시험을 보고, 결과가 발표되었다. 결과는 고득점, 원하는 대학에 갈 수 있는 성적이었다.

그러나 나는 홍익대 영문과에 특별장학생으로 들어갔다. 대학 4년 등록금 전액 면제에 방학을 포함해 다달이 상당액의 생활비를 지급한다는 조건이었다. 난 망설이지 않고 선택했다. 대학 공부만큼은 아르바이트 사이의 자투리 시간에 하고 싶지 않았기 때문이다.

나의 대학 입학을 우리 가족만큼이나 기뻐하신 분은 제럴드 위튼 씨 부부다. 그분들은 내가 음악실 디제이 시절에 만나 지금까지 변함없이 아름다운 인연을 맺고 있는 제2의 부모님이다.

위튼 씨는 미국 국무부 소속 공무원으로 한국에 파견된 지 한 달도 못 되어 우리 음악실에 드나들면서 나와의 긴 인연이 시작되었다. 음악실에 자주 오는 외국인이라 나도 관심을 가지고는 있었지만 입시 때문에 워낙 마음의 여유가 없어서 눈인사만 하는 정도였다.

그러던 어느 날, 종업원과 그분 사이에 무언가 문제가 있는 것 같아 디제이실을 나와보았다.

"뭔지 제가 도와드릴까요?"

"저 아가씨한테 오렌지 주스를 한 잔 더 시켰는데 아무리 기다려도 안 가져오네요."

"아, 한 잔 더 갖다 드릴게요. 한국에서는 아무리 오래 앉아 있어도 커피나 주스를 한 잔 이상 시켜 마시지 않으니까 저 아가씨가 이해를 못 했을 거예요."

"고마워요. 그런데 아가씨, 영어를 참 잘하네요. 시간이 괜찮다면 나 좀 잠깐 도와줄래요? 오늘 밤 제주도에 가는데 내가 한국말을 전혀 못하니까 종이에 몇 가지 꼭 필요한 표현을 적어주면 좋겠어요. 시외버스 터미널까지 가주세요, 난 묵을 곳이 있으니 잡아끌지 마세요, 뭐 이런 것들인데……."

"좋아요."

이렇게 알게 된 위튼 씨는 온 가족과 함께도 음악실에 자주 오셨다. 나는 그분들이 오실 때면 틈을 내어 어울리며 즐거운 시간을 가졌다. 그러던 가을 어느 날, 위튼 씨 부부가 물으셨다.

"비야는 볼 때마다 무엇을 그렇게 열심히 하고 있니?"

"네, 지금 대학 입시 준비를 하고 있어요. 국립대에 가고 싶은데 들어가기가 무척 힘들거든요."

"그럼, 국립대에 못 들어가면 다른 대학으로는 안 갈 건가?"

"그때 가봐야 알겠지만 지금으로선 조금 어려울 거라고 생각되네요. 제 스스로 학비를 마련해야 하거든요."

나는 이렇게 말한 것도 잊어버렸는데 입시가 다가온 어느 날 그분들이 내게 뜻밖의 말을 하셨다.

"비야, 우리는 네가 이번 입시에서 좋은 성적을 내리라고 믿는다. 그렇지만 만약 좋은 성적이 안 나오더라도 포기하지 않았으면 좋겠어. 이번에 원하는 대학에 못 들어가면 다른 사립대학에 갈 수 있게 우리가 학비를 대주고 싶어. 부담 같은 건 갖지 말도록 해. 비야에게 공짜로 돈을 대주는 게 아니라 투자를 하는 거야. 우리는 비야가 좋은 투자 대상이라는 확신을 갖게 되었거든."

나는 깜짝 놀랐다. 그분들과 친하다고 여기고는 있었지만 이렇게까지 염려해주시리라고는 꿈에도 생각하지 못했다. 자기 자식이 넷이나 있는 미국의 전형적인 중산층 부부가 외국에서 만난 친구의 학비를 대주겠다는 것이 이해가 되지 않았다. 또한 내 힘으로도 할 수 있을 만한 일에 도움을 받는다는 것도 내키지 않았다.

아직 결과가 나온 것도 아니지만 그분들이 내게 보여주신 관심과 배려가 그저 고마웠고 나를 투자가치가 높은 사람이라고 생각해주시는 것이 황송할 따름이었다.

입시 결과가 발표되고 위튼 씨 부부에게 내 결정을 말씀드렸더니 매우 기뻐하셨다.

"우리 부부는 네가 자랑스럽다. 그렇지만 우리가 너에게 투자하려는 생각에는 변함이 없단다. 4년 동안 공부한 뒤 더 하고 싶으면 미국으로 유학을 오도록 하렴. 비야가 원래 공부하고 싶은 학문은 언론학이라고 했던가? 우리 집이 있는 유타 주 솔트레이크시티에 아주 좋은 언론 전공 프로그램이 있는데, 대학원 공부는 우리가 시킬 수 있도록 해주렴, 알았지?"

그 4년 뒤, 나는 유타대학교 언론홍보대학 국제 홍보 전공 대학원생이 되었다. 그분들이 주신 개인 장학금으로.

: 유럽 배낭여행으로 자신감 얻어

미국 유학 시절은 학업뿐 아니라 여러 가지 의미에서 내 인생의 전환점이 되는데, 이때 여행에 관해서도 아주 중요한 두 가지 경험을 하게 되었다.

하나는 미국 내 여행을 하면서 얻은 것이다. 유학하는 동안 나는 사람들이 너는 공부하는 '유학(留學)'이 아니라 돌아다니는 '유학(遊學)'을 왔느냐고 할 정도로 많은 여행을 했다. 이 경험으로 여행의 즐거움, 특히 광활한 사막이나 깊은 계곡 등 한국에서는 볼 수 없는 낯선 자연과 만나는 기쁨을 마음속 깊이 만끽할 수 있었다.

다른 하나는 소위 해외 배낭여행 경험이다. 그 기회는 여름방학 동안 이탈리아 로마에서 열린 세계종교지도자회의의 행사 코디네이터로 일하게 되면서 얻게 되었다.

내가 다닌 대학원은 1년에 4학기가 있는 쿼터제였는데, 나는 여름에 로마에서 일을 끝내고 가을 학기를 휴학했다. 수중에 일하고 받은 돈 있겠다, 이미 유럽에 와 있겠다, 그대로 돌아갈 수는 없었던 거다.

배낭을 둘러메고 말로만 듣던 프랑스로, 독일로, 스위스로, 덴마크로 한 도시에서 2~3일간, 한 나라에서 10여 일씩 머물며 주마간산 식으로 10여 개국을 돌았다. 이때 세계 각국을 여행하는 장기 여행자들과 만나게 되었고, 그것은 내 세계 일주 여행을 가능하게 한 결정적인 계기가 되었다.

당시엔 나도 다른 사람들처럼 세계 여행을 하려면 많은 돈과 시간이 필요하다고 생각했고, 위험하지는 않을까 체력은 버틸 수 있을까 염려했다. 그런데 이들 대부분은 휴학, 휴직, 퇴직 등으로 긴 시간을 내 노숙과 싸구려 음식으로 돈을 절약하며 장기 여행을 다니고 있었다.

이들에게서 들어보니 여행 중 걱정했던 것만큼 위험한 일을 많이 겪지도 않았고, 체력도 내 기본 체력에 지구력 정도만 보완하면 충분하리라는 생각이 들었다.

그러나 아직 내 처지는 유학 중인 학생, 언젠가 해봐야지 하는 생각뿐이지 시간도 돈도 없던 때였다. 그래, 세계 일주의 꿈은 잠깐 유보하는 거야. 직장을 갖게 되면 3~4년 내로 꼭 떠나야지. 그때 있는 돈만큼만 싸 들고, 적어도 2년 이상.

미국 유학 중 영어 이외에 두 가지 언어를 습득할 기회가 있었던 것도 후에 세계 일주 여행을 할 때 큰 도움이 되었다.

유럽 여행에서 돌아와 한 번 더 인턴십을 하려고 유엔 본부에 신청서를 냈다. 여기서는 영어 이외에 유엔 공용어 하나를 더 할 수 있으면 상당한 가산점이 붙었다. 나는 한 마디도 할 줄 모르는 스페인어를 중급 정도 한다고 적어 넣었다. 최종 선발까지는 앞으로 6개월이 남았으므로 그사이에 죽자 하고 배우면 할 수 있을 거라는 배짱과 속셈이었다.

신청서를 보내고 그 길로 언어학과 스페인어 강사를 찾아갔다. 사정 얘기를 하고 그 강사의 수업에 수업료를 안 내는 청강생이 되어 초급, 중급은 그 학기에 같이 듣고 고급은 그다음 학기에 들었다. 그 클래스는 정상반보다 두 배로 빨리 나가는 속성반이어서 원래는 1년 반에 마치게 되어 있는 초·중·고급 코스를 나는 6개월 만에 훑었다.

그러면서 도서관에서 아르바이트로 번 돈을 거의 전부 투자해 스페인어 회화 개인 교습을 받았다. 영어를 할 줄 아는 사람에게 스페인어는 그렇게 배우기 어려운 언어가 아니기도 했지만, 그걸 잘 해야 내 거짓말이 들통 나지 않는다는 긴박감도 있었기에 진도는 잘 나갔다. 결국 애를 썼던 유엔 인턴십에는 선발되지 못했지만 중남미 여행에서 그때 배워둔 스페인어 덕을 톡톡히 보았다.

또 한 가지는 일본어다. 단기 영어 연수차 온 일본 학생들을 많이 사귀게 되었는데, 이들은 본토인에게 영어를 배우기보다 같은 동양인인 내게 배우는 것을 더 편하게 생각했다.

그들과 요일을 정해 1시간은 영어로, 1시간은 일본어로 얘기를 나누면서 각각 영어와 일본어를 연습했다. 한국에서 재미 삼아 배워두었던 일본어 문법이 큰 도움이 되었다. 이 일본어 덕분에 여행 중 만나는 수많은 일본 아이들과도 잘 지낼 수 있었다.

: 언제, 어디로, 어떻게 떠날까?

한국에 돌아와 한국에도 국제 홍보 회사 '버슨-마스텔라'의 지사가 생겼다는 걸 알고 인터뷰를 요청했다. 대학원에서 케이스 스터디를 할 때 이름이 수없이 오르내리던 회사라 홍보 전공 학생들에게는 인기 있는 회사였다. 결과는 합격, 드디어 직장인이 되었다.

회사에 들어가면서 바로 나는 그동안 가슴속에 소중히 묻어두었던 세계 일주 여행의 꿈을 펼쳐놓았다. 그리고 구체적인 계획을 세우기 시작했다. 언제, 어디를 여행할 것인가? 무엇을 어떻게 준비할 것인가?

우선 할 일은 언제 가느냐를 정하는 것이었다. 나는 내 전문 분야에서 프로 비즈니스 우먼으로 성장할 작정이었으므로, 이 분야에서 어느 정도 이름을 알려놓고 떠나 그 이름이 잊히기 전에 돌아와야 한다고 생각했다. 그래야 돌아와서 처음부터 다시 시작하지 않아도 될 테니까. 그러려면 3년이면 충분하지 않을까?

다음 문제는 어디로 가느냐는 것이었다. 내가 가고 싶은 곳은 우선 고대 문명의 발상지들이었다. 이집트, 잉카, 아스텍, 황하, 유프라테스·티그리스 강 유역 등등. 그다음으로는 네팔의 히말라야, 북미의 매킨리와 남미의 파타고니아 지역의 산들, 아프리카의 킬리만자로 등 세계 각 대륙의 명산에도 오르고 싶었다.

그러나 제일 가보고 싶은 곳은 미지의 땅이었다. 아마존 정글, 남미 빙하 지역, 아프리카 깡촌, 중국 변경 소수민족 거주지, 중동 사막 베두인족 마을 등.

이름난 관광지나 유적지, 소문난 자연경관이나 눈요기가 될 만한 곳들은 나중에 휠체어를 타고 다니면서도 모두 볼 수 있으니까 이번에는 시간이 있을 때 그리고 체력이 뒷받침해주는 동안 발로 뛰는 여행, 땀 냄새가 물씬 나는 여행, 사람들의 살 냄새를 찾아다니는 인간 탐험을 해보자고 생각했다.

언제 어디로가 정해진 다음 일은, 무엇을 어떻게 준비하느냐는 것이었다. 이 단계의 첫 번째는 돈에 대한 계획이었다. 유학을 끝내고 한국에 돌아왔을 때 내 수중에 남아 있던 돈은 단돈 4만 원. 세계 여행의 경비가 얼마나 되든지 처음부터 모아야 했다.

목표는 2500만 원, 모을 수 있는 기간이 3년이니 1년에 850만원, 한 달에 65만 원 정도는 저축해야 한다는 결론이었다. 물론 보너스와 퇴직금이 있겠지만 이 정도를 매달 저금하려면 내 경제 규모를 간소하게 해야 했다.

다음으로 중요한 것은 체력 관리. 홀로 저경비 장기 여행을 하려면 무엇보다도 튼튼한 체력이 뒷받침되어야 하는 것은 당연한 일이다. 다행히 난 건강 체질이라 아무거나 잘 먹고, 많이 먹고, 한번 자면 죽은 듯이 자고, 자고 나면 개운하다.

이런 기초 위에 등산과 요가 또는 맨손체조를 덧붙였다. 매주 산에 가서 10시간 이상 걷는 것을 원칙으로 하고 매일 30분간 체조를 하려고 노력했다.

아는 만큼만 보인다고, 여행을 위해 책도 나름대로 많이 보았다. 가고 싶은 대륙이나 문화권 중심으로 일반 서적이나 사진첩은 물론 고등학교 교과서부터 대학 논문집까지 여러 가지 다양한 관점의 책을 읽으려고 노력했다.

3년만 다니기로 한 직장이니 더 열심히 일을 했음은 물론이다. 처음에는 한국의 홍보 시장 사정을 배우느라 분주했고, 조금 후에는 회사의 파격적인 용병 정책으로 힘에 버거운 대형 프로젝트를 맡게 되어 초를 쪼개 쓰게 되었다. 운이 닿아서 그랬는지 맡았던 몇 개의 대형 프로젝트가 성공적으로 끝나니 그 후에는 더욱 바쁜 나날이 기다리고 있었다.

한 달 이상 야근을 하는 일도 많았다. 한번은 자정이 넘은 것도 모른 채 일을 하다 보니 엘리베이터로 나가는 문이 닫혀버렸다. 그때 우리 회사는 여의도 63빌딩 42층에 있었는데, 경비실에 문을 열어달라고 전화를 했더니 내 목소리가 워낙 빠르고 톤이 높아 다급한 상황이라고 느꼈던지 잠시 후 대여섯 명의 경찰관과 경비가 들이닥쳤다. 강도가 들지 않았으면 불이 난 거라고 생각했다는 거다.

국제 홍보라는 직업의 특성상 매우 다양한 일을 하고 다양한 사람들을 만날 수 있었다. 나 스스로도 각 분야의 새로운 사람들을 만나는 일이 좋았기 때문에 더욱 힘이 났다. 이때 만난 사람들 중에는 물론 일이 아니면 다시는 보고 싶지 않은 사람도 있지만, 일을 떠나 몇 년이 지난 지금까지도 아무런 이해관계 없이 따뜻한 정을 주고받는 사람이 여러 명 있어서 흐뭇하다. 그런 사람들 중에서도 내가 아주 소중하게 여기는 분이 조안 리 사장님이다.

이분은 내가 햇병아리로 미국계 홍보 회사에 들어갔을 때 그 회사의 사장님이셨다. 직책은 까마득히 높았지만 개인적으로는 산을 좋아하는 동호인으로 친하게 지내던 사장님은 내가 회사를 그만두고 세계 여행을 떠날 생각이라고 했더니, "그레이트!"라며 두말없이 박수를 쳐주셨다.

그 후 에세이집을 써서 더 유명해지신 조안 리 사장님은 사업가로서는 빈틈없는 비즈니스 우먼이지만 개인적으로는 더없이 정이 많고 자상한 큰언니 같은 분이시다.

사장님만의 다정한 일면을 볼 수 있는 일화 한 토막. 주말을 이용해 《뉴욕 타임스》 기자였던 내 미국인 친구 부부와 전라남도 '땅끝마을'에 갔을 때의 일이다.

저녁을 먹으러 숙소 근처 식당에 갔다. 미국인 친구 내외랑 나는 김치찌개를 시키고 사장님은 돌솥비빔밥을 시키셨다. 한참 먹고 있는데 사장님의 돌솥 바닥에 노릇노릇 잘 눌은 누룽지가 보였다.

"야, 그 누룽지 맛있겠다!"

내 말에 사장님은 얼른 돌솥 바닥의 누룽지를 긁어 내 밥그릇에 놓아주셨다. 같이 갔던 미국인 부부는 눈이 휘둥그레져서 물었다.

"아니, 조안. 밥그릇 안에 있는 누룽지까지 나눠주세요?"

"우리 비야가 원래 많이 먹어요. 먹는 것 욕심도 많고."

이 미국인 부부는 이 누룽지 사건을 지금까지도 두고두고 얘기하는데, 철저히 서구화된 조안 리로만 상상했던 이들은 사장님께 이런 다정한 면이 있다는 것을 정말 몰랐을 거다.

이번 여행을 마치고 돌아와 사장님을 만나 뵈니 새로 나온 책이라며 《사랑과 성공은 기다리지 않는다》를 한 권 주셨다. 책 안에는 사장님의 마음이 이렇게 담겨 있었다.

"사랑하는 비야. 오늘의 정열, 영원히 간직하길."

: '나 홀로 여행'은 나 자신과의 여행

"왜 오지로만 여행을 다니나요?"

나라 안에서나 밖에서나 수없이 받는 질문이다. 내 대답은 간단하다. 미지에 대한 호기심 때문이다. 미지에 대한 호기심이 나로 하여금 배낭을 꾸리게 한다. 그러나 이 원동력보다 더 근본적인 이유는 여행이 줄 수 있는 것에 대한 기대 때문이라고 해야 옳겠다.

이번 세계 여행을 떠나기 전, 한 인터뷰에서 기자가 물었다.

"인생의 안정기를 생각해야 할 나이에 왜 이런 여행을 떠나기로 결심했나요?"

"인생의 전반부를 돌아보고 후반부 계획을 잘 세우기 위해서요."

이것이 내 여행에 대한 기대를 한마디로 요약한 것이다. 나는 여행을 통해 다양한 상황과 사람들을 만나면서 나를 객관적으로 볼 수 있는 눈을 가지게 되기를 기대했다. 그리고 자기 자신에 대해

깊고 진지하게 생각하면서 조금씩 성숙한 인간이 되어가기를 기대했다.

그렇게 떠나 그 짧지 않은 동안 나는 기대했던 것만큼 성숙한 인간이 되었는지는 모르겠지만, 인간 성숙에 필요한 몇 가지 아주 중요한 것을 얻은 것만큼은 확실하다.

우선은 내 능력에 대한 자신감이다. 수많은 어려움과 특이한 상황을 겪어내면서 이제는 어떤 일이 닥쳐도 어렵긴 하지만 할 수 있다는 자신에 대한 믿음이 단단해졌다.

또 하나는 세상을 판단하는 나의 잣대가 유연해졌다는 점이다. 내가 가진 잣대가 그 나름대로 이유가 있듯이 사람들마다 생각과 가치 기준이 다를 수 있다는 다양성을 인정하게 된 것이다. 이런 과정을 통해 나의 가치 기준과 판단 기준이 점점 객관화되고 논리를 가지게 될 것이다.

또 한 가지 중요한 것은 '사람은 참 다르더라. 그런데 사람은 다 똑같더라'는 생각이다. 생활과 풍습이 다르고, 인종과 종교는 다르지만 결국 그 옷들을 다 벗으면 남는 건 인간 그 자체인 것이다.

그러면서 케냐 마사이족 아이들도 우리 아이이고, 이집트 민박집 아버지도 우리 아버지이고, 투르크메니스탄의 무채 파는 할머니도 우리 할머니라는 지구촌 한 가족 개념이 생긴 거다. 진정한 코스모폴리탄이 되었다고 할까.

홀로 떠나는 여행, 그것은 나 자신과의 여행이다. 여행이란 결국 무엇을 보러 가는 것이 아니라 그 과정을 통해서 수많은 나를 만나는 일이다.

여행 중에는 참 많은 일이 벌어진다. 그 사건들마다 얻은 경험이 내 안에 들어와 나를 만들어간다. 멕시코에서 두 달간 장맛비를 맞고 다녀보면 3~4시간쯤 비를 맞는 것은 아무것도 아니다. 네팔에서 20박 21일 등반을 하고 나면 하루 14시간 산행은 차라리 휴식이다. 7박 8일 시베리아 횡단 열차를 타고 나면 서울-부산 간 기차 여행은 눈 깜빡할 사이다.

인도 슬럼가에서 납치당할 뻔했던 사람에게 서울의 밤거리는 안방처럼 편안하다. 그러고 보면 여행은 간을 키우는 작업인지도 모르겠다. 자기 한계의 지평을 넓히는 일인지도 모르겠다.

인도 슬럼가 말이 나와서 얘긴데, 인도 도시 여행의 안전 수칙 1조 1항은 '해가 지면 돌아다니지 말라'는 것이다. 나는 어리석게 이 대원칙을 지키지 않았다가 큰 위험을 맞았다.

장소는 콜카타. 내 숙소는 시내 중심가였는데 원래도 길눈이 어두운 내가 밤늦도록 돌아다니다 길을 잃고 말았다. 할 수 없이 오토바이를 개조해 만든 값싼 택시 릭샤를 탔다. 분명히 숙소 근처였으니 릭샤로 가면 10분 이내일 것 같은데 앞자리에 친구 하나를 태운 릭샤꾼은 30분 정도를 이리저리 끌고 다니더니 신시가지를 벗어나 컴컴한 구시가지로 들어서는 거다.

"여기가 아닌 것 같은데…… 어디로 가는 거요?"
"일방통행이라 돌아가야 빠릅니다."

릭샤꾼, 느끼한 목소리로 대답. 아무래도 수상했다. 이 녀석, 아니나 다를까 큰길을 지나 골목길로 들어서는 게 아닌가. 내 전대에는 현금이며 여권, 여행자수표까지 전 재산이 들어 있었다.

"빨리 가지 않아도 좋으니 큰길로만 가요!"

소리를 빽 지르니 앞에 탄 두 놈이 히쭉 웃었다. 이크, 이거 정신 바짝 차려야겠군. 이런 때일수록 내가 겁을 먹고 있다는 걸 상대방이 눈치 채게 해서는 안 된다.

"야, 말 안 들려? 당장 큰길로 나가."

목청을 다해 소리를 지르자 찔끔했는지 큰길로 나갔다. 그러나 다시 부르릉부르릉 방향을 틀어 그 골목으로 들어가려고 했다. 옆에 탔던 놈이 훌쩍 뛰어내리며 골목 안에 대고 자기 패거리에게 뭐라고 소리를 질렀다.

가만히 있다간 크게 봉변하겠다 싶어 벌떡 일어나 운전하는 놈의 팔을 비틀어 골목 안으로 들어가지 못하게 하고, 안고 있던 배낭으로 힘껏 등줄기를 후려치고는 큰길 쪽으로 뛰어내려 달렸다. 늦은 시간이라 큰길에는 지나다니는 차도 사람도 없었다. 어느 쪽으로 갈지 몰라 쩔쩔매고 있는데, 뒤에서 부릉부릉 그놈들의 릭샤 소리가 들려왔다.

'이거 꼼짝없이 납치당하는구나.'

미친 듯이 대로 중간으로 뛰어들어 도와달라, 살려달라, 고래고래 악을 썼다. 정말 다행히 정규 택시가 나타났다. 총알같이 뛰어올라 어떻게 왔는지도 모르게 숙소까지 돌아왔다. 완전히 제정신이 아니었다.

청심환 한 알을 먹고 겨우 자고 나서 지배인에게 그 얘기를 하면서 어제 그 장소 지형을 대충 설명했더니 얼굴이 파래졌다.

"아이고, 손님. 큰일 날 뻔했네요. 거기가 콜카타 문둥이 촌이에요. 하루에도 그 골목에서 몇 사람씩 죽어나간다니까요."

: 여행 1년은 평범한 인생 10년

이처럼 지금 다시 생각해도 심장이 쿵쿵 뛰는 사건이 있는가 하면 생각만 해도 가슴이 따뜻해지는 사람들도 있다.

내가 영원히 잊을 수 없는 과테말라 아티틀란 호숫가 산페드로 마을의 가족들. 이 집의 가장 레히니는 조그만 가구 가게를 하는데 워낙 가난한 마을이라 일거리가 거의 없다. 그러니 가난할 수밖에. 그래도 아내와 딸 둘, 아들 둘과 언제나 즐겁게 웃으며 산다. 그 마을로 가는 배에 같이 타서 사과 한 개를 권한 것이 인연이 되어 그 집에서 민박을 하게 되었다. 물론 돈을 받지 않는 민박.

세계 어느 나라를 가든지 시골로 갈수록, 가난할수록 나그네를 온갖 정성을 다해 대접하면서도 결코 돈을 받으려 하지 않는다. 적당히 계산해 돈을 주려고 하면 성을 내면서 한사코 거절. 결국 가족들 눈에 안 띄는 곳, 그러나 쉽게 찾아낼 곳에 몰래 돈을 놓고 나와야 한다.

떠나기 전날 레히니와 많은 얘기를 나눴다. 자기는 초등학교밖에 못나왔지만 딸들은 적어도 고등학교까지, 아들은 대학교까지 보내고 싶단다. 그래서 지금 열심히 돈을 벌어 저축하려고 하는데 그게 잘 안 된다는 거였다.

"학비가 비싸요. 대학 1년 수업료가 우리 2년 수입이에요."

"너무 걱정 마세요, 아저씨. 나도 돕겠어요."

"무슨 말씀이오? 그런 말 절대 하지 마시오."

그는 펄쩍 뛰었다. 아들이 아직 어리니 앞으로 10년 동안 열심히 벌면 될 거라고 했다. 그가 그 돈을 모으자면 10년간 하나도 안 쓰고 안 먹어야 한다. 내가 회사에서 받던 보너스 한 번으로 그 아이들 다 공부시킬 수 있는데.

"나도 다른 사람의 도움을 받아 학교에 다녔어요. 그분은 지금 내 도움이 전혀 필요치 않으니 아저씨를 통해 은혜를 갚고 싶어요."

진심이었다. 지금 당장 마땅한 방법이 있는 것은 아니지만 어떻게든 이들을 꼭 도울 생각이다.

아프리카, 중동, 중앙아시아 등을 다니면서도 수많은 사람을 만나고 여러 가지 일을 겪었다. 내전 중인 아프가니스탄에서 목숨이 위험했던 일, 탄자니아 맘바 마을에서 나를 친딸처럼 보살펴주었던 로즈 엄마네 집에서의 민박, 난민촌 아이들의 잘려나간 팔다리를 보며 가슴 아팠던 일 그리고 짧았지만 아름다웠던 이란에서의 로맨스 등.

여행은 농축된 인생이라고 하던가. 이 책을 쓰느라 지난 1년 6개월을 돌이켜보니 마치 16년은 산 듯한 느낌이다.

치열하게 살아온 그 기간 동안 내가 겪고 느낀 것을 땀 냄새 고스란히 담아 글로 옮기면서 나는 내내 즐거웠다. 어릴 때부터의 꿈을 이루고 있다는 벅찬 행복감이 가슴에 충만했다.

사실 현재 나는 집도 절도 없다. 직장도 없고, 수중에 있는 돈은 앞으로 1년간 중국 여행을 마치고 나면 한 푼도 남지 않는다. 그래도 나는 지금이 내 인생의 절정이라고 생각한다. 하고 싶었던 일을 마음껏 하고 있으니까.

그렇다. 나는 안정기에 들어서야 할 나이에 오히려 그때까지 가지고 있던 모든 것을 뒤로하고 세계 여행을 떠났다. 그리고 벌써 4년이 흘렀다. 그동안 내가 여행을 통해 얻으리라고 기대한 것을 얼마나 얻었는지 모르겠다. 앞으로 지구 몇 바퀴를 더 돌아야 만족할 만큼 얻을 수 있는지도 모르겠다. 아니, 영원히 얻지 못할지도 모르겠다.

그러나 나는 편안한 삶을 포기한 대가와 단신(單身) 오지 여행이라는 달콤하지만 혹독한 수업료를 치르고서 한 가지 아주 중요한 사실을 알게 되었다.

  세상의 바다를 헤쳐 나가는 내 인생이라는 배의 선장은 바로 나라는 것, 누구도 대신할 수 없고 대신하게 해서도 안 된다는 것, 바다가 고요할 때나 폭풍우가 몰아칠 때나 나는 내 배의 키를 굳게 잡고 앞으로 나아가야 한다는 것이다.

  그래야만 지금과 같은 깊은 행복감을 맛보며 살아갈 수 있다는 것을 마침내 깨닫게 되었다.

1996년 5월
일영에서
한비야

이란 · 아프가니스탄

이란에서 여자들은 히잡을 써서 머리부터 발끝까지 숨겨야 한다. 그런데
시골 마을 쿨롱에서는 놀랍게도 스카프 밖으로 애교머리를 내놓았다.
테헤란이나 메셰드에서라면 큰일 날 일이다.

반정부 지도자와 나눈 열흘간의 사랑

: 걸프 해변 방파제 데이트

"혹시 필리핀에서 오시지 않았어요?"
'또 시작이군.'
세계 어디를 가도 남자들이 처음에 작업을 걸어오는 수법은 비슷하다.
"한국에서 왔어요."
약간은 짜증이 묻은 말투로 쌀쌀하게 대꾸하며 빈자리를 찾아 앉으려는데, 유창한 영어가 건너온다.
"내 말 때문에 마음이 상했다면 미안합니다. 그럴 생각은 전혀 없었으니까요."
사과의 말도 마음을 끌지만 이란에서 흔히 들을 수 없는 유창한 미국식 영어가 의아해서 뒤돌아보았다. 건너편에서 점잖은 태도의 잘생긴 중년 남자가 미안하다는 뜻으로 오른손을 가슴에 갖다 댄다.
그 진지한 표정이 왠지 낯설지 않고, 그렇게 점잖은 사람에게 아침부터 쌀쌀맞게 대한 게 미안하기도 해서 "아니에요." 하면서 그 사람의 테이블에 합석했다.

밤차를 타고 걸프 해안의 최대 도시 부시르에 내린 그날 아침, 잠도 깰 겸 밤새 차에 시달린 피로도 풀 겸 커피나 한잔 하려고 들른 이방의 찻집에서 우리는 이렇게 만났다.

그 사람의 '당시 이름'은 오마르, 40대 초반의 독신에 직업은 시멘트 무역상, 거주지는 테헤란이다. 오랜만에 영어를 막힘없이 하는 사람을 만나기도 했거니와 이 사람의 알 수 없는 매력에 끌려 부시르에 있는 사흘 동안 함께 시간을 보냈다. 소위 데이트를 한 거다.

그의 이름을 '당시 이름'이라고 부를 수밖에 없는 것은 그가 자신의 신분을 감추어야만 하는 반정부 인사기 때문이다. 나중에 알고 보니 그는 반(反)호메이니 정부의 지하조직 핵심 간부였다.

1979년 이란혁명 전에는 비밀 공작원으로 주요 첩보 업무를 수행하면서 독일과 미국에 오랫동안 머물렀고, 혁명 이후에는 두바이로 탈출해 신분을 속이고 숨어 살다가 이렇게 비굴하게 살아서는 안 되겠다는 생각에 조직을 도우려고 다시 이란에 밀입국했다.

그렇지만 일을 제대로 해보기도 전에 경찰에 체포되어 군에 강제 입대, 이란-이라크 전쟁에 투입되었다. 전선에서 전령으로 근무하던 중 기회를 보아 탈영하고 다시 두바이로 밀입국해 거기서 필리핀 여성 로즈를 만나 결혼했단다. 그러나 결혼 3년 만에 아내가 병으로 죽자 무역상을 가장해 가짜 여권으로 다시 이란에 돌아와 반정부 지하활동을 돕고 있었다.

"돕는 일은 생각만큼 활발하지 못하고 위장 목적으로 하는 건축자재 무역이 오히려 크게 번창하고 있습니다."

그는 그렇게 말하면서 웃었지만 삶이 평탄하지 않았던 사람만이 가지는 우수가 묻어나 갑작스럽게 내 마음까지 쓸쓸해졌다.

그가 자신의 삶을 얘기하는 동안 해가 지고 있다. 물끄러미 일몰을 바라보는 그의 옆모습에서 불현듯 나는 오랫동안 잊고 있던 아버지를 떠올렸다.

아버지는 조선일보 정치부 기자였다. 그러나 언론 탄압의 서슬이 퍼렇던 박정희 정권 때, 소신을 펴다가 감옥에 갇히기도 한 소위 반정부 언론인이었다.

밖에서는 불의와 타협하지 않는 강직한 분이었지만 안에서는 언제나 따뜻한 인간애를 소중히 여기셨다. 나를 비롯한 네 자식에게 항상 큰 꿈을 가질 것을 당부하셨던 아버지, 돌아가신 지 25년이 지난 지금도 여전히 우리들 가슴에 영웅으로 살아계신다.

아버지가 옥고를 치르고 신문사도 그만두어야 했을 때 가세가 기울었다. 금호동 '축대 높은 집'의 '귀한' 아이들은 전셋집을 돌며 주소를 자주 옮겨 별명이 홍길동이었다. 아버지는 어렵사리 다시 KBS에 입사했지만 곧 심장마비로 돌아가시고 말았다.

아버지가 세상을 떠나시자 우리는 학교 등록금마저 제때 내지 못할 만큼 어려워졌다. 등록금 납입 기한이 지난 종례 시간이면 으레 우리 이름이 불리곤 했지만 우리는 그런 걸 부끄럽게 여겨본 적이 없었다. 오히려 돈도 밥도 될 수 없는 말, "약자의 편에 서서 의롭게 살아라." 하시던 아버지의 말을 귀중한 자산으로 생각하며 살았다.

오마르의 눈은 그때 그 아버지의 눈빛, 그 호랑이같이 당당하게 빛나던 눈빛을 꼭 닮았다. 그는 내가 영어를 말하는 투며 말을 빨리 하는 것, 높은 톤의 목소리와 자그마한 키가 죽은 아내 로즈를 많이 닮았다고 했다. 그와 나는 이미 전생에서 몇 번 마주친 건 아닌지.

그는 혁명 전에 미국에서 공부를 했기 때문에 내가 아는 팝송을 거의 알고 있었다. 미국과 이란은 적대 관계였기 때문에 이란에서는 원칙적으로 팝송이 금지되었는데, 오랜만에 둘이 소리를 맞춰 '렛 잇 비'며 '디 엔드 오브 더 월드' 같은 옛 노래를 부르니 한결 가까워진 느낌이다.

노래를 부르고 나면 그는 자신이 아는 사디나 하페즈의 페르시아 시를 들려준다. 페르시아어는 말 자체가 하나의 음악 같다고 생각했는데, 아름다운 단어를 고르고 고른 시는 더 말할 것도 없다. 내용은 알 수 없지만 나는 그가 읊는 시가 오래오래 계속되기를 바라곤 했다.

눈을 감은 채 부드러운 속삭임 같은 시를 읊는 그의 옆모습을 지켜보노라면 이토록 감성적인 그가 어떻게 혁명 전에는 살인도 불사하는 비정한 특수 공작원이었고 지금은 지하조직의 핵심 간부일 수 있는지 도저히 믿기지 않는다.

우리의 데이트 장소는 언제나 해변 방파제. 오마르가 일을 하는 동안 나는 시장이나 다른 곳을 돌아다니다가 점심때쯤 만나 밤늦게까지 해변을 걷거나 적당한 곳에 앉아 얘기를 한다.

해가 있는 동안에는 서로 한두 발짝씩 떨어져 앉거나 걷다가 해가 지고 사방이 어두워지면 바짝 붙어 손을 잡고 걷는다.

종교 경찰이 마음에 걸리지만 밤인 데다 머리를 가리는 '히잡'을 한 내가 외국인인 줄 어찌 알겠는가? 시골은 도시에 비해 종교 경찰의 간섭이 엄하지 않다니 다행이다.

그렇게 사흘이 지났다. 나는 에스파한으로 돌아가기로 한 날이 되었고, 출장을 차일피일 미루던 오마르도 테헤란으로 돌아가야 했다. 나는 에스파한의 미나네 집에 가서 며칠간 묵기로 한 약속도

잊고 이틀 후에 테헤란 버스 터미널에서 그를 다시 만나기로 했다. 그랬음에도 버스 정류장을 떠나자마자 그가 보고 싶어진다.

: 그와 함께 있어 더 좋은 테헤란

그와 헤어져 있는 이틀 동안 에스파한에서 무엇을 했는지 기억도 나지 않는다. 얼른 테헤란으로 가고 싶은 마음만 굴뚝같다. 하루만 묵고 간다니까 며칠 함께 지내리라고 기대했던 미나네 집에서는 실망이 대단하다. 멋진 계획을 잔뜩 세워놓았다는 거다. 하지만 어떤 유혹도 그럴듯하게 들리지 않는다.

테헤란으로 떠나는 날, 첫차를 타러 나갔는데 아쉽게도 그 차를 놓쳐서 다음 차를 타고 밤새 달려 테헤란에 도착했다.

도착하자마자 오마르에게 전화를 걸려고 공중전화를 찾는데, 누군가 뒤에서 "앗살람 알레이쿰." 하며 배낭을 툭 친다. 고개를 돌리자 반가운 얼굴이 환하게 웃고 있다.

"오늘 오는 줄 아는데 집에서 기다릴 수가 있어야지요. 첫차 타고 올 것 같아 그냥 나와 있었어요."

첫차를 놓친 덕분에 그가 3시간이나 그 추운 버스 터미널에 있었을 것을 생각하니 떠나기 전에 에스파한에서 전화라도 해줄걸 하는 후회가 든다.

"자, 어서 따라오세요. 우리 집에서 동지들이 비야 씨를 기다리고 있습니다."

그를 따라간 곳은 테헤란 중심가에 있는 오마르의 사무실 겸 숙소. 꽤 널찍한 아파트 두 개를 개조해 한 편은 사무실로, 다른 한 편은 숙소로 쓰고 있었다. 오마르가 어떻게 말해놓았는지 그곳에 있던 동지 겸 동업자들이 반갑게 맞아주었다.

"여기선 그 스카프 필요 없어요. 까만 망토도 필요 없고. 우린 이란의 자유를 위해 노력하는 사람들이에요."

동지 한 명이 차를 내놓으며 호탕하게 말한다. 주위를 둘러보니 여자 동지 한 명도 스카프를 쓰지 않은 맨머리. 이란에서는 원칙적으로 여자는 아버지와 남편, 남자 형제들 이외의 모든 외간 남자 앞에서 머리와 몸을 가려야 한다.

그동안 덥고 불편했던 스카프와 망토를 벗자 오마르는 내가 긴 머리일 거라고 상상했는데 의외라고 말하다가 어색한지 말을 멈춘다.

테헤란에 있는 동안 그 오피스텔에서 여자 동지와 함께 묵기로 했다. 이란 비자가 일주일밖에 남지 않았고, 이란 최대의 종교 도시 메셰드를 이틀 정도 보는 것으로 하면 테헤란에서 그와 함께 있을 수 있는 시간은 고작 닷새뿐이다.

터키 국경에서 만나 이란까지 동행한 일본 아이 야스오와 함께 다닐 때는 복잡하고 시끄러워서 하루빨리 떠나고 싶던 도시 테헤란이 오마르와 다니니 전혀 딴판이다.

길거리에서 수많은 사람들과 이리저리 부딪히며 다니는 것도 재미있고, 흔하디흔한 찻집에서 그와 말없이 물끄러미 앉아 있는 것도 즐거웠다. 그는 어떻게 시간을 냈는지 바쁜 기색 하나 없이 하루 종일 나와 함께 있어주었다.

"저, 점 보는 거 굉장히 좋아해요. 그래서 어딜 가든 꼭 점을 봐요."

어느 날 무심코 말했더니 그는 커피 점, 카드 점 그리고 코란으로 점 보는 곳까지 데리고 다니며 훌륭한 통역사가 되어주었다. 그런데 그가 통역해주는 내용이 하나같이 40대 이후에 소원 성취하겠다, 언제나 도와주는 은인이 있겠다는 식의 좋은 말뿐이다.

"그렇게 좋은 말만 골라서 하면 점을 보는 의미가 없어지잖아요. 그러니까 들은 대로 솔직하게 말해봐요."

"솔직하게 전하는 겁니다. 그런데 아까 비야 씨가 놀랄까 봐 말 안 한 게 하나 있는데, 말해볼까요? 올해 물가에서 한 남자를 만나는데 그 남자가 천생배필이라는데요."

그러면서 그가 살짝 웃는다.

"어머 그럼, 그 남자가 당신일 거라고 생각하는 거예요?"

"아휴, 비야 씨가 여행 다니면서 물가에서 만난 남자가 어디 나 하나겠어요? 그 사람이 나라면야 정말 좋겠지만······."

수줍게 말꼬리를 흐리는 그의 순진함이 좋다. 확인은 할 수 없지만 이미 서로의 가슴에 남다른 감정이 자리 잡고 있다는 걸 감지했다. 단둘만의 조용하고 아늑한 시간을 갖고 싶었지만 어떻게 그런 시간을 가질 수 있겠는가. 이곳은 남녀가 나란히 택시도 탈 수 없는 이란이다. 같이 걸을 때도 두 발짝 정도의 간격을 두고 걸어야 하고 손을 잡을 수는 더구나 없다.

식당에 들어가서도 항상 마주 앉아서 먹어야 한다. 집에서는 그 '웬수' 같은 동지들이 늘 붙어서 하나 마나 한 질문들을 해대니 지척에 있으면서도 안타깝기만 하다.

우리는 공원으로, 박물관으로 걸어 다니며 열심히 데이트를 했다. 서로의 지난 얘기, 사랑했던 사람 얘기, 내 여행 경험, 앞으로 어떻게 살아가고 싶은가 등에 대해 끊임없이 얘기를 나누면서.

아침에 나와 저녁까지 밥도 안 먹고 얘기를 해도 배도 안 고프고 시간이 어떻게 흘러가는지도 모른다. 무슨 얘기를 그렇게 했는지 지금은 기억도 나지 않는다. 그냥 그와 함께 있다는 게 행복하고 즐거웠을 뿐이다.

그는 내 눈이 예쁘다고 했다. 웃는 모습도 사랑스럽다고 했다. 그러나 제일 마음에 드는 것은 주위를 밝게 만드는 내 활기와 에너지라고 했다. 그가 나를 좋아한다는 사실이 신기하고도 뿌듯하다. 그러나 시간은 자꾸 흘러만 간다.

시간이 아쉬운 우리는 조금이라도 더 오래 함께 있을 궁리를 했다. 예정되어 있던 '이슬람교도의 바티칸'이라는 메셰드 구경은 포기한 지 이미 오래고, 어떻게 하면 비자 만료일인 28일까지 알뜰하게 시간을 쓸 수 있을까 고민했다. 이제 헤어지면 다시 만날 수 없을지도 모른다는 생각이 우리 둘을 자꾸 조바심치게 만든다.

"메셰드 구경 못 갔다고 섭섭해하지 말아요. 내가 그림엽서 많이 보내줄 테니까."

"비행기 타고 가면 되겠네, 26일에. 그다음 날 투르크메니스탄으로 넘어가면 되잖아요."

"아니, 비행기는 오전에만 뜨니까 안 되겠다. 오히려 밤 기차를 타고 가요. 그러면 오후 동안 같이 있을 수 있잖아요. 비야 씨가 좀 피곤하겠지만 국경 넘을 시간은 충분할 거예요."

이런저런 궁리를 하는 그에게 나는 용감한 묘책을 내놓았다.

"28일 오전에 비행기를 타고 가서 오후에 메셰드의 외국인 등록 경찰서에 가는 거예요. 그날로 비자가 만료되는데 밤중에 당장 이 나라를 떠나라고는 안 하겠죠. 비자가 완전히 만료된 건 아니니까 절 어찌지도 못할 거구요."

이렇게 해서 우리는 하루 반을 벌었다. 같이 있을 시간을 조금이라도 늘리려고 열심히 머리를 쓴 덕분이다. 그러고 나서도 한나절 지나면 한나절 줄었구나, 하루가 지나면 또 하루가 줄었구나, 둘다 말은 안 하지만 안타까운 마음은 어쩔 수 없다.

: 마지막 날의 뜨거운 입맞춤

마지막 날 저녁에야 우리는 겨우 둘만의 오붓한 시간을 가질 수 있었다. 신이 특별히 내린 행운이다. 다른 동지들이 모두 다른 조직과 저녁을 먹으러 간다고 나간 것이다.

동지들은 오마르에게도 한사코 같이 가자고 권했지만 둘만 있을 수 있는 이 좋은 기회를 놓칠 우리가 아니다. 우린 괜찮으니 맛있게들 먹고 오라고 억지로 보냈더니 눈치도 없이 그럼 저녁만 먹고 금방 돌아오겠다며 나갔다. 시간이야 많든 적든 우리만의 시간을 갖는다고 생각하니 얼마나 즐거운지.

둘이서 주방을 분주히 오가며 저녁을 해 먹고는 차를 들고 난로 앞에 앉았다. 난롯불 때문일까, 공연히 얼굴이 화끈거리고 목구멍으로 넘어가는 커피 소리가 천둥소리보다 더 크게 들린다.

"비야 씨……."

"……."

그는 조용히 내 이름을 불렀을 뿐인데 공연히 침이 삼켜지고 가슴이 뛴다.

"당신은 정말 사랑스러운 여자예요. 내가 당신을 얼마나 좋아하는지 아마 당신은 모를 거예요. 당신과 계속 사귀고 싶어요, 진심이에요. 제 욕심이겠지만."

그동안 너무나도 듣고 싶던 말이다. 무슨 말이라도 건네고 싶은

데 입이 떨어지지 않는다.

"그런데 비야 씨가 저를 잘 알게 되면 불편함과 어려움이 많아져요. 이란에서는 언제나 몸조심을 해야 하지요. 두바이에 살면서도 마찬가지였어요. 늘 쫓기는 몸이라 주위 사람들을 아주 성가시게 만들었지요, 위험하게도 하고. 로즈가 살아 있을 때도 그랬어요. 비야 씨는 외국인이라 좀 덜할지 모르지만 로즈에게도 힘든 일이 많았어요. 비야 씨에게 그런 희생을 감수하라고 말할 자격이 없다는 걸 잘 알아요. 그렇지만 한사코 비야 씨에게 향하는 이 마음을 어쩔 수 없네요."

"……."

나는 마시던 커피 잔을 내려놓고 가만히 그의 손을 잡았다. 올려다보는 그의 눈에 쓸쓸함이 깃들어 있다.

"당신 마음 저에게 잘 전해져요. 저도 당신과 계속 사귀게 되었으면 좋겠어요."

내 손을 마주 잡은 그의 손에 힘이 들어간다.

"당신 안아봐도 돼요? 한번 안아주고 싶어요."

내가 고개를 끄덕였더니 그는 아주 조심스러운 손길로 나를 안는다. 참 포근하다. 그의 심장 소리가 쿵쿵 들린다. 나는 그 소리를 마음에 새겨 넣었다.

"비야 씨에게서는 정말 좋은 냄새가 나네요. 내가 말했죠, 비야 씨는 향수가 필요 없다고."

며칠 전 백화점 앞을 지나다가 로션을 하나 사려고 들어갔는데, 이란제나 외제나 화장품 향이 너무 진해 망설이자 그는 엉뚱한 소리를 하고 쑥스럽게 웃었다.

"비야 씨는 저런 것 없어도 좋은 향기가 나요."

'그래, 이 사람은 내게서 사랑의 향기를 느끼고 있는지 몰라.'
그건 정말 특별한 느낌이었다.

그러나 아쉽게도 둘만의 시간은 길지 않다. 곧 동지들이 들이닥친다. 일주일 동안이면 우리 사이가 심상치 않음을 충분히 알 수 있을 텐데도 동지들은 청맹과니마냥 메셰드로 가는 차 시간이 될 때까지 우리 주위를 분주하게 오간다. 야속한 사람들.

차 시간이 30분 남았을 때에야 우리는 겨우 다시 단둘이 될 수 있었다. 그는 내 눈을 똑바로 쳐다보지도 못하고 당부의 말을 한다.

"비야 씨, 제발 몸조심하세요. 살아남아야 세상 구경도 하고 인생의 성숙도 있는 거니까."

"오마르 씨도 꼭 그렇게 하세요."

"당신을 만나게 해준 신께 감사드립니다. 다시 만나게 되기를 빌겠습니다."

"저도 다시 만나게 되기를, 인샬라."

그러고는 침묵, 안타까운 침묵. 그는 한 발짝 다가와 나를 으스러지도록 껴안는다. 그다음은 긴 입맞춤, 숯불에 입술을 댄대도 그렇게 뜨거울 수 있을까. 그 뜨거움은 순간의 격정이나 욕망과는 거리가 먼 정결한 느낌이다. 순수한 사랑의 결정체가 지닌 뜨거움.

테헤란에서의 그 열흘, 지금도 그때를 생각하면 향주머니를 건드린 것처럼 그윽한 향기가 마음에 가득 차지만 한편으로는 내 힘으로 어쩔 수 없는 안타까움이 느껴진다.

나는 지금 그가 어디 있는지 모른다. 지금쯤은 오마르가 아닌 다른 이름으로 불리고 있을 테지. 그리고 현재의 직업은 무엇일까. 무사히 지내고는 있는 건가. 그 사람이 연락하기 전에는 그를 찾을 수가 없다. 그가 일하던 무역 회사는 그사이 사라져버렸다.

내가 3월쯤 한국에 돌아온다는 걸 알고 있을 텐데, 돌아와서 두 달이 지나도록 소식이 없는 것을 보면 그야말로 지하로 꼭꼭 숨었거나 내 신변의 안위를 걱정해 내 앞에 나타나지 않는지도 모르겠다.

그 사람, 다시 볼 수 있으면 좋겠다. 그러나 다시는 못 만난다고 해도 어쩌겠는가. 그 열흘간 주고받은 따뜻한 사랑의 온기로 그 후 나는 추운 계절에 추운 나라를 여행하면서도 결코 춥지 않았다. 생각만 해도 마음이 따뜻해지는 사람이 있다는 것, 그것만으로도 나는 내내 행복했다. 짧아서 더욱 안타까운 만남이었지만.

신드바드의 나라 페르시아

: 프랑스 거지가 가르쳐준 이란 비자 받는 법

　이란은 참으로 신나는 여행지다. 내게는 세계 어느 오지 못지않게 흥미로운 곳이다. 지식의 오지이기 때문이다.
　아프리카 원시 종족이나 아마존 정글, 남미의 빙하 지역도 쉽게 갈 수 없는 곳이기는 하지만, 다양한 매체를 통해 간접적으로나마 만나볼 수 있기 때문에 막상 현지에 갔을 때는 이미 낯을 익힌 것들을 확인한다는 정도였다.
　그러나 중동 여행길, 특히 이란에 대해서는 아는 바가 거의 없기 때문에 낯선 것이 주는 놀라움과 감동이 대단하리라는 기대가 가득하다.
　사실 나는 이전부터 페르시아 문화에 대해 관심이 많았다. 미국 유학 중 도서관에서 일했는데, 그때 같은 팀이었던 이란 아이와 친했다. 그 아이 덕분에 다른 이란 아이들과도 자주 어울리면서 이란에 대한 내 편견과 무식을 조금씩 깨트리고, 동시에 페르시아 문화가 가진 잠재적 매력을 어렴풋이 느낄 수 있었다.
　이 때문에 이번 중동 여행 일정에도 이란은 당연히 포함되어 있었다. 그러나 현실적으로는 관광객으로, 더구나 여자 혼자서는 비자 받기가 불가능하다기에 거의 포기하고 있었는데, 시리아의 다마스쿠스에서 그 가능성을 발견했다.

 2년 동안 여행을 해 거지가 다 된 프랑스 청년이 이란에 들어가려는 사람에게 들었다면서, 터키에 가면 어렵지 않게 이란 경유 비자를 받을 수 있고, 일단 입국만 하면 기간 연장도 할 수 있다는 말을 했다. 직접 가보지도 않고 들은 말에 불과하기 때문에 그 가능성이란 실낱같았지만 나는 야호, 소리가 절로 났다.

 '하고 싶은 일에 조금이라도 가능성이 보이면 마지막 순간까지 결코 포기하지 않는다.'

 이것이 내 여행 원칙이며 내 인생의 대원칙이기도 하다. 가기 어려운 곳이라도 갈 수 있으면 간다! 서울 가서 김 서방 찾으려면 찾는다!

 일말의 가능성만 믿고 터키에 입국해 20시간이나 버스를 타고 터키 동부의 최대 도시 에르주룸으로 갔다. 그곳이 바로 누군가 이란 비자를 받았다는 풍문의 진원지다.

 이란에서는 반드시 히잡을 해야 하기 때문에 보자기를 뒤집어쓰고 물어물어 이란 영사관을 찾아갔지만 경유 비자는 보기 좋게 딱지. 터키 수도 앙카라에 있는 이란 대사관으로 직접 갈 것, 한국 대사관에서 추천서를 받을 것, 이란과 접하고 있는 나라의 비자를 받을 것 등의 조건을 붙인다. 딱지를 맞고 돌아서는데도 기분이 날아갈 것 같다. 번거롭기는 해도 안 된다는 말은 아니니까 버스로 12시간 거리인 앙카라로 되돌아가는 발걸음이 가볍기만 하다.

 터키 주재 한국 대사관에서 추천서를 받고, 이름도 생소한 이란 인접국 투르크메니스탄 비자를 받고, 터키 돈으로 265만 리라라는 엄청난 비자료를 낸 후 5일간의 이란 경유 비자를 받아내는 데 성공!

드디어 꿈에 그리던 이란에 발을 들여놓게 되었다.

 신문지상에 산유국, 호메이니, 광신 이슬람 원리주의자의 나라로 오르내리고, 세계사 참고서에 등장하는 광대한 영토의 대페르시아 제국, 불을 숭배하는 조로아스터교, 푸른색 톤의 이슬람 사원, 시인 사디와 하페즈로 요약되는 나라. 유학 중에 얻어들은 찬란한 페르시아 문화의 이란.

 그러나 이런저런 상식에도 내겐 여전히 낯선 세계였던 이곳을 드디어 온몸으로 느껴볼 수 있게 된 것이다.

: 팔자에 없는 '이복동생' 야스오

 '웰컴 투 이슬라믹 리퍼블릭 오브 이란.'

 국경을 넘으니 눈에 들어오는 모든 것이 무채색이다. 여자들은 검은 차도르나 긴 코트를 입고, 남자들의 옷도 눈에 띄지 않는 색이라 국경을 넘기 위해 머리를 가리려고 급하게 구해 쓴 내 파란 보자기가 제일 화려한 색이다.

 이란 국경에서 일본 아이를 만났다. 이름은 야스오, 삿포로대학교 3학년인데 1년간 휴학을 하고 막노동을 해서 모은 돈으로 유라시아 대륙을 여행 중이란다.

 야스오는 영어를 거의 못하면서도 주눅 들지 않고 씩씩하게 다니는 귀여운 남학생으로 이번 여행에서 영어가 좀 늘기를 기대했는데, 다녀보니 보디랭귀지가 너무나 유용해 영어를 몰라도 세상을 사는 데 아무 지장이 없다는 것만 배웠다고 생글거린다.

 그래서 내가 일본어로 통역해주는 대신 남자들이 치근거린다는 이란에서 내 보디가드가 되어주기로 하고 함께 길을 나섰다.

그러나 나는 이란에 들어서자마자 종교 경찰에게 걸리고 말았다. 죄명은 복장 불량, 자초지종은 이렇다.

터키 에르주룸에 있는 이란 영사관에 비자를 받으러 갈 때부터 이란인은 물론 외국인들도 예외 없이 스카프로 머리를 가려야 하고, 비자 서류에도 스카프 쓴 사진을 새로 찍어 붙여야 한다. 그리고 이란에 발을 들여놓는 즉시 히잡을 해야 한다. 히잡이란 머리와 목을 가리고 무릎까지 내려오는 큼직한 상의로 히프 라인을 감추는 옷차림이다. 호메이니 집권 후 종교법으로 엄하게 정해진 여자들의 복장 규정이다.

거리 곳곳에서 종교 경찰이 여자들의 복장을 감시한다. 테헤란에 도착한 첫날 나름대로는 정숙한 차림을 한다며 안 쓰던 스카프로 머리를 가리고 옷도 펑퍼짐하게 입고 구경을 나섰다. 패션 전문가들이 내게는 그런 '춘자 스타일'이 안 어울리니 절대로 하지 말라던 옷차림으로.

바로 그날 오후 카펫 박물관을 보고 나오는데 오토바이를 탄 초록색 유니폼 차림의 남자가 다가와 페르시아말로 뭐라고 떠든다. 오토바이 뒤에 타라는 줄 알고 내가 손을 저으며 씩씩하게 앞으로 걸었더니 자꾸만 따라오라며 큰소리를 친다. 그래도 안 되니까 나중에는 앞에서 길을 막는다.

"폴리스, 폴리스. 히잡, 히잡. 유 노 굿."

자기는 경찰인데 내 복장이 불량하니 히잡을 하라는 뜻인가 보다. 그러더니 근처에 세워져 있는 택시를 가리키며 "택시 고." 한다. 그런 차림으로 돌아다니지 말고 택시를 타라는 뜻이겠지. 내 옷이 어때서? 윗도리가 길지 않아 히프 선이 보이는 게 문젠가?

"바자, 바자. 차도르, 망토(시장에 가서 차도르나 망토를 살게요)."
그러나 그 사람은 고개를 흔든다.
"유 노 굿, 택시 고(안 돼, 택시로 가)."

종교 경찰은 나를 억지로 택시에 밀어 넣었다. 전에 외국 여자 여행객 여럿이 복장 불량으로 감옥까지 갔다는 말을 들었던 터라 나는 그 길로 시장에 가서 마그네뜨라는 까만 스카프와 망토를 샀다. 그리고 이란 여행 중 내내 그 옷차림으로 다녀야 했다.

멋없고 특징 없는 테헤란을 대충 보고 이란에서 최고로 아름답다는 에스파한으로 갔다. 우선 경유 비자를 연장하는 게 급선무라 마음을 졸이며 외국인 등록소에 갔더니 다행히, 정말 다행히 담당자가 영어를 좀 할 줄 안다.

경유 비자는 일주일 이상 연장이 안 된다는 원칙에서 한 발짝도 물러서지 않으려는 담당관에게 30분이나 밀고 당기며 애교와 읍소를 동원해 20일간의 비자 연장을 받아냈다. 야호!

"헤일리, 헤일리 막눈(정말로, 정말로 고맙습니다)."

경유 비자 때 받은 5일과 억지로 빼앗은 20일을 합해 이란에서 보낼 수 있는 시간을 25일로 벌어놓은 거다. 에스파한, 시라즈, 야즈드, 메셰드 등을 돌아본다는 대강의 계획을 세우고 테헤란에서 산 영어-페르시아어 사전과 가이드북을 교과서 삼고 까만 히잡으로 중무장을 하고 대망의 페르시아 체험에 나섰다.

이란은 비자 문제가 까다로워 그렇지 인간 체험, 문화 체험을 하려는 사람들에게는 그야말로 천국이다. 물가 싸겠다, 인심 좋겠다, 거리는 깨끗하고 치안은 철통같으니 무얼 더 바라겠는가. 여기에 무궁무진한 문화 유적들과 수천 년간 고스란히 지켜온 페르시아 전통까지.

비자를 연장받고 자축의 의미로 야스오와 풀코스 만찬을 했다. 갖은 양념을 해서 다진 양고기를 꼬치에 끼워 구운 것을 난이라는 빵이나 볶음밥과 함께 먹는 첼로 케바브와 요구르트, 잼잼이라는 오렌지 탄산음료가 정찬이다. 고급 식당에서 수프와 샐러드, 식후 입가심까지 합쳐 우리 돈으로 1인분에 1500원.

점심 식사로는 소시지와 감자를 으깨 넣은 샌드위치에 당근이나 석류 주스를 곁들여 마시는데 그 값이 700원 정도. 그러니까 여관비까지 합쳐 하루 8000원이면 이란에서 왕비처럼 지낼 수 있다. 군것질 좋아하는 내가 하루 종일 호박씨를 까먹고, 길거리에서 파는 온갖 '불량 식품'을 다 사 먹고 돌아다녀도 이 정도이니 가난한 여행자에게는 정말 천국이다.

숙소로 돌아가다가 작은 문제가 생겼다. 버스를 타려면 남자와 여자가 정거장에서부터 줄을 따로 서야 하고, 버스 안도 철봉으로 남녀의 칸이 나뉘어 있다.

나는 버스에 탔으나 야스오는 사람이 많아 타지 못해서 급히 여자 칸으로 올라오려고 하니까 버스 안에 있던 사람들이 목이 꺾일 정도로 고개를 젖히고 손까지 고개와 같은 각도로 젖히며 남녀 혼성으로 "나, 나(안 돼, 안 돼)." 하고 소리를 질러댄다.

할 수 없이 내가 내려 다음 버스를 탔는데, 이번에는 내릴 정거장에서 나만 내리고 야스오는 사람들에 밀려 내리지를 못했다. 이그, 이 녀석 일본에서 만원 버스 타던 실력 다 어디에 두고.

거리 이름이 외우기 쉬운 호메이니 광장이니 숙소는 찾아오겠지 생각하고 바로 숙소로 갔더니 여기서도 문제 발생. 매니저 왈, 야스오와 내가 부부라는 걸 증명하지 않으면 같은 방을 쓸 수 없다는 거다. 각기 독방을 쓰면 방값이 두 배가 되는데…….

가만 있자, 부부가 아니라도 직계가족이면 괜찮다니까, 이 녀석을 아들이라고 할까? 아냐, 그러기에는 나이가 너무 많아. 에라, 동생이라고 하자. 그 아이는 21살이니 비록 나이 차이가 좀 있기는 하지만.

"아, 야스오는 내 막내 동생이에요."

"아, 그래요? 당신 아버지도 부인을 여럿 두셨군요."

사람은 자기가 아는 대로만 이해한다더니, 나는 한국 사람이고 야스오는 일본 사람이지만 모슬렘(이슬람교도)은 부인을 여럿 둘 수 있으니 우리를 배다른 형제로 생각한 모양이다. 이윽고 뒤처졌던 야스오가 얼굴이 벌게 가지고 들어온다.

"비야 누나, 나 떼어놓고 혼자만 가면 어떡해."

"언제는 네가 내 보디가드라더니 날 보고 어떡하냐니? 그래 알았어. 이제부터 이복 누나가 잘 데리고 다닐게."

방에 들어와 야스오에게 매니저 얘기를 해주었더니 배꼽을 잡는다. 그날부터 야스오는 '공식적인' 내 이복동생이 되었다.

나는 단순히 숙소의 매니저를 속이기 위한 이복 누나가 아니라 여행의 선배, 인생의 선배로서 그에게 뭔가 나누어줄 것이 있으리라 생각했다. 이 마음이 전해졌는지 야스오도 나를 큰누나 따르듯 잘 따른다.

: 귀여운 여대생 미나네 집 구경

'에스파한은 세계의 반'이라는 이란 속담이 있다. 에스파한에 와보니 그 말이 결코 과장이 아니다. 도시 전체가 하나의 박물관인데

도심에 있는 에맘 호메이니 광장에 들어서자 에맘 사원과 셰이크 로트폴라 사원의 아름다운 푸른색 타일이 눈에 번쩍 뜨인다.

눈에 보이는 하나하나가 모두 보석이다. 세련된 문양과 건축구조에서 이슬람 미술의 정수를 엿볼 수 있다. 거기에다 오래된 건축물은 모두 에스파한식 덩굴 문양이 아로새겨진 타일로 되어 있어서 거리에 나서기만 하면 건축 전시장에 들어선 느낌이다.

마침 달은 보름달. 도시를 가로지르는 강가 다리 밑의 호젓한 찻집에 앉아 현지인들과 차를 마시니 이게 또 별미다. 그들이 피우는 물 담배도 이국의 정취를 자아낸다.

옆자리에서 왁자지껄 떠드는 사람들의 말을 하나도 알아들을 수는 없지만 왠지 듣기가 좋고, 말하는 도중에 "발레, 발레(맞아, 맞아)." 하며 고개를 옆으로 갸우뚱거리는 그들의 모습도 어쩐지 정이 간다. 그들의 얼굴에 드리워진 달그림자를 보면서 우리는 모두 달빛이라는 한 이불을 함께 덮고 있는 다정한 한 가족 같은 느낌이 든다.

미나를 만난 곳은 에스파한 근교, 유명한 조로아스터교의 조장(鳥葬) 터를 보러 갔다 오는 길이었다. 조장이란 사람이 죽으면 산꼭대기 건물 안에 시체를 놓아두고 독수리가 쪼아 먹게 하는 것이다. 그렇게 하면 시체의 영혼이 새와 함께 하늘로 올라간다고 믿는다.

미나는 영어를 거의 못하지만 동양에서 온 우리에 대한 호기심이 얼굴에 가득한 밝은 아이다. 공대생인데 놀랍게도 유도를 배운다고 한다. 재미있는 것은 운동을 할 때조차도 스카프는 벗지 못한다는 거다.

함께 시내로 돌아오며 미나는 저녁을 자기 집에서 먹자고 조심스럽게 제안한다. 귀가 번쩍 뜨여 그래도 되겠느냐고 하니까 펄쩍 뛸

듯이 좋아하면서 "도로스트, 도로스트(좋아요, 좋아요)."를 연발하며 집에 막 전화를 건다.

시내에서 그리 멀지 않은 미나네 집은 이란의 전형적인 중산층 가정. 운수업을 하는 아버지에 딸이 여섯, 아들이 하나인데, 우리가 들어가니 집 안 전체가 벌집을 쑤신 듯 소란스러워진다.

큰딸은 차를 끓이고, 둘째는 방을 정리하고, 셋째는 엄마와 함께 시장에 가고, 넷째인 미나는 과일을 날라 오고. 그 밑의 아이들은 손님 보기가 부끄러워 제 방에 숨어 나오지를 못한다.

딸 중에 대학생이 두 명인데 셋째가 영어를 좀 하지만 사전 없이는 의사소통이 어렵다. 의사소통에는 영 관심이 없는 야스오만 신이 난다. 제가 이란의 어디에서 스카프 벗은 맨머리 여자들을 보냔 말이다.

이란 여자들은 밖에서 문소리만 나도 외간 남자가 들어올까 봐 얼른 커튼을 내리고 머릿수건을 뒤집어쓰는데, 손님인 야스오에게 미나네 자매들은 스스럼없이 맨머리를 보여주었다. 게다가 미나는 파격적으로 짧은 반팔에 반바지 차림이다. 같은 또래인 야스오는 여섯 명의 예쁜 여자들에게 둘러싸여 저녁 내내 입을 다물지 못한다.

저녁을 먹으면서 이란 시골에서 며칠 묵었으면 좋겠다고 했더니 그 집 아버지가 민박할 곳으로 자기 고향 마을을 소개해주었다. 산과 물로 유명한 쿨롱이라는 곳이다.

: "여기서 내 아들하고 같이 살아"

쿨롱은 잘생긴 산들이 병풍처럼 둘려 있고 물맛도 달고 시원한 정말 좋은 산골 마을이다. 큰 도시인 에스파한에서 몇 시간 떨어지지 않았는데도 마을에 들어서자 사람들의 복장부터 다르다. 남자들은 동그란 모자를 쓰고, 통이 보통 바지의 열 배쯤 되는 풍성한 바지를 입고, 양털로 짠 무릎까지 오는 조끼를 입었다.

여자들은 놀랍게도 스카프 밖으로 애교머리를 내놓았다. 테헤란이나 메셰드에서 봤다간 큰일 날 헤어스타일이다. 옷도 그냥 까만 망토만 입는 게 아니라 붉은 장식이 주렁주렁 달린 덧옷을 입었다. 히잡 때문에 경찰에게 걸린 경험이 있는 나로서는 또 다른 이란을 보는 기분이다.

미나 아버지의 친구 파르산네 집에서 나흘간 머물렀다. 동네에 들어서자 만나는 사람마다 "앗살람 알레이쿰."이나 "샬롬(안녕)." 하고 인사를 한다. 마치 예전에 페루의 티티카카 호수에 있는 섬에서 보았던, 걸어 다니며 뜨개질하는 남자들의 인사 모습과 매우 흡사하다.

점심때 파르산이 어린 두 아들을 데리고 경치 좋은 산비탈에 가서 우리에게 닭고기를 구워주고 있으니까 동네 아줌마들이 외지 손님 왔다면서 손에 손에 붉은 알이 탐스러운 석류와 말린 호박씨 등 먹을 것을 잔뜩 가지고 온다.

그러고는 점심 먹고 자기 집에 가자며 우리 옆에 털썩 주저앉아 밥을 다 먹을 때까지 기다릴 기세다. 옆에 앉아 있던 파르산은 진짜 깡촌 시골집을 볼 좋은 기회라고 부추겼다.

못 이기는 척, 조금 떨어진 아줌마들 동네에 가자 금세 아수라장이 된다. 방금 점심을 먹은 줄 뻔히 알면서도 동네에서는 집집마다 과일이며 차를 내온다.

그러고는 질문 세례. 이름은 무엇이냐, 아이는 몇이나 두었느냐,

이 시골에는 왜 왔느냐, 시시콜콜 질문들이 쏟아진다. 한참 질문과 대답이 오가는데, 옆에 앉아서 오랫동안 나를 쳐다보던 동네 할머니가 갑자기 내 손을 꼭 잡으신다. 그러더니 며느리에게 이곳 전통 옷 한 벌을 내오게 하더니 그 옷을 입히고는 좋아하신다.

"그렇게 입혀놓으니까 꼭 쿨롱 사람이네. 그만 돌아다니고 이제 나하고 여기서 살아. 우리 아들 소도 많고 농사도 크게 지으니까 또 장가들 수 있다고."

'아이고 할머니. 이 세상에 총각 다 놔두고 왜 임자 있는 남자한테 시집갑니까?'

마침 그날 저녁에 동네 결혼식이 있다. 결혼식의 하이라이트는 결혼식 전야에 벌어지는 남자들의 막대기 싸움. 작은 북과 긴 피리로만 연주하는 애절하면서도 요란한 음악 소리에 맞춰 동네 젊은이들이 둥글게 춤을 추면서 서로의 발목을 때린다.

이란에서 가장 용감하다는 쿨롱족의 용맹을 내보이기 위해 하는 놀이라는데 이게 장난이 아니다. 신랑 아버지도 젊었을 때 이 놀이를 하다가 복사뼈가 부러진 적이 있다는데, 그날도 한 젊은이가 피를 철철 흘리는 것으로 끝이 났다.

동네에는 파르산의 친척이 많아서 낮에는 그들이 우리를 찾아오고, 저녁에는 우리가 그들 집에 초대를 받아 간다. 재미있는 것은 친척들 얼굴만 보면 여자 쪽 친척인지 남자 쪽 친척인지 한눈에 알아볼 수 있다는 점이다. 얼굴이 오이처럼 길면 여자 쪽, 바둑판처럼 네모나면 남자 쪽이다.

초대받은 집에 가보면 그들의 친구와 친척, 이웃까지 어떤 때는 오십여 명이나 모여 있다. 정성스레 차린 양고기 음식과 과일이 나오지만 엄격한 모슬렘답게 흥겨운 저녁 식사에도 술은 일절 없다.

나는 일단 이름 때문에 인기 만점. 내 이름 비야는 페르시아어로 '이리 와', '여기야', '빨리 해' 등에 해당하는 뜻이어서 이름을 가르쳐주면 "비야, 비야(비야, 이리 와)." 하고 장난을 치며 좋아한다.

이란에서는 다른 중동 국가와 마찬가지로 여자들이 만날 때와 헤어질 때 양쪽 볼에 입을 맞추는 인사를 한다. 도시에서는 이 인사가 한쪽 볼에 한 번씩 두 번이면 끝나는데, 쿨롱 같은 시골에서는 얼마나 긴지, 사람이 오십 명 정도 모인 곳에서 여자들이 이십 명쯤 되면 인사하는 데만 10여 분, 볼이 닳을 지경이다.

집 안에서도 남자와 여자의 구분이 엄격해서 남자들은 거실에서 식사를 하고, 여자들은 부엌 한쪽에서 음식을 먹는다. 외간 남자들이 있는 거실에 식사 시중을 들러 가는 여자들은 차도르로 몸을 꽁꽁 감고 눈만 내놓는다.

신기한 사람을 초대해놓고도 거실에 들어올 수가 없으니 부엌에 모인 여자들은 손님이 있는 곳에서 웃음이 터져 나올 때마다 얼마나 궁금할까.

그래서 내가 일부러 부엌 근처에 가면 두꺼비가 파리 채가듯 나를 부엌으로 데리고 가서 손도 잡아보고 머리카락도 만져보고 여러 가지 질문을 한다. 그러면 금세 거실에서 합창으로 "비야, 비야." 빨리 오라며 소리를 지른다.

남자들은 대부분 일본이나 한국이 얼마나 잘사는 나라인지 궁금해한다. "거긴 보통 한 달에 얼마쯤 벌어요?" 하는 질문을 하는데, 우리가 대충 얘기해주면 자기들끼리 이란 리알로 환산해보고는 숨을 들이쉬며 깜짝 놀란다. 이란 수준으로는 어마어마한 것이다.

이들의 환상을 줄여주기 위해 버는 것만큼 씀씀이도 크다며 한 달에 필요한 생활비를 말해주면 또 서로 쳐다보는데, 믿지 못하겠다는 얼굴들이다.

"요즘 이란 남자들, 일본 가는 게 붐이에요. 2~3년만 눈 딱 감고 벌면 한몫 잡는다는데, 나도 일본에 가고 싶어요. 한국이라도 좋고요. 나 비자 내는 것 좀 도와줘요."

이들의 부탁이 농담이 아니라는 걸 뻔히 알면서 매번 농담으로 듣는 척하기가 어려웠다.

쿨롱을 떠나는 날, 파르산의 부인이 이란 전통 아침 식사를 내온다. 상에 올라앉은 큰 냄비 뚜껑을 열어보니 에구머니, 양 대가리 하나가 통째로 들어 있다. 밤새도록 삶아 흐물흐물해진 양 대가리를 귀 따로, 혀 따로, 눈 따로, 골 따로 뜯어주며 주인 부부는 내게 열심히 권한다.

질려서 인상을 쓰고 있는 야스오를 놀려주며 한참 먹다보니 주인 부부는 먹는 척만 하지 한 점도 입에 넣지 않고, 눈치 없이 자꾸만 냄비 안으로 손이 들어가는 아들들에게도 눈을 흘기며 손님에게만 권한다.

"많이 먹어요. 다 먹고 가. 우린 배불러."

: 1500년 동안 타고 있는 불

에스파한과 시라즈가 이슬람 문화의 전성기였던 18세기 이슬람 건축물의 보고(寶庫)라면, 야즈드는 이슬람교가 들어오기 전인 6세기 이전에 융성했던 페르시아 문화의 저장소다.

물론 시라즈 근교 페르세폴리스(페르시아어로는 '타크트'에 잠시

드')에도 고대 페르시아제국의 다리우스 대왕이 지은 거대한 사원들이 남아 있어, 수천 년 전의 것이라고는 믿기 어려운 돌조각들이 장관을 이룬다.

조그맣게 새겨진 외국 사신들이 크게 조각된 페르시아 왕에게 진상할 물건들을 손에 손에 들고 있는 수십 개의 조각은 정말 일품이다. 사신들의 공손한 표정이며 왕의 근엄한 태도에 공물로 바쳐지는 산양들의 몸부림까지 눈으로 직접 보면서도 돌을 쪼아 만들었다고 믿기 어려울 정도로 정교하다.

신전 벽 곳곳에는 쐐기문자로 왕들의 업적이 새겨져 있는데, 어제 새긴 것처럼 선명하다. 이곳 신전의 조각은 신분에 따라 인물의 크기를 다르게 새긴 것이 특징이다. 겨우 형태만 보일 만큼 작게 새긴 인물은 이름 없는 백성이고, 그보다 좀 크고 선명한 인물은 물건을 손에 든 장사꾼들, 보다 더 큰 것은 맹수를 죽이고 있는 장수들, 그 위로는 높은 지위의 학자나 고급 관리다. 그리고 가장 크고 뚜렷한 것은 거기에 새겨진 모든 사람들 위에 군림하는 왕이다.

이 왕들은 거의 얼굴이 짓뭉개져 있는데, 1979년 호메이니 혁명 때 국민의 피를 빨아먹은 왕들의 흔적을 지운다고 혁명군이 정으로 쪼아 낸 것이라고 한다. 혁명도 시간이 흘러 역사의 일부가 되면 퇴색하기 마련인데, 그 이름으로 수천 년 쌓이고 쌓인 전통이나 유적을 훼손한다는 것은 얼마나 오만하고 어리석은 짓인가.

다음 목적지인 야즈드는 이슬람 문화권 안에서도 여전히 살아 숨 쉬는 조로아스터교의 중심지. 이곳에는 이슬람교가 국교가 된 지금도 5만 명 정도의 불을 숭배하는 조로아스터교 신도들이 살고 있다. 30년 전만 해도 이 도시 산꼭대기에 있는 침묵의 탑에서 조장이 이루어졌다고 한다.

이들이 불을 숭배하는 이유는 불이 모든 것을 깨끗이 한다고 믿기 때문이다. 시내에 있는 불의 사원 아테슈카데에는 서기 470년부터 지금까지 한 번도 꺼진 적이 없다는 신성한 불이 타고 있다. 몇 점의 배화교 그림만 걸려 있는 소박한 사원 중앙에서 1500년간 타고 있는 불을 보니 참으로 경이롭다.

야즈드는 북쪽의 대소금사막과 남쪽의 대모래사막 중간에 있는데 사막기후와 건조기후의 독특한 주택 양식을 보는 것도 큰 구경거리다. 집집마다 진흙과 지푸라기를 이겨 만든 돔 모양의 지붕에 환기통인 바드기르라는 바람잡이 탑이 하나씩 서 있다.

바람도 없는 섭씨 45도 불볕더위에 한 점 바람이라도 불면 이 환기통이 냉큼 잡아서 바로 아래에 있는 거실로 보낸다. 잡혀 온 바람은 거실 바닥에 묻혀 있는 물 항아리를 돌아 나오면서 시원해지는데, 그 원리가 에어컨과 똑같다고 한다. 그야말로 신비로운 천연 쿨러. 척박한 자연환경에서 살아남기 위한 인간의 지혜에 고개가 절로 숙여진다.

그 옛날 서양과 동양을 잇는 실크로드의 중요한 오아시스 마을이었던 야즈드에는 지금도 옛 카라반의 숙소들이 남아 손님을 받는다.

미로와 같은 좁고 긴 골목에 들어서면《아라비안 나이트》나《신드바드의 모험》에 나오는 중세 아라비아가 지금도 그대로 재현되어 몇 천 년의 시간을 넘나드는 것 같은 환상적인 기분이 든다. 내가 상상하며 보고 싶어 했던 이란이 바로 여기에 있었다.

시라즈에서 야스오와 헤어질 때는 정말 섭섭했다. 다른 여행자들이 거의 없는 나라에서 2주일간이나 동고동락했으니 정이 들기도 했지만, 처음부터 나를 스스럼없이 대해 나도 잘해주고 싶었던 친구였기 때문이다.

자기가 떠난 다음에 펴보라는 야스오의 쪽지에는 일본 주소와 함께 늘 가지고 다니던 액운막이 빨간 '오마모리(일본 부적)'가 들어 있었다.

'비야 누나를 만나서 정말 기뻐요. 누나한테서 집에 돌아갈 때까지 쓸 큰 힘을 얻고 떠납니다. 부디 세계 여행 성공적으로 끝내시길 빌어요. 이제부터 위험한 곳으로 가신다니 이 부적은 저보다 누나에게 더 필요할 거예요. —진짜 동생이 되고 싶은 가짜 이복동생 야스오 드림.'

탈레반 병사 사진 찍다 총살 직전까지

: 종군기자 말만 믿고 겁 없이 전쟁터로

한창 내전 중인 아프가니스탄에 들어가게 된 것은 땅이 있는 한 육로로 다닌다는 내 여행 원칙 때문이다.

이란과 국경을 맞대고 있는 투르크메니스탄으로 넘어가려고 국경 도시 메셰드까지 가서야 외국인은 반드시 비행기로만 투르크메니스탄에 입국할 수 있다는 걸 알게 되었다.

약이 올랐지만 제 나라 제 마음대로 한다는데 어쩔 수 있나. 부랴부랴 다시 지도를 펴놓고 육로로 갈 수 있는 길을 찾아보니 아프가니스탄 서북쪽 도시를 거치면 투르크메니스탄에 들어갈 수 있을 것 같다. 메셰드에 있는 투르크메니스탄 영사관에 전화를 해보니 그쪽으로는 육로 입국도 가능하단다.

여행자들이나 가이드북은 한결같이 아프가니스탄은 내전 중이어서 위험하니 근처에도 얼씬거리지 말라고 했지만 갈 수만 있다면 가보고 싶다. 더구나 이란에서 만난 유명한 종군기자 모하메드 말로는 내가 거쳐 가려는 서부 지역은 이미 반군들이 오래전부터 장악하고 있는 곳이라 별로 위험하지 않다고 한다. 하기야 이 사람은 전쟁 쫓아다니는 게 직업이고 취미니 총알이 빗발치는 곳만 아니면 모두 안전지대이겠지만.

이 세상에 거칠 것 없는 종군기자 모하메드는 테헤란에서 내 마음을 흔들어놓은 그 사람의 친구다. 그 사람 때문에 테헤란을 떠나지 못하다가 딱 비자 만료일에야 메셰드로 떠나는 내게 무슨 문제가 생기면 도움을 청하라고 소개해준 사람이다.

아닌 게 아니라 모하메드가 없었으면 나는 큰 곤욕을 치를 뻔했다. 비자 연기도 못하고 이슬람의 바티칸이라는 메셰드 구경도 할 수 없었을 거다. 모하메드는 상상했던 그 이상으로 유명한 사람이라 거리에서 많은 사람들이 그를 알아보고 인사를 하는 건 물론 영 될 것 같지 않은 일도 그를 통하면 만사형통으로 말 한마디, 전화 한 통화에 일이 술술 풀린다.

이란 최대의 종교도시 메셰드에는 에맘 레자라는 거대한 이슬람 사원이 있다. 여자들은 머리끝부터 발끝까지 완전 포장하는 차도르가 없으면 들어갈 수 없고, 구역에 따라서는 차도르를 입어도 모슬렘이 아니면 출입 금지다.

그러나 모하메드는 사무실에서 뭐라고 몇 마디 하더니 여자들 출입을 체크하는 여자 감시원의 차도르를 빌려 나오며 사원에 들어갈 수 있게 되었다고 한다.

"재주도 좋으시네, 뭐라고 했어요?"

"당신은 인도네시아 사람이고 모슬렘인데, 내 약혼녀라고 했어요."

덕분에 나는 이 세상에서 본 건축물 중 가장 세련되고 아름다운 사원을 구석구석 샅샅이 감상할 수 있었다.

모하메드는 아프가니스탄과 파키스탄을 무대로 맹활약을 하고 있는 중이라 또한 그에게서 들은 아프가니스탄 얘기가 내 호기심을 발동시켰다. 아프가니스탄 비자를 받을 수 있게 큰 힘을 써준 것도 그였다.

그의 말만 믿고 호기심만으로 죽을 곳에 뛰어든 것이 지금 생각해보면 무모하기 짝이 없는 일이지만, 그랬기 때문에 나는 아프가니스탄에서 남들이 도저히 하지 못할 값진 경험을 할 수 있었다.

오가는 사람도 없고 짐 검사도 까다롭지 않은 아프가니스탄 국경을 쉽게 넘었다. 막 아프가니스탄에 발을 들여놓고 헤라트라는 도시까지 가는 차량을 물색하고 있는데, 그리 멀지 않은 곳에서 대포 소리가 쿵쿵 들려온다.

눈이 휘둥그레져서 사방을 둘러보았으나 놀라는 사람은 나 혼자뿐. 근처 사람들에게 저 소리가 어디서 나는 소리냐니까 아무렇지도 않게 "운자, 운자(저 멀리, 저 멀리)!" 하면서 헤라트까지는 걱정 말라고 한다.

하도 오래 전쟁을 겪다보니 무감각해진 탓일까? 그래도 이들의 무감각이 조금은 위로가 된다.

'여기 사는 사람들이 걱정 말라는데, 뭐.'

억지로 마음을 달랜다.

5인승 소련제 지프에 열 명이 짐짝처럼 실려 5시간 만에 헤라트에 닿았다. 도중에 반정부군인 탈레반의 검문이 심했지만 이란에서 쓰던 까만 스카프로 얼굴을 가리고 앉은 나를 그저 흘끗 쳐다보기만 할 뿐 별 반응이 없다.

헤라트에서 모하메드의 친구라는 문화원장 사무실을 찾아갔으나 시내 중심가에 있는 그 문화원은 이미 폐쇄되어 반정부군 초소가 되었다. 이런 낭패가 있나. 배낭을 이고 지고 묵을 만한 곳을 찾아보았지만 방을 구할 수 없다. 1층은 식당이고 2층은 숙소로 사용하고 있는 허름한 건물을 찾아갔더니 주인은 내가 말을 꺼내기도 전에 "나다레, 나다레(없어요, 없어)." 하고 거지 쫓듯 쫓아낸다.

원리주의 초강경 이슬람 반정부군이 장악한 곳이라 남자가 여자와 얘기하는 것마저도 안 되는 동네니 외국인 여자와 말을 하는 것은 더더욱 안 될 일.

몇 군데를 더 가보았으나 모두 그런 식이다. 여관은 포기하고 모하메드에게서 들은 대로 관광객 상대의 고급 호텔로 마차를 타고 갔다. 그러나 그곳도 문을 굳게 닫고 영업 중지.

날은 어두워지는데 길은 막막하다. 전기도 없는 도시에 9시면 통행 금지, 그 이후에 돌아다니면 무조건 사살이란다. 엎친 데 덮친 격으로 비까지 한두 방울씩 떨어지기 시작하더니 10분쯤 지나자 길이 온통 진흙탕으로 변한다. 신발에 무거운 진흙이 엉겨 붙어 발을 떼어놓기도 힘들 지경이다.

: 여자는 집 아니면 무덤에 있어야 한다

문 닫힌 호텔 앞에 막막해서 서 있는데 바로 앞은 탈레반 초소라 머리에 터번을 두르고 소총을 멘 병사들이 옹기종기 앉아서 나를 쳐다보았다. 당장이라도 일어나 시비를 걸 것 같아 불안하다.

'이제 어떻게 한다?'

맥이 풀려 내려놓은 배낭에 걸터앉아 있는데, 등에서 식은땀이 배어 나온다. 막막한 그 순간에 번개처럼 스치는 생각 하나.

'여기가 전쟁터라면 국제적십자사가 와 있을 거야.'

얼른 볼펜을 꺼내 종이에 십자가를 그렸다. 그러고 보니 내가 교회를 찾는 것으로 오해를 받아 이 골수 모슬렘들에게 변을 당할지도 모른다는 생각이 스쳤다. 좀 더 상세하게 십자가에 동그라미를 그리고 그 옆에 붉은 초승달도 그려 넣었다.

"인자 다레 레드 크로스? 코자 레드 크로스(여기 적십자사 있어요? 적십자사 어디 있어요)?"

그림을 들고 지나가는 사람마다 애원하듯 붙잡고 물었지만 원망스럽게도 사람들은 멀리 피해버린다. 지금부터 30분만 지나면 움직이는 모든 것에 총알이 날아든다는데.

그러나 하늘이 무너져도 솟아날 구멍은 있는 법, 비 내리는 어두운 거리에서 10여 분간 미친 듯이 허둥대다가 마침 영어를 할 줄 아는 구세주를 만났다. 나중에 알고 보니 그는 이 동네의 유명한 외과 의사였다.

그분의 안내로 적십자 병원에 도착하니 거기 있던 사람들은 배낭을 앞뒤로 메고 나타난 나를 보고 마치 유령을 본 듯이 깜짝 놀란다.

"당신 도대체 어쩌려고 늦은 밤에 거리를 돌아다녀요? 통금 시간이 지나면 무조건 사살이라는 걸 알고나 있는 거요?"

적십자 병원의 덴마크인 직원은 어이가 없다는 듯 더 이상 말을 잇지 못한다. 안전한 병원 안에 들어오니 나는 이제 살았구나, 하는 안도감에 옆에 있던 의자에 풀썩 주저앉아 겨우 입을 열 수 있었다.

"나 찬물 한 잔만 갖다 줄래요?"

탈레반은 광신에 가까운 초강경 모슬렘으로 이들이 장악한 지역에서 여자는 아무것도 할 수 없다. 학교에도 다닐 수 없고, 직장에도 다닐 수 없다. 심한 곳에서는 여자 혼자는 시장에도 가지 못하고 남자 가족의 동행 없이는 어디도 갈 수 없다. 이 나라 속담처럼 여자는 무덤이 아니면 집에만 있어야 하는 것이다.

이 무지막지한 광신도들이 점령한 후 10만 명의 각급 여학생들이 학교를 다니지 못하고, 전체 교사의 반 이상인 여선생들이 가르칠 수가 없어 학교가 마비되어버렸다. 똑똑한 여자가 현명한 어머니가 되어 훌륭한 아이들을 키운다는 사실을 생각하면, 이들은 스스로의 미래에 무덤을 파는 것이나 다름없는 셈이다.

처음에는 중앙아시아로 가기 위해 잠깐 들른 거지만 막상 헤라트에 와보니 이런 곳도 있구나 싶어서 아프가니스탄에서 이 도시 하나라도 잘 보고 떠나야겠다는 욕심이 생긴다. 그래서 적십자사의 스위스인 책임자에게 내 생각을 말했다.

"수돗물도 안 나오고, 전기도 없고, 기름이 없어 난방도 안 되고, 9시면 통행 금진데 견딜 수 있겠어요?"

"선생님도 여기 계시잖아요. 여기서 일하는 국제기구 사람들도 많고요."

"하여간, 내가 말린다고 들을 사람도 아닌 것 같으니 좋을 대로 하세요. 여기 병사들 총에는 진짜 총알이 들어 있다는 것만 명심하세요."

그래서 나는 이 도시의 유일한 관광객이 되어 시장으로, 이슬람 사원으로, 거리로 돌아다녔다. 모하메드 말대로 거리는 삼엄하기는 하지만 비교적 평온한 편이다. 수도 카불에서는 바로 전날에도 사십여 명이 죽었다는데, 여기서는 아무런 전투도 없었다.

거리에서 만나는 남자들은 금방 뇌수술을 받고 나온 환자처럼 터번이라는 7미터 길이의 흰 천을 머리에 칭칭 감고 다니고, 여자들은 눈 있는 곳만 망사로 조금 틔우고 나머지는 비둘기색 천으로 완벽하게 온몸을 감싸고 다닌다.

길을 물어보아도 남자들은 눈을 마주치지 않으려고 바로 쳐다보지도 못하고, 여자들은 아예 도망가 버린다. 그러면서도 느닷없이 거리에 나타난 동양 여자가 머리에 까만 두건을 두르고 작은 배낭을 메고 돌아다니는 게 신기한지 남자들은 곁눈으로 흘끔거리고, 여자들은 차도르 안에서 바라보고, 아이들은 드러내놓고 따라다니며 구경한다.

곳곳에 탈레반 초소가 있어 하얀 깃발이 펄럭이는데, 아무 잘못도 없으면서 이 깃발만 보이면 괜히 가슴이 뛰어 무조건 길을 돌아서 가게 된다.

여기도 시장은 재미있다. 세계 각국에서 온 구호품을 파는 옷 시장은 특히 볼 만하다. 고급 오리털 파카부터 구멍 난 양말까지 없는 게 없다. 한국전쟁 직후 우리나라 남대문 시장이 이랬다지.

더 재미있는 것은 물건에 값을 매기는 방법이다. 여기서는 가격이 순전히 옷의 크기에 따라 정해진다. 예를 들어 긴소매 웃옷은 그게 오리털 파카든 비닐 비옷이든 같은 값이다. 보물찾기 하는 기분으로 여기저기 기웃거리다 고급 미제 방수 점퍼 하나를 샀다. 우리나라에서라면 못 줘도 30만 원은 줘야 할 것 같은데 단돈 500원 정도다.

또 재미있는 곳은 빵 가게. 어른 팔뚝만 한 길이의 납작하고 길쭉한, 난이라는 빵은 맛있기도 하지만 만드는 것이 구경거리다. 여기서는 빵 굽는 게 완전 분업 형태. 한 사람이 긴 반죽을 적당한 크기로 토막 내면 다음 사람이 그걸 납작하게 밀어 구멍을 내고, 그다음 사람은 땅에 묻은 자기 키가 넘는 화덕 벽에 그것을 붙이고, 또 다음 사람은 삽 같은 것으로 다 구워진 빵을 떼어내고. 그 한쪽에서 꼬마가 따끈따끈한 빵을 판다.

남자 다섯이 기계처럼 능숙한 솜씨로 박자에 맞춰 일사불란하게 빵을 굽는다. 오랜 전쟁 중에도 이런 일상이 이루어지고 있다는 것, 그리고 웃음을 잃지 않은 사람들이 신기하게까지 보인다.

: 목숨과 바꿀 뻔한 사진 두 장

헤라트에도 금요모스크라는 아름다운 이슬람 사원이 있다. 밝은 파랑과 초록이 적당히 조화된, 정교하고도 우아한 무늬의 타일로 만들어진 사원을 돌아보고는 건물을 찍는 체하면서 길거리 사람들을 찍었다. 여행을 하면서 내가 카메라에 담아가고 싶은 것은 무엇보다도 사람이기 때문이다.

그런데 탈레반은 유적지만 겨우 눈감아줄 뿐 거리나 사람들 사진 찍는 것은 일절 금했다. 나는 이렇게 사진을 찍다가 정말 목숨을 잃을 뻔했다.

여기저기 몰래 카메라로 도둑 사진을 찍는데 어느 건물 앞에서 총을 들고 옹기종기 모여 앉은 탈레반 병사들이 눈에 들어왔다. 그 순간 아프가니스탄에 왔다간 많은 저널리스트들도 탈레반 병사들의 사진은 찍지 못했다는 말이 생각난다. 병사들을 찍지 못하게 계엄령으로 선포를 해놓은 탓이다. 찍다가 걸리면 누구를 막론하고 감옥행이거나 심하면 총살형이란다.

사진 한 장에 목숨을 걸고 싶지는 않지만 그래도 미련이 남아 애꿎은 카메라만 만지작거리고 있는데, 병사들 앞에 한참을 서 있어도 그들은 잡담을 하느라 정신이 없다.

'아, 이때 얼른 한 장 찍으면 되겠다.'

몰래 카메라를 들이대고 찰칵찰칵, 한 컷도 아니고 두 컷을 찍었다. 거기까지는 좋은데 문제는 그다음, 병사 중 두 명과 카메라 렌즈 안에서 눈이 마주치고 만 거다. 머리끝이 쭈뼛하면서 온몸의 피가 발 아래로 빠져나가는 듯 힘이 쭉 빠졌다.

'앗, 들켰구나.'

나와 눈이 마주친 병사가 동료들에게 무어라고 소리치며 내게 오라고 손짓한다. 총을 든 병사들 앞에서 어디로 도망칠 수도 없다. 상대는 눈에 핏발을 세운 반정부군인데, 나는 무력한 중앙정부에서 발행한 경유 여권을 가진 외국인 여자 주제에 무엄하게도 계엄령을 어긴 것이다.

너무 긴장되니까 떨리지도 않는다. 병사들에게 다가가자 다짜고짜 내 카메라를 빼앗으려고 하면서 소리를 친다.

"당신, 우리 찍은 필름 내놔!"

"나는 당신들 안 찍었어요."

"당신이 우리 찍는 것, 내 눈으로 똑똑히 봤는데?"

"저 사원 건물 찍은 거예요. 당신들 사진 찍으면 안 되는 거 잘 알고 있어요. 큰일 나려고 내가 사진 찍겠어요?"

짧은 페르시아어로 거짓말이 술술 잘 나온다. 내 안의 어디에 그런 용기가 숨어 있었나. 카메라나 필름이 목숨과 바꿀 만큼 중요한 건 아니지만 한번 이들 법을 어겼다는 것을 인정하면 그다음이 어떻게 될지는 불을 보듯 뻔한 일이다. 다른 병사들도 덩달아 내가 사진을 찍었다면서 단번에 험악한 분위기가 된다, 자기들은 보지도 않았으면서.

나와 눈이 마주친 병사 중 하나가 병영 초소 쪽을 가리키면서 따라오라고 한다. 가슴이 쿵 내려앉으며 얼굴에 핏기가 싹 가시는 느낌이다. 병영에 끌려 들어갔다가는 끝장이다. 많은 종군기자들이 병영에서 쥐도 새도 모르게 사라졌다는 말을 이미 들어 잘 알고 있다. 앞장서 병영으로 가는 병사에, 뒤에서 총을 들고 지켜보고 있는 여덟 개의 눈동자.

'따라가면 죽는다.'

그 생각만 머릿속에 또렷하다. 나는 무조건 앞서가는 병사의 팔

아프가니스탄 이슬람 원리주의자 탈레반 병사들.

이들은 종교적인 이유로 사진 찍히는 것을 극도로 꺼려하기 때문에 아프가니스탄에 왔다간 수많은 저널리스트들도 이들 사진을 제대로 찍을 수 없었다. 하룻강아지 범 무서운 줄 모르던 나는 이 사진을 찍다 총살당할 뻔했다.

을 두 손으로 잡고 매달리며 알고 있는 페르시아어를 총동원했다.

"아저씨, 나 정말 안 찍었어요. 정말이에요. 이 카메라 필름 다 가져가도 좋아요."

필사적으로 팔을 잡고 매달리자 난처한 것은 오히려 그 병사 쪽이 되고 만다. 여자와는 말도 나눌 수 없는 초강경 모슬렘이 사람들이 보는 앞에서 외국 여자에게 팔뚝을 잡혔으니, 얼굴이 벌겋게 상기되면서 어쩔 줄 모른다.

"이 팔 놓고 잠자코 따라와."

"아저씨, 정말 안 찍었다는데 어딜 가자는 거예요?"

"당신, 정말 안 찍었어?"

그 병사는 몸 둘 바를 모르겠다는 표정이고, 오히려 당당해지는 것은 내 쪽이다.

"정말 안 찍었어요."

팔을 잡은 채 침착하게 대답하자 슬그머니 팔을 빼면서 그럼 빨리 사라지라고 쫓는 시늉을 한다. 안도의 숨을 쉴 새도 없이 정신없이 숙소로 달려와, 1년 전 케냐의 나이로비에서 노상강도를 만난 이후 처음으로 청심환을 먹어야 했다.

정신을 차리고 보니 무모해도 너무 무모했던 것 같다. 저녁에 국제기구 사람들이 모여 함께 식사를 하며 내 시내 관광에 대해 묻는데, 이 말 저 말 딴청만 하다가 물었다.

"만약에 반정부군 사진을 찍다 걸리면 어떻게 되는 거예요? 끌고 가서 감옥에 가두나요?"

"감옥 좋아하시네. 저희들 먹을 밥도 없는데, 뭐가 아쉬워 감옥에 가두고 공밥을 먹이겠어요? 당장 그 자리에서 총살이지."

후유, 다행히 이 목숨과 바꿀 뻔한 사진은 두 장 다 잘 나왔다.

커피 한 잔이면 어린이 셋을 살릴 수 있다

: 지뢰밭에서 노는 아이들

 다음 날은 정말 조심해서 건물 사진만 찍고 있는데 또 뒤에서 누가 "헬로." 한다. 지레 겁을 먹고 간이 콩알만 해져 뒤돌아보니 어떤 아저씨가 자기 가게를 가리키며 들어오라고 한다. 왕년에 관광 가이드를 해서 영어를 제법 할 줄 아는 아저씨가 경영하는 골동품 가게다.
 가게에 들어가 점심도 얻어먹고 노닥거리는데 사람들이 물건들을 들고 들어온다. 집에서 대대로 쓰던 카펫이며 전통 의상, 장식품 등 돈이 될 만한 물건들은 모두 가지고 온다. 오랜 전쟁을 치르면서도 아직까지 저렇게 팔 물건이 남아 있다는 게 놀랍다.
 이 아저씨는 그걸 헐값으로 사들여 유럽에 내다 팔아 엄청난 돈을 벌고 있는 것 같다. 어디나 전쟁터에는 죽어나가는 사람이 있는가 하면, 이처럼 전쟁을 통해 돈을 끌어 모으는 사람도 있다.
 나를 적십자 병원에 데려다준 구세주 라메즈 의사의 안내로 유엔난민기구의 난민 수용소에 가보았다. 전쟁을 피해 이란으로 갔다가 거기서도 쫓겨 돌아온 사람들이 텐트촌에 바글거린다. 대부분

난리가 심했던 북부 지방 사람들이라는데, 모두 나와 모습이 비슷한 몽골계 얼굴이다.

이제 점점 추워질 텐데 이 사람들은 얼마나 고생스러울까. 그래도 이 사람들은 유엔의 도움으로 적어도 의식주는 해결된다고 하니 먹을 것이 귀한 난민 수용소에 있는 사람들은 그럼 어떻단 말인가?

헤라트 시내에 있는 민간인 난민 수용소에는 아이들이 유난히 많다. 어른들은 무표정이었으나 아이들은 나를 따라다니며 좋아한다. 따라다니는 아이들이 돈이나 과자를 달랄 줄 알았는데, 손을 벌리는 아이가 한 명도 없다. 인도나 아프리카를 여행할 때는 아이들이 나만 보면 '머니' 아니면 '볼펜'이라고 불렀는데 말이다. 한국전쟁 때는 우리나라에서도 미군들 이름이 으레 '초콜릿'이나 '껌'이었지 않나.

이곳에서는 특히 팔다리가 없는 아이들이 많이 눈에 띈다. 도심을 비롯한 도시 부근이 몽땅 지뢰밭이기 때문에 놀다가 지뢰가 터져 죽거나 다친다는 거다. 아이들은 그 몸으로 텐트촌 중간에 있는 우물에서 시커먼 흙탕물을 퍼 올려 두레박을 입에 대고 꿀꺽꿀꺽 마신다.

페르시아어로 아이들과 한참 얘기를 나누는 동안에도 텐트촌 어른들의 눈총이 따갑다. 아이들 머리를 쓰다듬어주고 돌아서려는데 어떤 여자 아이가 꼬질꼬질한 손으로 빵을 건네주며 수줍게 웃는다. 자세히 보니 왼발 대신 목발을 짚고 있고 한쪽 팔뚝도 잘려나갔다. 아이가 빵을 내밀자 내가 어떻게 하나 보려고 그러는지 다른 아이들이 갑자기 조용해진다.

"헤일리 막눈(고마워)."

자연스럽게 인사하며 빵을 한 입 뚝 베어 물자 조용하던 아이들

입에서 와 소리가 터져 나오며 환하게 웃는다. 갑자기 눈시울이 뜨거워지며 코끝이 찡해진다.

'이 아이들이 살아남아야 할 텐데. 적어도 굶어 죽지는 말아야 할 텐데. 1000원 미만의 돈으로도 간단하게 고칠 수 있는 병에 걸려 죽지는 말아야 할 텐데.'

: 아! 이 일을 하고 싶다

이번 중동과 아프리카 지방을 여행하면서 내게는 새롭고 중요한 관심 분야가 생겼다. 바로 난민 문제다. 이전에 나는 이런 문제에 전혀 관심이 없었다. 르완다나 캄보디아의 끔찍한 얘기들은 나와는 전혀 상관이 없는 먼 나라의 뉴스거리로만 여겼다.

그러다 아프리카 말라위에서 만난 미국의 한 의대생으로부터 자기가 몇 달간 일했던 르완다의 난민촌 얘기를 생생하게 들을 기회가 있었다. 그의 말에 따르면 르완다의 난민촌에서는 아이 하나가 병에 걸리면 그렇지 않아도 건강이 나쁜 다른 아이들에게 삽시간에 번져 마른 검불에 불붙듯 며칠 새 수십 명이 죽어나간다고 한다.

먹을 것도 없이 떠돌던 난민들이 수용소에 들어오면 처음에는 피골이 상접한 반송장이어서 아이들은 걷기는커녕 힘이 없어 음식도 먹지 못하고, 억지로 입에 넣어주어도 삼키지도 못한다는 것이다. 그러다 열흘만 지나면 서서히 생기가 돌고 아이들의 밝은 웃음이 살아난다고 한다. 놀랍게도 생명을 살리는 데에 들어가는 돈이 난민 1인당 하루 80원, 그러므로 800원이면 어린 목숨 하나를 살릴 수 있다는 것이다.

그러니 우리가 마음만 먹으면 커피 한 잔으로 세 명을 살리고, 레스토랑 저녁 식사 한 끼로 오십 명의 아이들을 일으켜 세울 수 있다는 계산이다. 무슨 말이 더 필요한가.

내가 처음으로 직접 본 난민은 아프리카 케냐에서 에티오피아로 가려고 국경을 넘을 때 만난 13살가량의 아이다. 그 아이는 몇 주일 전 유엔평화유지군이 소말리아에서 철수하면서 두고 간 총을 몇 조각의 빵과 바꾸려고 마을에 갔다가 가족에게 돌아가는 길이었다.

그 아이는 그 총이 없으면 자기 생명을 지킬 수 없는데도 총과 가족들이 먹을 빵을 맞바꾸었다. 그러면서도 집으로 돌아가는 내내 그 빵을 과연 집에서 기다리는 가족들에게 무사히 갖다 줄 수 있을지 걱정하고 있었다.

나는 그 후에도 에티오피아와 에리트레아 등지에서 수많은 난민들을 만날 수 있었는데, 나중에는 스치는 난민들만 보는 정도에서 벗어나 스스로 난민촌을 찾아다니게 되었다. 이스라엘 가자 지구의 팔레스타인 난민촌과 요르단과 시리아에 있는 난민촌들을 가보았다. 거기에서 보았던 난민들은 내게 해야 할 일 하나를 가르쳐주었다. 바로 난민 어린이들을 돕는 일이다.

현재 전 세계의 난민은 2700만 명. 지구가 멸망하지 않는 한 전쟁은 끊이지 않을 것이고, 전쟁이 소멸하지 않는 한 난민도 사라지지 않을 것이다. 더구나 전쟁의 최대 피해자는 여자와 어린아이, 그들이 난민의 80퍼센트를 차지하고 있다. 이들은 아무런 힘이 없는 사람들이다. 누군가가 돕지 않으면 그대로 억울하게 죽을 수밖에 없는 것이다.

난민들을 돕는 방법은 많다. 종교를 가진 사람은 영적으로, 돈을 가진 사람은 물질적으로, 국제 관계에 영향력을 가진 사람은 정치적으로, 누구든지 자신이 가진 것을 나누어 가지려고만 한다면 난민들을 돕는 방법은 얼마든지 있다.

내 경우에는 국제 홍보학이라는 전공을 살려 난민 문제의 심각성을 국제사회에 널리 알리는 일을 할 수 있겠다. 난민을 받지 않으려는 이웃 나라의 지도자들과 국민을 설득하는 일도 할 수 있겠고, 물질적으로 도움을 주려는 사람과 직접 최전선에서 일하는 사람을 연결하는 일도 해줄 수 있겠다.

자세한 방법은 더 생각해보아야 하겠지만 이것이 내 직업이 되든지 순수한 봉사 활동이 되든지 나는 앞으로 난민에게 도움을 줄 수 있도록 지속적인 관심을 가질 것이다. 꼭 그렇게 할 것이다.

투르크메니스탄
우즈베키스탄·터키

터키의 온천 지대 파묵칼레의 산꼭대기에는 칼슘 성분의 온천물로 만들어진 천연 풀장이 있다. 30층 정도의 절벽에 오랫동안 칼슘 성분이 달라붙어 있어 이 지역 전체가 사시사철 눈이 온 것처럼 하얗게 보인다.

칼바람 속에 울며 넘은 국경

: 내 여권이 가짜라고?

아프가니스탄 헤라트에서 투르크메니스탄 국경도시 토르곤디까지 가는 험한 길을 고물 러시아 지프로 두 번이나 왕복하게 되었다. 길이 멋있거나 볼거리가 많아서가 아니라 순전히 비자 문제 때문이다. 사연도 복잡하다.

비가 오는 헤라트를 떠나 국경까지는 3시간 만에 무사히 갔다. 그러나 별일 없을 것 같던 입국 문제가 여간 까다롭지 않다. 국경사무소에서 1시간을 기다려도 내 여권 가져간 출입국 경찰은 감감무소식.

하도 답답해 경비 경찰에게 내 여권 가져간 사람 어디 갔느냐니까 험악한 얼굴로 무조건 기다리란다. 미친놈! 욕이 저절로 나온다. 러시아식 권위주의가 이런 국경 초소 말단 경비 경찰에게까지 단단히 배어 있는 거다.

별수 없이 2시간을 더 기다리자 출입국 경찰이 내 여권을 들고 한 무리 회색 코트 정장 차림의 경찰들과 나타나더니 그중에 마피아 보스 같은 사람이 딱 잘라 말한다.

"네 여권 가짜이니 입국할 수 없음."

"뭐라고? 내 여권이 가짜라고?"

어안이 벙벙해져서 페르시아어로 따져 물으니 내 여권 번호와 여권 페이지에 적혀 있는 숫자가 다를뿐더러 사진도 가짜임이 분명하단다.

이 멧돼지같이 생긴 놈이 무슨 소리를 하는 거야? 화가 나서 여태껏 한 번도 눈여겨보지 않았던 내 여권을 살펴보니 여권 번호는 6075XXX인데 페이지 번호는 어떻게 된 게 모두 '00738XXX가'로 되어 있다. 게다가 아닌 게 아니라 하도 여러 번 펼쳐서 그런지 여권 사진도 귀퉁이가 약간 떨어져 나가 의심하려면 할 만도 하다.

"이것 봐. 내 것처럼 여권 번호와 페이지 번호가 같아야 한다고."

제 딴엔 친절을 보인답시고 자기 여권까지 보여준다. 나는 러시아어를 한 마디도 모르고 이 멧돼지는 영어를 한 마디도 못해서 페르시아어로 얘기를 하는데, 내 짧은 실력으로는 여권 번호와 페이지 번호는 같은 나라도 있고 다른 나라도 있다는 걸 설명해줄 수가 없었다.

"나는 너희 나라 비자를 받았어. 내 여권이 진짜인지 가짜인지는 너희 영사가 비자 내줄 때 체크하는 거고, 너희는 비자가 있는지만 보고 입국만 시켜주면 되는 거야. 내 말이 틀려?"

페르시아어 사전을 열심히 찾아가며 되지도 않는 페르시아어를 두서없이 주워섬겼다. 그러면서 영어 할 줄 아는 사람 데리고 오라고 길길이 뛰는 척했다.

하도 거세게 나가니까 그럼 이 나라 수도인 아슈가바트에 전화해서 내 비자에 대한 기록이 있는지 확인해보겠다며 사무실로 들어간다. 그러고는 또 감감 무소식이다. 도대체 이놈들은 일을 하는 건지 마는 건지. 거의 1시간이나 지나서야 그 멧돼지가 다시 나오더니 이번에는 딴 소리를 한다.

"비자는 확인했다. 여권도 진짜다. 그런데 이 국경은 아프가니스탄 사람과 투르크메니스탄 사람만 다니는 곳이다. 다른 외국인은 출입 금지이니 통과시키지 말라는 상부의 지시다."

"아니, 하루 종일 기다리게 해놓고 그게 무슨 소리야?"

"나도 어쩔 수 없다. 너는 다시 아프가니스탄으로 돌아가야 하고, 반드시 비행기를 타고 들어와야 한다."

길길이 뛰어보기도 하고 찬찬히 애원도 해보았지만 이 막무가내 멧돼지에게는 통하지 않았다. 50개국이 넘는 세계 여행 중에 처음으로 국경에서 퇴짜를 맞고 돌아서는 수모를 당하고 말았다. 진짜 여권과 정식 비자를 가지고서도 말이다.

'그럼 이제 어떻게 한다? 여기까지 와서 다시 이란이나 파키스탄으로 돌아가 비행기를 타란 말인가.'

번거롭기도 했지만 그건 정말 억울하다.

다음 날 아침 일찍 국경에서 덜덜거리는 지프를 타고 헤라트로 돌아오자니 속이 확확 달아오른다.

'여기서 돌아설 수는 없지. 해볼 때까지 해보는 거야. 내 물귀신 작전으로.'

여기서 말하는 '물귀신 작전'이란 1퍼센트의 가능성만 있으면 끝까지 물고 늘어지는 내 특유의 전법이다. 이렇게 하면 대부분의 경우는 뜻대로 되는데, 비록 안 되더라도 적어도 미련과 후회는 없다. 지금 내게 있는 유일한 가능성이란 투르크메니스탄 영사에게 떼를 써보는 일이다.

헤라트에 돌아와 영사관을 찾아가니 아직 문이 열리지 않았다.

문 앞에 쪼그리고 앉았다가 출근하는 영사에게 매달렸다.

국경에서 있었던 얘기를 하고 내 비자 옆에 '이 사람은 국경 통과를 허락한다'는 보증 문구를 써달라고 졸랐다. 영어를 잘하는 영사는 내가 하도 억지를 쓰니까 할 수 없이 내 여권에 메모를 써주면서도 힘없는 소리를 한다.

"아가씨가 원하는 대로 써주기는 하겠소만 그 국경 경찰이 원칙을 따지면 별 효과가 없을 거요. 우리나라에서는 외교권보다 경찰권이 더 강하거든."

그래도 그걸 소중히 모셔 들고 울퉁불퉁 전쟁으로 망가진 길을 다시 달려갔다. 가는 길에는 눈이 펄펄 날리고, 낡은 지프 안으로 인정사정없이 칼바람이 들어왔다.

가지고 다니는 옷이란 옷은 다 껴입었는데도 차에서 내릴 때는 완전히 얼음 동태가 되어 뻣뻣해진 팔다리가 잘 움직여지지 않는다. 육로 여행이라는 원칙을 지키기 위해 얼음 동태가 되었지만 어떤 원칙이라도 그것을 지키는 일은 항상 고통이 따르게 마련. 그러나 나는 그 고통 뒤에 올 '원칙 고수'의 즐거움도 잘 알고 있다.

눈이 내리는 국경 사무소에 쑥 나타나니 직원들이 너무나 놀란 표정이다. '저 귀신이 왜 또 왔나.' 하는 듯이.

"너희 영사가 여기로 넘어가도 좋다고 이렇게 허가증을 써주었다. 보아라."

나는 의기양양해서 영사의 메모를 코앞에 들이대며 큰소리를 뻥뻥 쳤다. 그랬더니 국경 사무소가 또 벌집을 쑤셔놓은 듯 소란스러워진다. 온 직원이 나서서 허둥대며 어디엔가 전화하는 사람, 내 여권을 들고 이 방 저 방으로 왔다 갔다 하는 사람, 차를 타고 누군가를 부르러 가는 사람, 모두 총알처럼 움직인다.

1시간도 지나지 않아 어제의 멧돼지가 그를 데리러 간 직원과 함께 나타났다. 그런데 얼굴에 아무 표정이 없어 된다는 건지 안 된다는 건지 좀체 감이 잡히지 않는다.
　그가 뭐라고 하자 부하 직원이 내 여권을 들고 종종걸음으로 달려왔다. 영사에게 들은 소리가 생각나 이 멧돼지가 또 안 된다고 하면 어쩌나, 그럼 중앙아시아를 포기해야 하나 난감해하고 있는데, 부하 직원이 내 여권을 내주며 하는 말.
　"웰컴 투 투르크메니스탄."
　아이고, 오빠. 입국을 허락하는 것만도 황송한데 게다가 영어까지?
　영어를 할 줄 아느냐고 물으니 영어는 그 한 마디밖에 모른다고 페르시아어로 대답하는데, 그 직원의 뒤에서 어제는 그렇게도 딱딱하던 멧돼지가 금니를 드러내고 웃기까지 한다.
　"스파시바(고마워요)."
　나도 어제 겨우 한 마디 배운 러시아어로 고맙다고 인사하고 얼어붙은 손으로 빼앗듯이 여권을 받아 쥐었다.

: 얼굴이 텅 비어버린 사람들

　이토록 국경에서부터 홀대받는 투르크메니스탄에 내가 왜 기를 쓰고 들어가려고 하느냐? 그건 실로 사소한 동기에서 비롯되었다.
　나는 꼭 이란에 가보고 싶었는데, 이란 경유 비자를 받으려면 반드시 이웃 나라 비자가 필요했다. 이란의 이웃 나라 중에 이라크는 애초에 갈 수 없는 나라이고, 파키스탄은 우리에게 무비자이니까 투르크메니스탄 비자를 받을 수밖에 없었다. 그래서 순전히 이란에 들어가기 위해 거금 30달러를 내고 이 나라 비자를 받아두었던 거다.

그때까지만 해도 가지고 있는 정보가 하나도 없는 이 나라에 들어갈 생각이 없었는데, 이란에서 영국인 여행 가이드북 저자를 만났다. 그는 세계 여행 중이라면 실크로드의 중심지인 우즈베키스탄에 꼭 가보아야 한다고 강력히 추천했다. 기왕에 받아둔 비자도 있으니 이 나라를 거쳐 우즈베키스탄을 가려는 게 내 목적이다.

이 중앙아시아 지역의 나라들 이름 끝에는 꼭 '스탄'이란 말이 들어가는데 그것은 다름 아닌 '땅'이라는 뜻이다. 투르크메니스탄은 투르크족이 사는 땅이고 우즈베키스탄은 우즈베크족이 사는 땅이라는 말이다.

이 투르크족 땅에 오니 영어는 물론 페르시아어도 안 통해서 나는 그야말로 하루아침에 눈뜬 장님이요, 말하는 벙어리 신세가 되었다. 볼펜과 메모지로 그림을 그리고 손짓 발짓을 다해도 의사소통이 쉽지 않다.

차표 사기도 쉽지 않고 식사할 곳이나 묵을 곳을 찾는 것도 인내와 노력에 더해 운이 필요하다. 게다가 사람들은 얼마나 쌀쌀맞고 무뚝뚝한지, 뭘 물어보기도 겁나는 분위기다. 그러다가 웃는 사람을 보면 어찌나 반가운지.

우선 계절이 겨울로 접어들어 춥고, 다른 여행자들을 만나서 정보를 얻기도 어려울 테니 앞으로 터키로 돌아갈 때까지는 춥고 외롭고 답답한 날날이 예상된다. 이런 상황이 불편하기도 하고 정신적으로나 육체적으로 고생스러울 것이 뻔하지만 두렵지는 않다.

여행을 할 때는 친절하고 상세한 안내 책자가 오히려 여행의 재미를 반감시키는 경우가 있다. 책에 의존해서 그대로만 다니고, 그만큼만 체험하기 십상이기 때문이다. 그래서 이렇게 여행 정보가 전혀 없는 상태에서 마르코 폴로나 리빙스턴 같은 탐험가의 마음으로 여행해보는 것도 나름대로 의미가 있다는 생각이다. 설령 정보 부족으로 아주 중요하고도 신기한 것을 놓쳐버린다고 해도.

이 나라의 첫인상은 한마디로 '텅 비어 있다'이다. 호텔도 비어 있고, 길거리도 비어 있고, 가게 선반들도 텅텅 비어 있다. 꽃무늬 모자를 쓰고 다니는 투르크족이나 털모자를 쓰고 다니는 러시안계나 다 따뜻한 눈길이나 미소 없이 얼굴이 텅 비어 있기는 마찬가지다.

왜 안 그렇겠는가. 러시아 공산당 강압 정치에서 벗어나자마자 스스로 투르크멘바시(모든 투르크멘인들의 아버지)라고 칭한 독재자가 대통령이 되어서 경제에는 무능하면서도 무시무시한 철권을 휘둘러대고 있으니 살인적인 인플레 속에서 어떻게 웃을 마음이 생기겠는가.

국경에서 돈을 바꾸고 일주일이 지나자 달러 값이 딱 배로 뛴다. 보통 월급쟁이 한 달 봉급이 두루마리 휴지 열 통 값. 풍부한 지하자원이 있는데도 경제가 영 엉망이다. 사회주의의 후유증에 독재정치의 해독이 겹쳐 어느 나라보다 생활환경이 열악하다.

그런 나라가 대개 그렇듯이 외국인에게는 엄청나게 바가지를 씌운다. 현지인 물가의 열 배는 보통이고 별것도 없는 박물관 입장료는 삼십 배나 된다. 그래 봐야 달러로 계산하면 얼마 되지는 않지만 말이다.

시장에 가니 물건 사기가 힘들다. 서울운동장만큼 큰 공터에 사람들이 바글바글하고, 꽃무늬 수건을 쓴 아줌마들이 두 줄로 등을 맞대고 앉아 물건을 파는 모습은 장관인데, 우선 물건이 별로 없고 돈 헤아리기가 보통 일이 아니다. 각종 잡동사니를 다 모아 놓고 파는 가게마다 물건보다 돈을 더 많이 쌓아 놓고, 물건 팔기는 딴전이고 돈 헤아리기에 여념이 없다. 장사가 잘되어 그런 게 아니라 돈 가치가 없기 때문이다.

그 사람들이 신는 덧버선을 하나 사고 돈을 주고 거스름을 받는 데 10여 분, 암달러상에게 10달러 바꾸는 데 몇 십 분이 걸린다. 10달러에 2만 5000마나트, 100마나트짜리로 250장을 주는데 그 사람이 하나씩 세어서 주고 내가 또 하나씩 세어서 받고. 그래도 그의 본업이 카펫 장사라 제일 큰 돈 단위인 100마나트짜리가 있었기에 망정이지 덧버선 장수처럼 5마나트짜리로 주었다면 나는 그 시장이 다 파할 때까지 집에도 못 가고 돈을 헤아리고 앉았을 뻔했다.

시장에는 이 세상의 온갖 얼굴이 다 모여 있다. 머리가 노랗고 얼굴이 하얀 러시아인, 털북숭이에 이목구비가 뚜렷한 중동인, 찢어진 눈에 노란 피부가 빤질빤질한 몽골 인종 비슷한 사람들 그리고 이것도 저것도 아닌 갖가지 혼혈들. 얼굴도 가지가지에 옷치장도 가지가지다. 현지인보다 삼십 배 더 주고 본 박물관보다 이 시장의 인종 박물관이 더 신기해서 한나절 내내 보고 있어도 지루하지가 않았다.

: 고려인 아줌마의 뜨거운 밥상

아슈가바트에서 간단하게 우즈베키스탄 비자를 받고, 그 옛날 실크로드의 로터리였던 마리라는 도시를 찾아갔다. 낙타 허리가 휘어지도록 비단과 차와 도자기를 실은 비단길 대상들이 여기 마리에 집결했다가 인도나 페르시아, 유럽, 러시아로 갈라져 갔다는 것이다.

그러나 물어물어 찾아간 올드 마리는 몇 개의 허물어진 건물만 남아 있을 뿐인 허허벌판이다. 융성한 오아시스 마을이었다는 것을 겨우 입증이나 하듯 벌판 옆에 작은 강줄기가 흐르고 있다. 수십 일 동안 목마르게 사막을 건너온 대상들에게 이 강이 흐르는 마리는 그야말로 천국이었을 것이다.

벽만 앙상하게 남은 사원과 성벽을 따라 걸으며 맑은 공기와 따뜻한 햇볕이나 즐겼다. 이런 줄 알았으면 오지 않았을 텐데, 가이드북 없이 다니는 값을 치르는 것이라며 툴툴거렸다.

그러나 그날 오후에 예상치 않은 소득이 있었다. 중앙아시아에 살고 있는 고려인을 만난 거다. 오후에 버스 터미널에서 '태권도'라고 한글로 쓰인 운동복을 입은 러시아 남자를 보았다. 그 사람도 나를 보더니 "카레앙카(고려인)?" 하고 묻는다.

"비 카레예스(당신도 고려인)?"

"사부님, 카레예스."

운동복을 가리키며 '사부님'이라고 한국말을 한다. 사부님이 어디 있냐니까 지금 모스크바에 출장을 갔다며 여기에도 카레앙카가 많이 산다고 한다. 지금 시장에 가면 고려인 아줌마들을 많이 만날 수 있다는 거다.

택시를 타고 단숨에 시장으로 달려갔다. 그 사람이 써준 대로 '마르코 살라드 카레앙카(무채 파는 고려인)'를 몇 번 물어보지도 않아서 고려인 아줌마 네 명을 만났다.

40대 후반의 이 아줌마들은 무채와 김치 등을 만들어 파는데, 영락없는 옆집 아줌마다. 그중에 한 사람은 어눌하기는 하지만 북한

투르크메니스탄 시장에서 만난 무채 파는 고려인 아줌마 네 분.

혼자 여행 다니는 나를 걱정하며 좌판에서 팔던 무채와 김치를 아낌없이 싸 주시고, 어느 날은 본격적으로 밥과 김치에, 고기를 듬뿍 넣은 된장찌개를 끓여 주셨다.

말씨로 한국말을 잘한다. 내가 성이 한이라니까 자기도 한 씨라고 내 어깨를 두드리며 좋아한다.

이 한 씨 아줌마의 할아버지는 한국에서 흉년을 피해 블라디보스토크로 갔다가 1937년 강제 이주를 당해 여기로 왔다고 한다.

하늘이 열린 이래 누구도 찾지 않았던 척박한 땅에 맨몸으로 버려진 것인데, 한국인 특유의 근면성과 인내로 늪지였던 불모지를 옥토로 바꾸고 농사를 짓기 시작해서 지금 대부분의 고려인들은 알부자라고 한다. 그렇게 먹고 살 만한데도 놀지 않고 이런 장사를 하고 있다.

구소련에는 우리 동포가 50만 명 정도 있는데, 그 3분의 2가 중앙아시아에 살고 있다고 한다.

"이렇게 길에 다니면 고려 음식 먹고 싶지 아니하오?"

아줌마는 좌판에서 팔던 무채와 김치를 싸 주며 걱정을 한다.

"어찌 남자도 없이 혼자 다니오? 춥지는 아니하오?"

그러면서 한 씨 아줌마는 자기가 집에서 밥이랑 찌개랑 끓여 내올 테니 아침에 밥 먹으러 오라고 한다.

다음 날 갔더니 정말 밥에다 김치, 감자와 고기를 듬뿍 넣은 된장찌개를 해 왔다. 몇 달 만에 흰 쌀밥과 김치를 갖춘 한국 음식을 눈앞에 두고 앉으니 보기만 해도 배가 부르다. 아줌마는 많이 먹으라면서 미처 다 먹지도 않은 밥그릇에 밥을 자꾸만 퍼준다.

"혼자 다니메 힘이 들 텐데."

자기는 밥도 안 먹고 내 얼굴만 빤히 쳐다보며 걱정을 한다. 시장 바닥 길거리에 앉아 배부르게 밥을 먹고 차까지 한 잔 마시고는 근처에서 파는 과일과 땅콩을 조금 사다 드렸더니 손을 내젓는다.

"아이, 돈이 없을 텐데 왜 이런 거를."

사마르칸트의 귀한 사랑

: 중앙아시아의 옥외 박물관 부하라

다음 날 우즈베키스탄으로 가는 기차는 현지인 표 값의 열 배를 냈지만 완전히 지옥철이다. 탈 때부터 모자가 벗겨져 땅에 떨어지고, 배낭 커버가 벗겨져 나가고, 수없이 발을 밟히며 육탄전을 치렀다. 겨우 자리를 잡아 한숨 돌리고 보니 오른손 둘째와 셋째 손톱이 반쯤 부러져 몹시 아파온다.

우즈베키스탄의 캔칸이라는 도시에 내리니 밤이다. 역무원에게 '싸고 좋은' 호텔을 물어보자 내 말을 금방 알아듣고 친절하게 안내해준다. 그러나 그 여관은 싸기만 한 곳이다. 역무원이 '싸고'라는 말만 알아들었지 '좋은'이라는 말은 알아듣지 못한 게 분명하다.

간 곳은 한겨울에도 난방이 안 되는 여인숙. 너무 추워서 몸을 녹이기 위해 뜨거운 물을 갖다 달라고 부탁했더니 사기 주전자에 뜨거운 차를 갖다 준다. 그 주전자의 온기가 얼마나 반가운지.

차 한 주전자를 거의 다 마시고 침낭 안에 들어가 누웠는데 누가 문을 두드린다. 귀찮아서 모른 척하고 있으려니까 계속 노크. 왜 그러느냐고 소리를 빽 질렀더니 여인숙 지배인이 주전자를 가지러

왔다고 대답한다.

짜증은 나지만 할 수 없이 문을 열어주니, 어째 그가 서 있는 품이 좀 이상하다. 차츰 어둠에 눈이 익어서 다시 보니까, 아, 글쎄 이 놈이 잔뜩 발기된 성기를 꺼내 주무르고 있는 게 아닌가. 속으로는 깜짝 놀랐지만 못 본 척하고 재빨리 주전자를 집어 주고는 문을 꼭 잠갔다. 그러고 보니 2층에는 나 혼자밖에 들지 않았다.

갑자기 불안해져서 문 잠긴 것을 몇 번씩 확인하고 만일의 사태에 대비해 추운데도 불구하고 창문을 활짝 열어놓았다. 그러고는 가스총과 호루라기를 꺼내놓고 방 안에 있는 의자며 테이블이며 물병으로 문 앞에 단단한 바리케이드를 쳐두었다.

그러니 잠이 오겠는가? 밤 기차에 시달렸지, 손톱은 부러졌지, 방은 냉동실이지, 문밖에는 고추 내놓고 서 있는 놈이 있지. 더구나 차를 잔뜩 마신 탓에 화장실에 가고 싶어 죽겠는데, 문밖에 나갈 수도 없어 몸을 뒤틀다가 결국은 가지고 다니는 비닐봉지로 간이 요강을 만들어 써야 했다. 정말 고생도 가지가지다.

우즈베키스탄은 중앙아시아 지역을 여행한 사람이면 이구동성으로 그 일대에서 가장 볼거리가 많은 곳이라고 한다. 이곳은 실크로드 교역의 중심지요, 이슬람교 전파 후 종교와 교육의 중심지가 되었다.

특히 부하라와 사마르칸트는 아름다움을 사랑하는 왕들이 번갈아가며 수도로 정한 뒤 권력과 재력을 총동원해서 경쟁적으로 화려한 사원과 신학교 등 이슬람 건축물을 세운 곳이라 건축의 걸작과 백미들이 즐비하다. 그래서 이 두 도시의 별명은 옥외 박물관이다.

부하라 구시가지는 무려 140개나 되는 건물이 문화재로 지정되어 보호를 받고 있다. 구시가지는 사방 걸어서 30분 정도니까 넓다고는 할 수 없지만 옛날 대상들이 묵었던 여관, 수십 개의 아름다운 이슬람 사원, 마다리스라는 이슬람 신학교, 궁전과 역사적 인물들의 간결하면서도 품위 있는 묘지들이 있고, 실크로드 대상들의 가장 반가운 길잡이였던 탑이 있다. 높이가 47미터나 되는 이 탑은 수백 년간 세상에서 제일 높은 탑이었다고 한다.

이 탑은 칭기즈 칸의 침략으로 온 도시가 초토화될 때도 무사할 수 있었다. 거기에는 이런 일화가 있다. 칭기즈 칸이 이 탑 앞을 지나갈 때 마침 바람에 모자가 벗겨져 모자를 주우려고 고개를 숙였는데, 그 모습을 본 부하들이 칭기즈 칸도 고개를 숙인 이 탑은 부술 수 없다며 그대로 두었다는 것이다.

부하라는 건축물만으로도 충분히 아름다운 도시다. 그러나 이 도시는 옛 사람들의 숨결이 오늘날에도 고스란히 살아 있다는 점 때문에 더욱 아름답다.

400년 전의 시장 건물에서는 아직도 그때 그 조상들이 입었던 옷과 똑같은 옷을 입은 사람들이 물건을 팔고 있고, 오랜 옛날에 지은 사원과 학교에서는 아직도 그 시절처럼 하루에 다섯 번씩 기도를 하거나 학생들의 코란 읽는 소리가 낭랑하게 들려온다.

심지어 10세기에 지어졌다는 공중목욕탕도 현재까지 그대로 영업 중. 구시가지 입구부터 눈에 탁 들어오는 커다란 이슬람 사원과 신학교에 둘러싸인 호수공원에서는 옛날 그림에서 튀어나온 듯한 모습 그대로 동네 사람들이 평상에 앉아 차와 음식을 먹고 장기를 둔다. 나도 장기판 옆에 앉아 우리나라 만두와 똑같은 만티 한 접시에 차 한 주전자로 요기를 했다.

우즈베키스탄에 오니 먹을 것이 많아서 좋다. 양고기 국에 감자와 당근, 무를 넣어 우리나라 육개장처럼 얼큰하게 끓인 수프, 채 친 당근과 다진 고기를 넣고 볶은 밥, 온갖 채소를 넣은 쌀국수 그리고 동그랗고 바삭바삭한 빵이며 튀긴 만두 등 입에 맞는 음식이 많다.

옛것과 새것의 조화로운 공존에 맛있는 음식까지 있어 나는 이틀이면 볼 것 다 본다는 이 도시에서 나흘이나 머물렀다.

사마르칸트, 이슬람제국의 진주

부하라가 단순하면서도 품위 있는 옛날 미인이라면 사마르칸트는 화려하고 세련된 현대 미인이라고 할까, 훨씬 도시적이고 컬러풀하다.

기원전에 알렉산더대왕이 원정 왔을 때, 이곳은 이미 육중한 성벽에 둘러싸인 실크로드의 전설적인 오아시스 마을이었다. 알렉산더대왕은 여기서 유명한 말을 남겼다.

"사마르칸트에 대해 들었던, 믿을 수 없이 화려한 소문은 한 가지만 빼고는 모두 사실이다. 그 한 가지란 바로 이곳이 소문보다 훨씬 아름답다는 것이다."

그렇게 화려하고 번창했던 도시를 1220년, 칭기즈 칸이 지나가며 몽땅 파괴해버렸다. 그 후 티무르 왕이 이곳을 도읍으로 정하고 그의 손자 때까지 80년간 모든 것을 총동원해 지금의 아름다운 도시로 복구했다.

이슬람 사원과 신학교, 유명한 시인이나 통치자들의 무덤은 부하라와 다를 바 없으나, 그 이름도 찬란한 도시의 중앙 광장 레지스탄과 중세에 만들어진 묘소 샤히-진다는 몇 개의 대형 건물들이 하나의 복합 건물을 이루고 있어서, 그 안에 들어서니 마치 거인 나라의 보석상자 안에 들어온 기분이다.

그 아름다운 타일의 파란색이나 사원 돔의 밝은 초록색이 햇살을 받아 빛을 발할 때는 '아, 정말 아름답다'는 감탄사가 절로 나온다. '이슬람제국의 진주'라는 극찬이 전혀 과언이 아니다.

왜 이런 곳이 우리에게는 알려지지 않았을까. 우리가 이미 알고 있거나 지금 우리에게 알려지고 있는 세계에 대한 지식은 너무 한쪽으로 치우친 것은 아닐까. 그러나 그 덕에 나는 중앙아시아를 다니는 내내 진짜 오지 여행을 하고 있다는 즐거움을 한껏 맛보고 있는 중이다.

중앙아시아로 넘어온 후에는 한 번도 따뜻한 방에서 자보지 못했다. 난방이 되는 외국인용 호텔은 내 주머니 사정으로는 어림도 없기 때문이다. 추운 곳에서 옷을 다 껴입는 것은 물론 모자까지 뒤집어쓰고 새우잠을 자고 다음 날 일어나 기지개를 켜면 우두둑우두둑 뼈 소리가 났다.

그런데 사마르칸트에서 따뜻하게 지낼 기회가 생겼다. 머릿니가 생길 것 같아 머리도 제대로 감을 겸 난방이 되는 호텔 중에서 가장 싼 호텔이라는 곳을 찾아가는 도중이었다. 지나가는 50대 부부에게 길을 묻느라 호텔 이름이 적힌 쪽지를 보여주자 거기는 너무 춥다는 시늉을 한다. 그러면서 자기들끼리 주고받는 말이 페르시아어다.

"페르시아말 할 줄 아세요?"

내가 너무 반가워 물었더니 부부도 깜짝 놀란다.

"우리는 타지크족이니까 당연히 페르시아말을 하지만 아가씬 어디서 왔는데 페르시아말을 하지요?"
"한국에서 왔어요. 이란에서 페르시아말을 조금 배웠어요."
"아, 그래요? 그런데 지금 아가씨가 가려는 호텔은 비싸고 난방이 안 돼 너무 추워요. 차라리 우리 집으로 같이 가요."
부인이 마음씨 좋게 권하자 남편도 찬성이다.
"저 길모퉁이만 돌면 우리 집이니까 갑시다."
여기서는 가정집이 웬만한 호텔보다 따뜻하다는 말을 들은 데다 말도 통하니 못 이기는 척하고 그 집으로 따라갔다.

전형적인 타지크족 스타일의 큼직한 집에는 17살 된 이 집 딸이 내가 누군지도 모르면서 반갑게 인사를 하더니 배낭을 빼앗아 방으로 들어간다. 무뚝뚝한 세 아들들도 호기심을 이기지 못해 따라 들어온다. 방 한쪽 구석에는 반갑게도 벽난로가 파란 불꽃을 내며 활활 타고 있었다.

저녁 식사 대접까지 잘 받고, 밥값 방값을 하려고 가지고 다니는 그림엽서를 꺼내 놓고 한국 얘기를 시작했다. 그런데 그들이 한국에 대해 알고 있는 것이라고는 최근에 열렸던 축구 대회에서 우즈베키스탄이 한국이라는 나라를 이겼다는 것뿐이다.

한국이 어디 있는지, 어떤 나라인지 전혀 아는 바가 없다. 갑자기 내가 우리나라 4000만 동포를 대표하는 사람이라는 생각이 든다. 언제 어디서건 그들은 '한국'이라는 말이 나오면 그들이 만났던 최초의 한국인으로 나를 기억할 것이기 때문이다.

그래서 나는 한국인으로서 품위를 지키면서도 사소한 일상생활 하나하나에 스며 있는 우리 모습을 보여주려고 했다. 어른이 주는 물건은 두 손으로 공손히 받는다든지, 어른이 주는 술은 뒤돌아 마신다든지 하는 모습을 보임으로써.

⋮ 혼자 맞는 새해는 너무 외로워

이번 연말연시는 운이 좋다. 사마르칸트에서 한국 분들과 함께 보낼 수 있어서다.

홀로 장기 여행을 한다고 하면 사람들은 으레 묻는다.

"외롭지 않으세요?"

외롭다. 나도 사람인데 어찌 외롭지 않겠는가. 다만 보통 때는 외로움의 강도가 그런대로 견딜 만하거니와 견딜 수 없이 외로울 때는 이것이 여행이 주는 즐거움에 대한 대가이거니 하고 스스로를 위로하곤 한다.

그러나 연말연시만큼은 홀로 보내는 걸 피하고 싶은 심정이다. 그런데 사마르칸트에서는 한국 분들과 함께 보낼 수 있으니 참으로 즐겁고 행복하다.

사마르칸트 시내 정보 센터에서 이 도시에도 한국 문화원이 있다는 뜻밖의 소리를 들었다. 그래서 찾아간 곳이 사마르칸트 신학대학. 거기에서는 미국에서 오신 세 분의 한국인 목사님이 강의를 하고 계셨다. 모두 반가이 맞아주었지만 특히 60대 초반의 배금자 목사님은 다정한 이모같이 나를 위해주셨다.

열흘간 함께 생활하면서 나는 배 목사님에게서 성직자로서, 교육자로서, 또 인생의 선배로서, 한 사람의 여자로서 많은 가르침을 받았다.

이름 높은 법조인의 딸로 태어나 우리나라 10대 재벌 집으로 시집을 가서 파란만장한 삶을 살다가, 빈털터리로 미국에 가서 40대에 기독교를 믿고 신학 공부를 시작해 박사가 되신 배 목사님. 지난해에 이곳 신학대학의 부학장으로 부임해 풍요롭고 아름다운 인생의 후반기를 보내신다.

"당신은 누구십니까?"

한껏 상냥하게 "안녕하세요?" 인사를 하며 학교에 들어서자 배 목사님은 깜짝 놀라면서도 차분하고 사무적인 말투와 정숙한 정장 차림으로 손님을 맞으신다.

간간한 분일 거라는 느낌에 차 한 잔만 마시고 가야겠다고 생각했는데 1시간도 지나지 않아 그만 의기투합해버렸다. 내 여행담을 들으시면서 내내 입을 다물지 못하고 놀라시고, 어린아이같이 깔깔 천진스럽게 웃으신다.

"비야야, 너는 어찌 그리 간도 크고 재미있니? 네가 바로 청량제로구나. 너를 보니 너무너무 시원하고 힘이 난다."

남은 생은 남을 위해 살기로 작정하셨다는 배 목사님은 자신을 위해 쓰는 돈과 시간은 아까워하시면서도 주일이면 아무도 찾지 않는 고아원과 양로원을 돌며 노인과 어린아이들에게 안수기도를 해주신다. 그들 가운데는 전염병자도 많아 자칫하면 병이 옮을 수도 있을 텐데.

높고 높은 곳에서 낮고 낮은 곳까지 다 살아보신 그분은 내게 희망을 버리지 않는 삶, 주어진 테두리 안에서 길을 찾고 최선을 다하는 삶, 그런 삶이 바로 아름다운 것임을 가르쳐주셨다.

여행으로 지친 내 몸과 마음을 활짝 풀어주신 배 목사님은 내가 떠날 때 내게 꼭 맞는 곡이라며 성가 하나를 가르쳐주셨다.

주 나를 지키리, 언제든지 어디서나
주 나를 지키리, 늘 지켜주시리.

연분홍 치마가 봄바람에 휘날리더라

: 얼떨결에 러시아 경찰을 물리치다

　나는 지금 아프리카와 중동 여행을 마무리하고 시베리아 횡단 열차를 타고 중국을 거쳐 한국으로 돌아갈 계획이다. 여기 우즈베키스탄에서 시베리아 횡단 열차의 출발지인 모스크바까지는 기차를 타고 사흘이면 갈 수 있는데, 터키에 짐과 여행자수표를 두고 왔기 때문에 부득이 터키로 돌아갈 수밖에 없어 안타깝다.
　육로로 다시 그 지긋지긋한 투르크메니스탄에 가서 배를 타고 카스피 해를 가로질러 아제르바이잔으로, 거기서 러시아와 한창 전쟁을 치르고 있는 체첸과 인접한 흑해 연안의 그루지야를 거쳐 터키로 돌아가기로 했다.
　지프와 버스, 기차, 배 등 탈것들을 총망라해서 쉬지 않고 가더라도 닷새는 족히 걸리는 길이다. 비행기를 타면 5시간도 안 되는 거리. 춥기도 하고 지치기도 해서 비행기로 날아가고 싶은 달콤한 유혹에 넘어갈 뻔하다가 입술을 깨물며 길을 떠났다.
　'전쟁터도 지나왔는데 조금 힘이 든다고 날아갈 수야 있나?'
　그러나 터키까지 가는 길은 그저 조금 힘든 정도가 아니라 정말로 몇 번이고 내 눈에서 눈물을 쏙 빼는 힘들고 힘든 길이었다.

사마르칸트에서 투르크메니스탄으로 가는 기차표를 사려고 역원에게 여권을 보이니 내 비자를 훑어보고 여권을 들고 사무실로 따라오란다. 내 여권에 타슈켄트, 부하라는 목적지로 쓰여 있는데 사마르칸트는 쓰여 있지 않으니 벌금을 내야 한다는 거다.

이게 무슨 생트집인가. 타슈켄트에서 부하라까지 가려면, 마치 서울 남대문에서 광화문을 가는데 시청을 거치지 않으면 안 되는 것처럼 사마르칸트는 꼭 거쳐야 하는 곳이다. 기가 막히지만 우겨서 될 일도 아니다. 그 직원 손에 내 여권이 들려 있으니.

"벌금이 얼마요?"

"100달러."

"10달러로 하지요. 영수증은 안 달랄 테니."

이 사람은 별로 생각도 안 해보고 곧바로 흥정에 들어간다.

"그럼 30달러. 그 이하론 안 됨."

"에이, 그건 너무 비싸잖아요. 아저씨 월급이 얼만데."

월급 얘기를 꺼내자 씁쓸하게 입맛을 다시더니 마지못해 고개를 끄덕인다. 실제 이곳 일반 공무원 월급이 10달러 정도인데, 그나마도 정부 재정이 바닥나 넉 달째 한 푼도 못 받고 있다는 사실을 세분 목사님께 들어 알고 있었다.

그러니 내가 준 뇌물 10달러가 당분간 이 역무원 가족들을 먹여 살릴 거라고 생각하니 그 돈이 전혀 아깝지가 않다. 돈 빼앗기고 적선한 기분이 들기는 또 처음이다.

그러고 보니 일요 시장으로 더 유명한, 투르크메니스탄의 수도 아슈가바트에서는 이런 해프닝도 있었다. 여기서도 기차표 사기는 하늘의 별 따기여서 우리나라 추석 귀성열차표 사듯이 몇 시간씩

줄을 서야 한다.

아침 6시에 도착해서 10시가 되도록 쫄쫄 굶으며 하염없이 줄에 서 있었다. 그러나 아무리 기다려도 줄이 줄어들 기미가 보이지 않는다. 앞에서 자꾸 새치기를 하기 때문이다.

그래도 새치기하는 사람이 말도 안 통하고, 힘도 없는 파파 할머니들이라 뭐라고 할 수도 없어서 속만 푹푹 끓이고 있는데, 정복을 입은 러시아 경찰이 하나 나타나 보란 듯이 줄을 무시하고 창구 앞으로 가는 거다.

'옳지, 너 잘 만났다. 너 오늘 맛 좀 봐라.'

"어이, 경찰. 너 뒤로 가서 서. 네 눈에는 이 줄이 안 보이냐?"

손가락으로 경찰을 가리키며 영어로 크게 소리 질렀더니 이놈이 돌아보면서 자기는 영어를 모른다는 어깻짓을 하더니 경찰이라는 견장을 가리키며 눈을 부라린다.

"영어 못 알아듣는 건 네 사정이고, 경찰 아니라 이 나라 대통령이라도 새치기는 안 돼. 여기 있는 사람들 모두 4시간씩이나 기다렸어."

내가 질쏘냐 더 크게 소리를 지르자 "넌 도대체 누구냐? 저리 비키지 못해?" 하고 러시아어로 화를 내며 내 팔목을 꽉 잡는다.

"야, 너, 나 건드리지 마. 나는 너희 나라에 온 관광객이야. 손님이라고."

팔을 거칠게 뿌리치며 나도 그동안 배운 러시아어로 소리를 질렀더니 팔목을 놓아준다. 그러면서도 창구에 가서 표를 사려고 한다. 그 손을 잡아끌며 악을, 악을 썼다.

"너 절대로 안 돼. 내 표 사기 전에는 너 표 못 산다고."

이번에는 페르시아어. 몸싸움을 하는 바람에 돈이 바닥에 떨어져 흩어지고 그놈은 나를 한 대 칠 듯이 험악한 얼굴로 쳐다본다. 너 한 대 치면 나도 한 대 친다는 각오로 있는 대로 인상을 쓰며 그놈을 쏘아보았다. 그랬더니 그동안 아무 동요도 없이 묵묵히 시비를 지켜보고 있던 줄에서 소리들이 터져 나왔다.

"아가씨 말이 맞아. 경찰 당신, 뒤로 가."

"그래, 뒤로 가."

한 대 칠 듯한 기세로 서 있던 경찰은 이 말이 터져 나오자 흠칫하면서 무안한 듯 돈을 줍더니 나를 다시 한 번 무서운 눈초리로 노려보고는 도망치듯 사라진다.

경찰이 사라지자 줄에 서 있던 사람들이 일제히 "야하!" 하는 환호를 지르며 박수를 친다. 내 바로 앞에 서 있던 투르크멘 할머니는 나를 껴안고 뺨까지 맞춘다.

나는 4시간이나 기다리면서 화가 잔뜩 나서, 다른 사람이 새치기 못하게 화풀이용 시비를 걸었던 건데, 이 사람들에게는 속을 시원하게 해주는 일대 사건이 되었던 것이다.

지난 수십 년간 백인 러시아 사람들에게, 특히 경찰에게 꼼짝없이 당하고만 살아온 설움을 어디서 나타났는지 모를 조그만 동양 여자가 한번 제대로 풀어주었으니 아주 통쾌하다는 표정들이다. 소 뒷걸음질에 쥐 잡은 격이었다.

: 눈물의 밤 기차 15시간

역에서 밤차를 기다리며 근처 썰렁한 식당에 들어갔으나 누구 하나 나와보는 사람이 없다. 부엌 쪽에서 소리가 나서 기웃거렸더니 차를 마시던 뚱뚱한 아줌마가 벌떡 일어나 손을 허리에 갖다 대고 삿대질까지 하며 무어라고 소리를 버럭버럭 지른다.

이곳을 여행하는 동안 주눅이 많이 든 나는 내가 뭘 또 잘못했나 하고 둘러보았다. 알고 보니 식당이 저녁에는 7시에 문을 여는데 왜 그 전에 허락도 없이 들어왔느냐고 화를 내는 거다. 결국 밥도 못 얻어먹고 쫓겨났다.

기차에서는 또 어떤가? 북새통 속에서 표를 사고 기를 쓰며 기차에 올라 간신히 침대칸 자리를 찾아갔더니, 벌써 일가족 네 명이 내 자리를 차지하고 앉아서 비켜줄 생각을 안 한다. 내 자리라고 비켜달라는 시늉을 하니 아저씨가 귀찮다는 표정으로 아이 하나를 무릎에 앉히며, 겨우 앉을 만한 자리를 내준다.

저녁도 먹지 못하고, 표를 살 때부터 기차에 오르기까지 너무 힘이 들었기 때문에 나는 좀 자고 싶다는 시늉을 했더니 무표정한 얼굴로 들은 척도 하지 않는다. 어이가 없어서 차표를 내보이며 소리를 빽 질렀다.

"아저씨, 여기는 내 침대칸이에요. 당신들보다 삼십 배나 더 내고 산 표라고요."

사실 언성을 높일 생각은 아니었는데, 몸이 피곤해서인지 신경이 날카로워져 본의 아니게 소리가 커졌다. 그제야 그 아저씨는 마지못해 건너편에 아이를 안고 있는 부인과 함께 앉는다. 그런데 내가 자리를 비우라는 것에 비위가 틀렸는지 큰 배낭을 자리 밑에 놓으려고 애를 쓰고 있어도 도와주기는커녕 걸리적거리는 다리를 치울 생각도 안 한다. 그러면서 자기 아내에게 뭐라고 하면서 자꾸 나를 째려본다.

마음이 불편하다. 나도 인정이란 게 있는 사람이다. 부부와 어린

아이 두 명이 15시간 이상을 한 침대칸에서 간다는 게 힘들다는 걸 왜 모르겠는가. 보통 때 같으면 저 작은 아이를 내가 데리고 자겠다고 하겠지만 내가 이미 큰소리로 화를 내버렸고 저쪽에서도 기분이 상해 있어 더 이상 친절해지고 싶지 않다.

적의에 찬 눈길과 목소리를 들으며 침낭 안에 들어가 누우니 나도 모르게 눈물이 주르륵 떨어진다. 아, 힘들다. 얼어붙은 계절에 얼어붙은 나라를 지나는 나그네 마음이 꽁꽁 얼어붙는다.

아제르바이잔으로 가는 배가 떠나는 항구 도시 투르크멘바시에 기차가 도착한 시간은 새벽 5시. 너무 이른 시각이라 다니는 버스가 없어 앞뒤 배낭으로 완전무장한 채 부두까지 40분 동안 철둑길을 걸었다. 깜깜한 밤중에 달을 벗 삼아 아무도 없는 길을 걷는데도 무서운 생각이 안 드는 걸 보면 내가 그동안 간이 커지기는 많이 커진 모양이다.

사흘 동안 제대로 먹지도 자지도 못해 피로에 찌들대로 찌들었지만 저기 부두에 정박해 있는 배를 타면 아제르바이잔과 그루지야를 거쳐 터키에 갈 수 있다는 생각에 힘이 생기는 것 같다.

: 밀항 파티, 보드카는 내가 쏜다

선창가 대기실은 발을 들여놓을 수 없을 정도로 지저분하고 구내 화장실은 무서울 정도로 더럽다. 그러나 그보다 더 큰 문제는 돈이 떨어진 것이다. 뱃삯이 25달러라고 해서 그 돈만 남기고 다 썼는데 여기 와보니 뱃삯이 외국인은 현지인의 세 배, 75달러라고 한다.

중앙아시아에서는 1990년 이전의 미화는 위조지폐가 많다는 이유로 절대 받지 않기 때문에 25달러만 남겨놓고 쓸 수 있는 달러는 다 써버렸다. 큰일이다. 여행자수표나 신용카드는 물론 전혀 쓸 수 없는 무용지물이다. 이 나라 수도에 가도 사정은 마찬가지란다. 돈이 없어 배를 못 타게 되다니, 그럴 수는 없지. 돈이 없어도 저 배는 타야 한다. 그렇다면 방법은 단 한 가지, 무임 승선, 소위 밀항이다.

투르크메니스탄 출입국관리소 직원에게 사정 얘기를 했더니 자기는 눈감아주겠으니 선원에게 얘기를 해보라며 그 배에서 영어를 할 줄 아는 사람은 선장과 일등기관사뿐이라고 귀띔까지 해준다. 화물 선적을 감독하고 있는 사람에게 물어보니 선장과 일등기관사는 벌써 배 안에 들어갔다고 한다.

이건 곤란하다. 바로 코앞에서 검표원이 눈을 시퍼렇게 뜨고 있는데 어떻게 배에 오르나? 기운이 탁 빠져 머리를 굴리고 있는데, 아까 그 화물 감독원이 가르쳐준다.

"어, 일등기관사는 아직 안 탔네. 저기 그가 와요."

잘생긴 키 큰 남자가 바로 내 뒤를 지나간다. 망설일 사이도 없다. 다짜고짜 일등기관사에게 다가가 마치 오래전부터 잘 아는 사람이라도 되는 양 친한 체했다.

"안녕하세요? 저는 한국에서 온 한비야라고 합니다. 중앙아시아를 여행하고 있는데……."

일등기관사 옆에 바짝 붙어 검표원은 알아듣지도 못하는 영어로 자연스럽게 얘기를 하며 개찰구를 지나가자 이 멍청한 검표원, 내가 기관사와 동행인 줄 알았는지 흘끗 한 번 쳐다보고는 표를 보자고도 않는다. 성공! 일단 개찰구를 무사히 통과해 배 안에 발을 들여놓는 데까지는 성공이다. 배에 올라 일등기관사에게 사정을 자세히 말했더니 의외로 순순히 알았다고 한다. 그러면서 선장이나 검표원 대장에게 걸리면 곤란하니까 자기 방에 숨어 있으라고 한다. 그 방은 사무실 반 침실 반으로 되어 있는데 조수와 함께 쓰고 있다.

그런데 이게 웬일. 공교롭게도 그날은 바람이 몹시 불어 밤 12시에 떠나기로 한 배가 출항이 연기되었다. 출항을 하지 않으니 선장을 비롯한 항구의 높은 사람들이 하필 이 방에서 일등기관사와 함께 놀자고 찾아온 거다. 일등기관사와 그의 조수와 함께 조용히 차를 마시고 있는데 문이 벌컥 열리며 선장이 들이닥쳤다.

"어! 이 외국인은 누구야? 이 방에 어떻게 들어왔지?"

무심코 들어왔다가 내가 있는 것을 발견한 선장은 깜짝 놀라 탕 안을 두리번거린다. 우리 세 명도 갑자기 당한 일이라 대답을 못하고 우물쭈물하고 있는데 이어서 호랑이 검표원 대장이 들어서며 또 큰소리를 낸다. 그 뒤에 따라 들어온 사람은 해안 경찰서장, 그는 앞선 사람들보다 더 놀란다.

외국인은 배를 탈 때 반드시 이 검표원 대장과 해안 경찰서장 앞을 거쳐야 하는데, 몰래 올라탄 내가 그걸 알았을 턱이 있나. 그런 때는 솔직하게 고백하는 게 상책이다.

"안녕하세요? 저는 한국에서 온 한비야예요. 돈이 모자라서 몰래 탔어요. 외국인은 뱃삯이 세 배나 비싸다는 걸 몰랐거든요. 그렇지만 여권과 비자는 있으니 밀항은 아녜요."

영어를 할 줄 아는 일등기관사가 자세를 가다듬고 내 말을 몇 십 배로 늘려 자세히 통역한다. 그러자 놀라던 사람들이 의외로 너그러워져서 모두 그럴 수도 있겠다는 표정을 지었다.

나중에 알고 보니 이 착한 일등기관사가 평소 사람들에게서 점수를 많이 따놓아 그의 말이 통한 거다. 게다가 그들은 그날 일등기관사의 냉장고를 노리고 쳐들어왔던 거니까.

그날 저녁, 우리는 그 냉장고를 싹 비웠다. 나도 모른 체할 수는 없는 일. 이들이 맹물처럼 입에 부어대는 45도 보드카를 사는 데 뱃삯 25달러를 모두 투자했다. 배 안에서 직원들에게는 반값에 팔아, 25달러로 이 사람들 모두를 흠씬 취하게 하고도 남았다.

우리는 근사하게 저녁을 차려 먹고 밤이 늦도록 춤추고 노래 부르며 흥겨운 파티를 했다. 술이 얼큰하게 들어갔는데, 노래가 안 나오면 한국 사람 아니지. 이 항구의 핵심 인물들에게 멋진 한국 노래를 한 곡 선사했다.

연분홍 치마가 봄바람에 휘날리더라
오늘도 옷고름 씹어가며
산제비 넘나드는 성황당 길에…….

나는 언제부터인가 노래를 하라고 하면 구닥다리 한국 뽕짝을 부른다. 그래도 내 노래는 어딜 가나 인기 만점. 가장 한국적인 노래가 가장 세계적이었던 것이다.

: "나타샤 나타샤, 쟁기 쟁기"

아제르바이잔의 수도 바쿠, '바람의 도시'라는 바쿠에서 바람을 맞은 탓인지 슬슬 몸살기가 생기더니 밤 기차를 타고 그루지야의 수도 트빌리시에 내리니 완전히 그로기 상태다. 몸은 쉬어 가자고 아우성인데 마음은 하루빨리 터키로 떠나자고 보챈다.

터키에 간다고 뭐 뾰족한 수가 있는 것도 아니다. 거기도 낯설고 물선 이국땅이고 따뜻한 가족이 없기는 매한가지. 그런데도 마음이 터키로, 터키로만 가는 건 무엇 때문일까?

거기에는 적어도 따뜻한 방에 깨끗한 침대, 뜨거운 물이 있기 때문일까? 지나다니는 사람들의 따뜻한 눈길 때문일까? 아니면 더없이 친절하게 대해주는 대사관 무관(武官) 부인 오정희 씨의 따뜻한 마음 때문일까?

그러나 곰곰 생각해보니 정작 그리운 건 자유였다. 구소련을 지나오는 동안에는 언제 여권을 다시 꺼내 보여야 할지, 또 무슨 서류가 부족하다고 내 발목을 잡는 관리가 나타날지 늘 마음이 불편했다. 보이지 않는 틀에 갇혀 있는 것 같은 갑갑함으로부터의 자유, 자유인들과 함께 숨 쉬며 웃을 수 있는 자유, 이런 자유를 터키에 가면 되찾을 수 있으리라 생각했던 것이다.

그루지야의 트빌리시에서 터키로 가는 국제 버스를 탈 때부터 이건 무리라는 생각이 들었다. 딱딱한 의자는 뒤로 젖혀지지도 않는데, 옆자리의 뚱뚱한 아줌마는 내 자리의 반을 침범한다. 밀폐된 공간에서 살인적으로 피워대는 담배, 울어대는 아이들, 스피커가 터질 것 같은 잡음 카세트.

18시간 동안 이런 불편한 버스를 타고 정말 지루하게 국경을 넘어야 했다. 국경에 닿으니 출국세를 내라고 한다. 경유 비자에 무슨 출국세냐, 한차례 아귀다툼을 치르고 터키의 항구도시 트라브존에 내리니 내가 움직일 수 있다는 게 신기하다. 일주일이 넘게 제대로 된 방에서 자보지 못했다.

새벽에 버스에서 내리니 도로에 차가 없어 안내 책자에 나와 있는 숙소를 찾아갈 수가 없다. 배낭을 앞뒤로 메고 터미널 근처를 누비는데, 언덕배기에 호텔이라는 빨간 글씨가 눈에 들어온다. 역시 솟아날 구멍은 있단 말이야! 더운 방, 더운 물을 외치며 호텔에 들어가자 겨우 깨어난 종업원이 졸린 눈을 비비며 짜증스럽게 대답한다.

"방문을 잠그고 자면 40만 리라, 열고 자면 20만 리라."

이게 무슨 말이냐 하면, 새벽에도 손님이 계속 오기 때문에 방문을 잠그면 침대 하나를 쓸 수 없으므로 방 하나 값을 다 내야 하고, 방문을 잠그지 않으면 침대 하나 값만 받는다는 말이다. 몸은 하난데 왜 침대 두 개 값을 내? 그런 배짱으로 문을 잠그지 않고 잠이 들었는데, 그만 자다가 날벼락을 맞고 말았다.

너무 피곤해서 이만 겨우 닦고 침대에 기어 들어가 곤한 잠에 떨어졌는데, 새벽녘에 이상한 낌새에 눈을 떠보니 웬 놈이 팬티 바람으로 방에 들어와 서성거리는 게 아닌가. 혼비백산해서 여기는 여자 방이라고 소리를 있는 대로 질렀지만 이 뻔뻔한 놈이 나갈 생각을 않는다.

"나타샤, 나타샤."

어두운 데서 더듬거리며 침대 쪽으로 다가온다.

"나는 나타샤가 아냐. 한국 사람이야. 빨리 나가! 빨리 나가지 못해?"

영어로 더욱 큰소리를 지르자 이놈이 말을 못 알아듣고 고개를 갸웃거리더니 나갔다. 재빨리 문을 잠그고 창문까지 살피는데, 그가 창문에서 계속 부른다.

"나타샤 나타샤, 쟁기 쟁기."

쟁기란 러시아어로 돈이다. 다른 때 같으면 가스총을 고려했겠지만, 다른 방에도 사람이 많이 들어 있다는 걸 알기 때문에 좀 안심하고 눕긴 했지만 영 잠이 오지 않았다.

　다음 날 아침에 주인에게 어제 있었던 일을 얘기하고 막 화를 냈지만 주인은 태연한 얼굴로 뭐 그런 걸 가지고 그러느냐는 식이다. 알고 보니 이 집은 여행자들의 여관이 아니라 러시아 창녀들의 비즈니스 센터, 일명 '나타샤 여관'이다. 팬티만 입은 터키 남자가 이 여자는 손님은 안 받고 왜 저 난리인가, 고개를 갸웃거린 것도 당연한 일이다.

　이른 아침에 별 셋짜리, 이 동네에서 가장 좋은 호텔로 옮겼다. 나비넥타이를 제대로 맨 매니저가 있는 고급 호텔에 짐을 풀고 방 안에 있는 거울 앞에 앉아 내가 나에게 말했다.

　"비야, 그동안 고생 많았지? 갖가지 어려움을 잘 견뎌줘서 고맙다. 오늘은 부담 없이 편히 지내라. 내가 한턱낼게."

　우선 찬 맥주를 한 잔 마시고 뜨거운 물에 길게 몸도 담그고 레스토랑에 내려가 저민 연어에 생굴, 수프, 샐러드, 다진 양고기에 과일 디저트를 골고루 갖춰 먹고 방에 올라와 서울 집에 전화까지 한 통 걸고 침대로 다이빙! 죽은 듯이 1박 2일을 잤다. 동면하는 곰처럼 먹지도 않고 마시지도 않고.

내 품에 안긴 터키 꼬마 친구

: 천 개의 얼굴 천 개의 매력

시리아 국경에서 터키 동부 에르주룸까지 20시간 가는 버스비가 100만 리라, 간단한 샌드위치가 7만 리라, 휴게실 화장실 사용료가 1만 리라. 이란 비자를 발급받기 위해 터키에 처음 발을 들여놓는 순간 엄청난 돈 단위가 정신을 빼놓는다. 공식 환율이 1달러에 6만 리라이니, 가뜩이나 숫자 개념이 약한 나는 거스름돈을 받을 때마다 계산이 빨리 안 돼 쩔쩔맨다. 그래도 언제나 주머니 속에 수백만 리라가 들어 있으니 마음까지 든든해진다.

터키는 여러모로 매우 특이한 나라다. 국민의 99퍼센트가 이슬람교도인 점에서는 중동의 일부로 볼 수 있으나 지리적으로는 국토의 3퍼센트가 유럽 쪽에, 97퍼센트가 아시아 쪽에 붙어 있다. 세계지도를 펴놓고 보면 이스탄불은 세계의 동서남북을 잇는 교차로라는 걸 한눈에 알 수 있다.

동쪽으로는 이란, 인도, 중국으로 이어지는 아시아가 있고, 서쪽으로는 유럽 대륙이 있고, 남쪽으로는 시리아와 요르단, 이집트를 거쳐 아프리카가 있고, 북쪽으로는 흑해를 넘어 거대한 러시아가 있다.

또한 인류 역사상 찬란한 꽃을 피웠던 수많은 문명이 터키를 거쳐 가며 전 국토에 그 흔적을 뚜렷이 남겨놓았다.

그리스 로마 문명이 시작되기 전인 기원전 2000년에서 1200년 사이에는 앙카라를 중심으로 발달했던 히타이트 문명이 그 찬란했던 영화의 파편들을 흩뿌려놓았고, 에페소스 등에는 그리스 로마 문명의 자취가 선명하게 남아 있으며, 이스탄불에는 옛날 콘스탄티노플을 중심으로 천 년간 번창했던 비잔틴 문화의 유적들이 세월의 흔적 없이 고스란히 보존되어 있다.

남서부 지대에는 초기 기독교 교회의 흔적이 흩어져 있고, 동부 에르주룸 등에는 서기 600년경에 번성했던 셀주크투르크의 화려한 명성이, 이스탄불에는 그 뒤를 이은 막강한 오스만투르크가 제국의 실력을 유감없이 과시하고 있다.

이런 역사적 배경 때문일까? 터키는 참으로 다양한 얼굴로 흥미와 관심거리가 서로 다른 방문객들을 골고루 만족시켜준다. 역사면 역사, 문화면 문화, 종교면 종교, 건축이면 건축 어느 것 하나 모자람이 없다. 그뿐인가. 산에 가고 싶은 사람에게는 흑해 연안의 기기묘묘한 명산들이 기다리고 있고, 바다가 그리운 사람에게는 지중해와 에게 해, 흑해의 맑고 푸른 물결이 손짓을 한다.

신비로운 자연경관을 좋아하는 사람들은 카파도키아나 파묵칼레에 가면 반드시 경악하게 되고, 이것도 저것도 아닌 휴가객은 이스탄불에서 값싸고도 맛있는 음식과 배꼽춤에 흥을 돋울 수 있다.

이런 외형적인 것보다도 터키 여행을 더욱 즐겁게 하는 것은 사람들이다. 말도 어순이 우리와 같은 우랄알타이어이고, 얼굴 모습은 달라도 끈끈한 정이나 성격이 한국인 그대로다. 순수하고 인정

넘치는 터키 사람들, 터키는 정말 매력 덩어리다.

나는 이번 여행에서 터키를 두 번 가게 되었다. 처음에는 순전히 이란 비자를 받기 위해서이고, 두 번째는 중앙아시아를 돌고 나서다. 그런데도 두 번 다 좋았으니 자연히 사설이 길 수밖에.

: 외국 손님 찻값은 안 받겠다고?

반팔 티셔츠로 시리아 국경을 넘어 에르주룸에 도착하니 먼 산에 눈이 덮여 있다. 기후도 다르지만 말도 달라서 5개월간 중동을 돌아다니면서 익힌 아랍어가 하루아침에 무용지물이 된다.

'또 한동안 손짓 발짓에 그림 설명을 총동원해야겠군.'

좀 돌아다니다가 몸이나 녹이려고 찻집에 들어서니 시선이 일제히 내게로 쏠린다. 사람들이 쳐다보는 데에는 이제 이골이 나서 대수롭지 않게 여기며 겨우 자리를 차지하고 앉았다. 여기는 말로만 듣던 남성전용 찻집. 법적으로 여자가 못 들어가는 곳은 아니지만 모슬렘 여자들은 찻집에 오지 않기 때문이다. 그 안은 담배 연기로 눈을 뜰 수 없을 지경인데 대낮에도 빈자리가 없다.

일하는 소년을 불러 "비르 차이(차 한 잔)." 하니 1초도 안 돼 냉큼 한 손아귀에 잡힐 만한 크기의 유리컵에 든 차와 각설탕을 가져온다. 각설탕을 넣어 저으려는데 스푼이 없다. 스푼을 달라는 표시를 했더니 그 소년은 어리둥절 무슨 말인지 못 알아듣는다. 옆에 있는 사람들을 보니 각설탕을 찻잔에 넣는 게 아니라 먼저 입에 넣고 차를 마시면서 녹여 먹고 있다.

'아하, 저렇게 하는 거로구나.'

나도 그렇게 따라 했다. 될 수 있으면 현지인처럼 생활한다는 원칙, 이것이 내 여행의 기본이다. 겉으로 흉내만 내려고 한번 해보는 게 아니라 정말 현지인처럼 느껴보고 싶어서다.

이렇게 하면 현지인들은 한 발짝 성큼 내게 다가서며 마음의 문을 연다. 터키의 그 찻집에서도 나를 쳐다보던 사람들의 입가에 미소가 떠올랐다.

몇 잔을 거푸 마시고 계산을 하려는데, 주인이 돈을 안 받는다. 손님이어서 안 받는다는 투다. 무슨 소리야? 손님이니까 받아야지. 옥신각신하는데 뒤에서 영어로 말소리가 들린다.

"주인 아저씨가 하라는 대로 하세요."

이렇게 해서 알게 된 아저씨의 이름은 누리, 조그만 카펫 가게를 하고 있단다. 누리는 여기서 손님만 만나면 일이 끝나니 시내 구경을 시켜주겠다고 자청한다. 그리고 추운 여관에 있지 말고 자기 집에 와서 묵으라고 권한다.

터키의 첫 도시인 에르주룸은 이름처럼 상당히 예쁜 도시다. 붉은 색을 주조로 한 셀주크투르크의 첨탑들, 이슬람 사원 겸 신학교 등 아름다운 건축물이 파란 하늘과 멋지게 조화를 이루고 있다. 빵떡모자를 쓰고 길가 찻집에 옹기종기 모여 앉아 한담을 나누는 남자들 모습에 느긋한 여유가 엿보인다.

: "비야 이모 따라 한국 갈래"

하루빨리 앙카라에 가서 이란 비자를 받아야겠다던 조급증은 이 한가한 도시에서 단란하게 살아가는 누리네 가족을 만나고 나서

싹 사라져버렸다.

  대충 시내 구경을 하고 누리를 따라 그 집에 들어서자 부인 키멧이 터키식 닭고기 요리에 시골에서 가지고 온 요구르트와 버터, 체리 절임 등으로 진수성찬을 차려낸다.

  내 나이가 37살이라니까 자기는 30살이라며 당장 '비야 아블라(비야 언니)'라고 부른다. 토끼같이 귀여운 이 집 딸들도 부끄럼 타지 않고 내 무릎에 먼저 앉으려고 아우성을 치며 '비야 이모'라고 부른다.

  상이라고 식탁이 따로 있는 게 아니라 커다란 천으로 무릎을 덮고 둘러앉아 그 가운데에 둥근 쟁반을 놓은 거다. 그 쟁반에 준비한 음식을 차려놓고 식기는 따로 없이 난이라는 얇은 빵을 스푼 삼아 먹는다.

  내게는 특별히 스푼을 갖다 주는데 나도 "스푼 필요 없어요." 하고 손으로 먹으니 온 가족이 좋아한다. 우리나라에 온 외국인이 젓가락으로 뭘 먹어보려는 모습이 좋아 보이는 것과 같은 이치일 거다.

  누리와 그 부인에게 여러 나라 여행담과 한국 얘기를 해주는데 이 집 딸들이 착 달라붙어 앉아서 떨어질 줄 모른다. 초등학교 1학년인 둘째 딸 다리야는 내가 한 마디도 못 알아듣는 터키말로 무엇인가 열심히 설명하고 질문한다.

  아버지가 통역해주는 걸 들어보니 자기가 오늘 숙제를 깜빡 잊고 해 가지 않아서 선생님에게 혼났는데, 언니가 보고 있어서 정말 창피했다는 얘기다. 눈을 반짝이며 숨도 안 쉬고 열심히 얘기하는 모습이 천진하고 귀엽다.

  "너 이모 따라 한국에 가자."

내가 장난삼아 물었다.

"엄마한테 물어보고요. 엄마가 된다고 하면 물론 가지요."

한국이 어딘지도 모르면서 이웃집인 듯 대답한다. 아이들은 그렇다 치더라도 엄마도 한국이 어디에 붙어 있으며 어떤 나라인지 통 모른다. 한국과 중국, 일본은 모두 같은 나라로 생각하고 있다. 우리나라 소도시 아줌마들도 터키라면 잘 알까?

지도를 꺼내고 그림엽서도 보여주면서 열심히 설명해주었지만 제대로 이해한 것 같은 반응이 아니다. 그렇지만 이제 그들도 어디서든 한국 얘기가 나오면 나를 떠올리게 되리라.

누리가 하도 자고 가라고 권해서 주저앉긴 했지만 이 집에 난방이 되는 방이라곤 벽난로가 있는 이 방 하나뿐. 여기에서 온 가족이 자는데 끼어 자기도 미안하고 이제 와서 간다고 할 수도 없어 불이 안 드는 건넌방으로 피했다.

"그 방은 냉골이에요. 비야 언닌 이 에르주룸이 얼마나 추운지도 모르면서."

"아냐, 나는 원래 추운 데서 자요. 따뜻하면 골치도 아프고 잠을 잘 못 자거든."

억지로 건넌방으로 옮기자 다리야가 베개를 들고 따라나선다.

"나는 오늘 비야 이모랑 같이 잘 거다."

몇 겹을 깔고 덮고 다리야와 함께 누웠다. 낄낄대고 좋아하던 아이는 곧 잠이 들고 잠결에도 추운지 내 가슴 속으로 파고드는 아이를 꼭 품어주었다. 아이의 몸은 어쩌면 그렇게 조그맣고 부드럽고 따뜻한지. 조그만 아이와 체온을 나누면서 서로 따뜻해지는 사이 그동안 거기 있는 줄도 몰랐던 모성애가 내 안에서 살짝 모습을 드러내는 듯했다.

다음 날이 키멧 어머니의 생일이라 이 사람들이 권하는 대로 2시간쯤 떨어진 시골집에 따라갔다. 그 동네는 이야기책 속에나 나옴 직한 오래된 집들이 있는 작은 마을이다. 도시에서 2시간의 거리가 무색하게 200년은 더 떨어져 있는 것 같다. 젊은 여자들은 눈만 겨우 내놓고 나이 든 여자들은 황토색 부대 자루 같은 옷을 뒤집어쓰고 다닌다.

이 동네 주업은 소 키우기다. 집집마다 문 앞에 마른 풀을 산더미처럼 쌓아놓고, 대문에 들어서면 외양간이 먼저 눈에 들어온다. 하얀 회칠을 한 집 안은 검소하지만 다정하다.

키멧 친정 가족들은 나를 아주 반갑게 맞으며 활활 타는 난로 앞에 앉혀놓고 끝도 없이 차와 우유를 내놓는다. 키멧은 열한 형제 중의 맏딸인데, 집에 가니 아직도 기어 다니는 동생이 있다.

키멧의 딸 다리야와 훌리야는 기저귀를 차고 있는 이모와 잘 놀아준다. 그러면서도 다리야는 한시도 내게서 눈을 떼지 않고 있다가 누가 내 옆으로 오기만 해도 어디선가 쏜살같이 달려와 얼른 내 무릎에 앉으며 '고지 선점'을 선포한다.

누리 덕분에 시골집에서 하룻밤 자기도 하면서 에르주룸에서 예상치 않게 나흘이나 묵었다. 만약 이란을 가게 된다면 가는 길에 꼭 다시 들르겠다는 약속에 약속을 하고 가족들에게 작별 인사를 하는데 다리야가 보이지 않는다.

키멧이 찾아보니 방 안에서 혼자 울고 있더라며 데리고 나오는데 얼굴이 눈물범벅이다. 이 쪼그만 아이가 나름대로 정이 들었나 보다.

"안녕히 가세요, 해야지."

키멧이 말하자 울먹이며 "궐레, 궐레(안녕, 안녕), 비야 이모." 한마디 하고는 다시 방으로 들어간다.

모두에게 인사를 마치고 돌아서는데 다시 나타난 다리야가 내 손에 뭔가를 쥐어준다. 토끼 모양의 분홍색 새 지우개! 내 터키 꼬마 친구로부터 받은 소중한 마음의 선물이다.
"귈레, 귈레, 귀여운 다리야."

산 산 산, 단풍 단풍 단풍

: 운전사 싸브리, 간 떨어지다

비자를 받으러 터키의 수도 앙카라에 가는 길에 꼭 들러보고 싶은 곳이 넴루트 산이다. 해발 2000미터 꼭대기에 2000년 전 이 일대를 지배했던 안티오코스 1세의 사당이 있단다. 세계의 몇 번째 불가사의에 든다던가. 여행자마다, 가이드북마다 추천하는 곳이라 그냥 지나칠 수가 없다.

이 거대한 유적지에 가는 가장 쉽고도 싼 방법은 이 지역 관광청에서 운영하는 1박 2일 투어에 합류하는 거다. 적어도 세 명은 되어야 떠난다는데 다행히 20대 후반의 벨기에 남자 두 명과 같이 가게 되었다. 10인승 관광버스 운전사 싸브리와 인사를 하고 버스에 오르니 이 젊은이들이 자기 소개를 한다.

"나는 이 사람의 애인이에요."

둘이 똑같이 서로 애인이라고 해서 참 친한 사이인 모양이라고 생각했는데 알고 보니 진짜 게이 커플이다. 덩치가 크고 말도 시원시원하게 하는 청년과 몸도 자그마하고 코를 찡긋거리며 웃는 모습이 애교만점인 청년이 버스 안에서도 손을 꼭 잡고 붙어 앉았다가 시간만 나면 껴안고 서로 머리를 쓰다듬으며 열렬히 입을 맞춘다.

나도 처음에는 눈을 어디에 두어야 할지 몰라 당황했는데, 모슬렘인 운전사 싸브리는 놀라 간이 떨어진 것처럼 어쩔 줄 모른다. 동성애자를 만나니 2년 전 캐나다 밴쿠버에서의 일이 생각난다.

미국 시애틀에서 그레이하운드 버스를 타고 밴쿠버에 도착하니 너무 늦은 시간이라 터미널 근처의 자원봉사 안내인을 찾았다. 싸고도 안전한 숙소를 소개해달랬더니 바로 자기네 동네라고 하면서 집에 가는 길에 태워주었다.

밤이라서 그곳이 어딘지 몰랐는데, 아침에 알고 보니 해변에 있는 그 동네는 밴쿠버 최대의 남성 동성애자 마을이었다. 그날 밤 있었던 국가 대항 불꽃놀이 축제에는 보기에도 다정한 게이 커플들이 쌍쌍으로 거리에 나와 있었다.

수많은 남자들 속에서 거의 유일한 여자인 나는 추파를 받기는커녕 완전 찬밥 신세였다. 그러니 여자에게는 세계의 어느 곳보다도 안전한 동네임이 분명했다.

일몰 직전 산꼭대기에 도착해 지진으로 깨어진 아폴론, 헤라투스 등 그리스와 페르시아 신들의 석상이 널려 있는 유적지를 돌아보았다. 정상은 피라미드처럼 뾰족한데 그곳에서 사람들이 손으로 석상을 만들었다고 하니 믿기 어렵다.

운 좋게 날씨가 좋아서 멀리 메소포타미아 평원으로 떨어지는 오렌지빛 일몰을 보았다. 이곳은 세계 가이드북 표지에 단골로 나오는 경치답게 사진발이 잘 받는 곳이라 열심히 사진에 담았다. 벨기에 동성애 커플은 꼭 신혼여행 온 부부처럼 조각 사이에서 숨바꼭질하며 서로 사진을 찍어주느라 여념이 없다.

산에서 내려와 관광 호텔에 들었는데, 말이 호텔이지 난방이 전혀 되지 않는다. 운전사와 호텔 매니저들이 자는 홀에는 벽난로에 밤새도록 불을 지피니까 거기에 간이의자를 놓고 자라고 해서 나는 그렇게 했으나 벨기에 친구들은 자기들 방으로 올라간다.

"괜히 담요 수십 장 덮고 자다가 압사하지 말고 여기서 자요."

내가 권했으나 덩치 큰 녀석이 아무렇지 않게 말하며 일어선다.

"우리는 밤차 타고 오느라고 이틀이나 섹스를 굶었거든요. 우리는 방에서 잘래요."

이들이 사라지자 싸브리가 몹시 흥분한다. 그의 얘기를 듣고 있던 다른 사람들도 점점 표정이 일그러지며 혀를 찬다. 싸브리는 내게도 맞장구를 쳐달라고 의견을 묻는다.

"뭐 어때요. 둘이서 행복해 보이니 그러면 됐잖아요?"

"뭐요? 아니, 남자끼리 저러는 게 괜찮다고요? 저놈들은 정신병자들이에요. 저건 반드시 천벌을 받을 짓이라고요."

나는 아무 대꾸도 하지 않았다. 자기가 이해할 수 있는 것만 받아들이려는 운전사의 태도를 나무랄 생각은 없다. 그러나 인간의 최대 과제가 행복을 찾는 일이라면 남에게 피해를 주지 않는 한도 안에서 최대의 행복을 추구할 권리는 누구에게나 있는 게 아닐까?

그 과정이 다행히 많은 사람들이 인정하는 것이라면 문제가 없겠지만 때에 따라서는 남들이 이해하지도, 인정하지도 못하는 경우가 있게 마련이다. 사람마다 행복의 조건과 기준이 다르니까.

동성애자들의 경우도 마찬가지다. 어떤 이는 남녀가 같이 살아야 행복하고, 어떤 이는 혼자 사는 것이 좋고, 또 어떤 이는 동성에게서만 사랑을 느낄 수 있다는 걸 인정하지 않으면 안 되는 거다. 적어도 단죄는 말아야 하는 거다.

: 쿠르드 할머니가 싸 주신 달콤한 살구

돌아오는 차 안에서 싸브리는 내가 4년째 세계 민박 여행을 하고 있다니까 당장 자기 집에서 며칠 묵어가란다.

이 사람은 요즘 터키족과 피 터지게 싸우고 있는 쿠르드족이다. 나라도 없이 2500만 정도의 인구가 동부 터키와 시리아, 이라크 북부, 이란 북서 지방 등에 살고 있다.

그들은 푸른 눈의 수니 모슬렘인데, 사는 곳이 어디든 시아 모슬렘에게 박해를 당하고 있다. 터키에서도 박해가 심해 PKK(쿠르드노동자당)라는 해방군을 조직해 치열하게 맞서고 있는데, 내가 이곳 안탈리아에 올 때도 반 호수 근처에서 전투가 벌어져 여러 명이 죽었다.

산에서 내려와 싸브리네 집으로 직행, 동네에 닿으니 신기한 외국인이 왔다고 어른, 아이 할 것 없이 사람들이 몰려들어 차에서 내릴 수조차 없다. 싸브리의 노부모는 집 앞뜰에서 살구를 말리고 있다가 아주 반갑게 맞는다.

살구 멍석 위에 털썩 주저앉으니 싸브리의 부인이 어느새 유명한 원단 터키 커피를 끓여 내온다. 볶은 커피콩을 갈아 거르지 않고 작은 잔에 넣고 그냥 뜨거운 물을 부어 마시는데, 나는 아무리 설탕을 많이 넣어도 도저히 마실 수 없을 만큼 쓰다. 이 독한 걸 마시면 적어도 6박 7일은 잠을 못 잘 것 같다.

할머니는 말리고 있던 주황색의 큼직한 살구를 먹어보라고 권하신다. 대식구를 거느린 흔적이 고스란히 묻어 있는 거친 손으로 집어 주시는 살구를 한 입 깨무니 새콤달콤 쫄깃쫄깃, 와, 정말 맛있다.

집어 주시는 것 하나로는 성이 안 차 멍석 위에 널린 살구를 마구 주워 먹었더니 할머니는 흐뭇해하시며 가지고 다니면서 먹으라고 비닐봉지에 가득 담아 주신다.

"데쉐케르 에데름(정말 고맙습니다)."

사양하지도 않고 주시는 대로 덥석 받아 며칠간 아껴가며 잘 먹었다. 알고 보니 안탈리아는 살구로 유명한 고장인데, 이 말린 살구가 이들 최대의 수입원이라고 한다. 그러면 할머니가 싸 주신 살구도 싸브리네 집의 주요 수입의 일부일 텐데. 그렇게 기꺼이 주시다니 정말 고맙다.

다음 날은 싸브리 처남의 결혼식이었다. 그런데 결혼식은 제대로 보지 못했다. 결혼식 전날 신부 집에서 하는 촛불 행사, 신랑 집에서 먹고 마시는 행사, 결혼식 아침 아이들에게 돈을 뿌리는 행사에, 동네를 돌며 어깨를 들썩이는 쿠르드족 춤을 추는 행사 등 절차가 복잡하기도 하지만 어디를 가나 많게는 삼십 명씩 나를 따라다니는 아이들 때문에 제대로 몸을 움직일 수 없어서였다.

: 유스펠리에 가보지 않고 가을 산을 말하지 말라

나는 한국에서도 매주 한 번씩은 반드시 산에 올라야 하는 등산 중독자인데, 여행 중에는 하기 힘들다. 언제 마지막으로 본격적인 등산을 했던가? 기회가 있을 때마다 산을 오르기는 하지만 3~4시간 오른 것으로는 등산이라고 할 수도 없으니, 지난 5월 에티오피아에서 시멘 산을 오른 것이 마지막으로 벌써 다섯 달째 산 냄새를 못 맡았다.

나는 오랫동안 산에 가지 않으면 허전하기도 하고 마음도 불안해진다. 내 사주에 토기(土氣)와 목기(木氣)가 성하다던데 그 때문에 정기적으로 산에 가서 그 기를 받아야 하나 보다.

앙카라에서 이란 비자를 받고 이란으로 가는 길이라 마음은 바쁘지만 가을 산의 유혹을 뿌리칠 수 없었다. 터키 홍보 책자에 나와 있는 터키 동부의 산들은 산 모양이며 빛깔이 모두 설악산 오색 약수터다.

'그래, 한번 올랐다 가는 거야. 이란 갔다가 돌아오면 날씨가 추워져서 등산 못 할 거 아냐.'

가이드북을 보고 찾아간 곳이 유스펠리, 흑해 연안 트라브존과 에르주룸 중간쯤 되는 곳이다. 동네 식당에서 만난 대학생 파티르 말이 자기 친구가 산속에서 산장을 하고 있는데 거기 가면 잘 수도 있고 안내도 받을 수 있다고 한다. 그러면서 자기도 친구를 만날 겸 같이 가겠다는 거다.

산 아래 마을로 가는 길은 영락없는 내설악이다. 산에는 노란 아스펜과 붉은 단풍이 한창이다. 산장이라는 산속 오두막집 앞마당에서는 사과며 호두, 콩 등을 말리고 있는데, 이 집 아들 녀석들 둘이 많이도 아니고 한 번에 한두 개씩 풀 방구리에 생쥐 드나들 듯 들락거리며 집어 먹느라고 마루가 닳을 지경이다.

산동네에는 집이 서너 채 있어 땔나무를 해다 팔아 살아가고 있는데 모두 친척들이다. 희끄무레하던 하늘에서 가랑비가 내리기 시작하니 그윽한 산 냄새가 더욱 깊어진다. 비가 오니 등산은 글렀고 부엌 난롯가에 앉아 사과차를 마시며 느긋한 저녁을 보냈다.

그 집 아들 녀석 하나는 나무 위에 올라갔다가 떨어져 팔을 다쳐 붕대를 감았고, 다른 녀석은 산길에서 돌이 날아와 머리가 깨져 붕대를 감았다. 작년에는 다친 부위가 서로 반대였다고 하며 해마다 이 녀석들은 이렇게 다친다고 혀를 끌끌 차는 젊은 아버지의 눈에 사랑이 가득하다.

친구만 소개해주고 간다던 파티르는 자기도 산에 가본 지 오래라

유스펠리 산속 민박집의 개구쟁이 형제.

나무에서 떨어져 팔에 붕대를 하고 있지를 않나, 산길에서 돌을 맞아 머리가 깨지질 않나, 해마다 다치는 이 녀석들 때문에 부모의 걱정은 끊이질 않지만 정작 아이들 표정은 즐겁기만 하다.

며 함께 등산길에 나섰다. 시커먼 돌산에 노랗고 붉게 물들어가는 단풍, 계곡에 콸콸 흐르는 물, 푸른 하늘과 흰 구름, 신선한 공기, 가난하지만 웃으며 사는 산동네 사람들. 여기 오길 잘했다는 생각이 든다. 그나저나 산에 오니 정말 살 것 같다.

파티르 말로는 문자 그대로 번역하자면 '여섯 손가락 봉'이 되는 알트 팔라르크 봉과 가라골이라고 부르는 검은 호수가 이 지역의 하이라이트라고 하는데 기준이 뭔지는 모르겠지만 내게는 사방 모두가 하이라이트다.

산, 산, 산, 산. 단풍, 단풍, 단풍. 물소리, 물소리에 모든 가을 빛깔들의 잔치. 아침 일찍부터 밤 늦게까지 걸어도 피곤하기는커녕 기운이 펄펄 난다.

다음 날 아침에는 꼭 돌아가야 한다는 파티르를 꼬드겼다.

"내일은 반드시 가이드가 필요하다는데 어떻게 해? 하루만 더 묵고 가라. 내가 맥주 한턱낼게. 오우케이?"

다음 날은 길은 예쁘지 않지만 능선 등반이라 시야가 탁 트여서 좋다. 점심때 빽빽한 산림을 벌채하는 사람들을 만났다. 양고기를 굽고 라키라는 소주 같은 술을 마시던 이들은 파티르와 나를 무조건 잡아끌며 술과 고기를 내놓는다.

유쾌한 자리에다 산에서 술 마셔보는 것도 오랜만이라 주는 대로 맥주 두 컵을 꿀꺽꿀꺽 받아 마셨더니 이런, 취기가 올라온다. 아니나 다를까, 나중에 깨어보니 나는 나무 톱밥 위에서 2시간이나 인사불성으로 곯아떨어졌던 거다. 취하면 세상모르고 자는 게 나의 숨은 약점. 약간 멋쩍어져서 "굿 모닝!" 하며 사람들에게 인사를 하니 파티르가 시계를 가리키며 오늘은 호수에 못 가겠단다. 그래, 오늘만 날인가 뭐. 내일 가면 되지.

학교 수업 때문에 파티르는 돌아가고 나는 이튿날 길도 없는 등산을 했다. 이곳에는 가끔씩 곰이나 야생동물이 나온다는데, '가끔씩'이 오늘이 아니기를 빌며 '여섯 손가락 봉'으로 향했다. 그 경치는 두말하면 잔소리. 한껏 여유를 부리며 6일 동안이나 이 골짜기 저 능선을 헤매며 가을 산의 정취를 만끽했다.

떠나는 날 집주인에게 숙식비로 하루에 10달러 정도로 쳐서 60달러를 터키 돈으로 주니 주인이 펄쩍 뛴다.

"이렇게 많이 주면 안 돼요. 나는 이 돈 다 못 받아요. 자는 건 빈방에서 잤으니까 정 그렇다면 음식값만 받을게요."

그러면서 30달러는 돌려준다.

"받으세요. 아저씨 덕분에 산 구경 정말 잘했어요. 제발 받아주세요. 아이들이 또 어디가 부러질지 모르잖아요."

나 준다고 자기들도 먹고 싶은 걸 참았던 말린 사과며 실에 꿴 호두, 석류가 든 봉지를 들고 있는 아이들을 가리키며 돈을 억지로 건네고 돌아서는데 가슴이 저릿하다.

나는 터키에서 아름다운 가을 산의 정기만 받은 게 아니라 아름다운 산사람들의 정도 듬뿍 받고 떠난다.

세계에서 가장 이름값 하는 도시 이스탄불

: 카파도키아의 동화 속 동굴 방

누가 일주일간 터키를 여행하려는데 어디를 가보는 게 좋으냐고 묻는다면 나는 서슴지 않고 이스탄불, 카파도키아, 파묵칼레, 에게소스라고 말하겠다.

신기하게 생긴 원통 모양, 버섯 모양, 굴뚝 모양 등 바위들로 유명한 카파도키아에는 수천 년 전부터 부드러운 화산암으로 된 큰 돌산을 깎아 사람이 사는 집은 물론 교회, 요새, 수도원까지 지어 놓았다. 심지어 돌을 깎아 내려가면서 만든 7층짜리 거대한 지하 도시도 있다.

인도의 아잔타와 엘로라, 에티오피아의 랄리벨라, 요르단의 페트라 등 돌로 깎아 만든 여러 곳을 돌아보았기 때문에 뭐 별다르게 신기한 게 있을까 싶었으나 막상 가보니 입이 다물어지지 않는다. 여기서는 다른 곳과는 달리 산의 원형을 그대로 둔 채 그 돌을 최대한 이용해 걸출한 작품을 만들어 놓은 것이다.

내가 갔을 때는 마침 눈이 많이 내려 아기자기한 이 지역 전체가 마치 동화 속의 배경, 아니, 디즈니랜드 만화 세트 같다. 내가 묵은 방도 바위를 깎아 만든 작은 원통형 동굴 방인데, 방 안이 무척 아늑하고 따뜻하다.

네브셰히르에 있는 7층짜리 지하 도시는 초기 기독교인들이 로마의 박해를 피하기 위해 지은 곳으로 최대 2000명을 수용할 수 있다는 규모와 짜임새가 그저 놀랍기만 하다.

온천 지대인 파묵칼레에는 산꼭대기에서 절벽으로 흐르는 칼슘 성분의 온천물로 만든 천연 풀장이 있다. 30층 정도의 절벽에 오랫동안 칼슘 성분이 달라붙어 하얀 테를 두른, 반달 모양의 풀장이 층층이 붙어 있다. 그 크기는 어른 다섯 명이 들어갈 만한 것부터 스무 명 정도 들어갈 정도로 큰 것까지 제각각.

칼슘 성분 때문에 이 지역 전체가 사시사철 눈이 온 것처럼 하얗고 온천물은 풍부한 무기질 때문에 밝은 초록색이라 색상 대비가 선명하고 아름답다. 반들반들한 하얀 절벽에 지는 해가 반사되어 일순간 온 세상이 밝은 오렌지빛으로 변하는 것도 파묵칼레에서만 볼 수 있는 황홀경이다.

카파도키아와 파묵칼레가 진기한 자연경관이라면 에페소스는 진기한 문화유적으로, 사도 바울로가 그 유명한 〈에페소인들에게 보낸 편지〉를 쓴 곳이다. 이곳은 그리스 시대에는 아테네 다음 가는 최고의 도시였고, 로마 시대에는 아시아의 수도였다. 2만 4000명을 수용할 수 있는 로마 시대 원형극장과 부자들의 거주지에 있는 대리석 길, 대형 도서관과 화려한 신전들이 옛날의 영화(榮華)를 대변하고 있다.

이곳의 시장으로 가는 대로에 있는 네모난 돌에는 학계가 공인한 세계 최초의 광고가 새겨져 있다. 광고 내용은 네 가지 그림으로 여자 얼굴과 하트 문양, 돈과 화살표.

"여자가 마음을 다해 서비스합니다. 돈을 들고 화살표 방향으로 오세요."

광고주는 세계 역사에서 가장 오래된 직업인 매춘부였다고 한다.

: 터키탕 체험기

셀주크에서 말로만 듣던 남녀 혼탕 터키탕에 '경험의 폭 넓히기' 위한 차원에서 가보았다. 캐나다 대학생 커플과 브라질에서 온 세바스찬과 함께.

물어물어 찾아간 곳은 터키 어디서나 볼 수 있는 '하맘'이라는 동네 목욕탕. 다른 곳에는 여탕, 남탕이 따로 있거나 들어가는 시간이 다르다는데, 여기는 그야말로 완전히 남녀 혼탕이다.

그러나 때밀이와 마사지하는 사람, 표 받는 사람이 몽땅 남자인 걸 보면 원래는 남탕이었나 보다. 현지인 여자들은 절대로 혼탕을 안 하니 결국 남자들과 외국인 여자들이 혼탕을 하는 셈이다.

요금은 우리 돈으로 5000원 정도, 때 미는 것과 마사지까지 포함한 가격이다. 큰 타월을 받아 들고 탈의실에 들어가니 먼저 와서 옷을 갈아입던 현지 남자 둘이 깜짝 놀라면서 어쩔 줄 모른다. 겉으로는 놀라는 척하면서도 속으로는 오늘 땡 잡았다고 했을 게 뻔하다.

욕탕 중앙에는 타일로 된 대형 찜질방이 있고, 욕탕 둘레에는 칸칸이 비닐 커튼이 드리워져 있다. 우리가 욕탕에 들어가자 남자들이 모두 놀라면서 허리에 두른 수건을 추스른다.

커튼이 드리워진 작은 목욕실에서 비누로 몸을 씻고 중앙의 타일

찜질방에 누웠다. 일고여덟 명 남자들이 찜질방 여기저기에 누워 있다가 자리를 비켜준다.

허리에 흘러내릴 듯 작은 수건을 겨우 가린 30대 초반의 남자 때밀이는 가슴에 시커먼 털이 잔뜩 나 있고 배는 임신 5개월은 될 만큼 불룩한데, 우리를 쳐다보고 웃는 얼굴이 그런대로 순진해 보인다.

찜질방 타일 위에 누워 있는 남자들도 모두 진화가 덜 된 원시인들처럼 가슴은 물론 온몸이 털투성이. 찜질방은 뜨거워서 5분도 안 되어 땀이 나는데 더워서 이리저리 뒤척이는 남자들 몸에서 움직일 때마다 양고기 삶을 때 나는 노릿한 냄새가 난다.

때밀이는 샌드페이퍼처럼 생긴 까만 때밀이 수건으로 노련하게 때를 민다. 때밀이에게 몸을 맡긴 사람은 몸을 앞뒤로 뒤척일 때마다 수건이 미끄러져, 보여서는 안 될 부분이 자꾸 드러나니까 여간 신경 쓰이는 게 아닌 눈치다.

때를 미는 사람 역시 신경 쓰이기는 마찬가지다. 손님을 엎어놓고 때를 밀 때는 아예 수건을 벗기고 알궁둥이를 내놓고 밀다가 앞을 밀 때는 수건을 아담 위에만 겨우 걸쳐놓고는 안 보는 척 곁눈질을 하고 있는 내 눈치를 슬슬 살핀다. 어쩌다 나와 눈이 마주치면 서로 못 본 체하며 어색한 웃음을 웃는다.

드디어 내가 때를 밀 차례.

'에라, 모르겠다. 잡아먹기야 할라고.'

때밀이가 팔다리를 미는데, 때 미는 수건은 보기뿐만 아니라 아프기도 한 샌드페이퍼다.

"아저씨, 조금 살살 해요."

내가 아프다는 시늉을 하자 '아가씨는 허리가 한 손아귀에 다 들어오니 잘할 수가 없네.' 하는 손짓을 한다. 다리를 밀면서 왜 한 손은 엉덩이에다 올려놓아야 하는 건지 손으로 엉덩이를 쥐고 만진다. 팔다리가 끝나자 윗몸을 밀어야 하니까 수건을 벗으란다. 핫팬츠는 입었지만 위는 알몸인데.

"앞은 내가 할 테니 뒤만 해줘요."

수건을 벗고 돌아누웠더니 이 아저씨, 등을 밀면서 자꾸만 가슴 근처로 손이 왔다 갔다 한다.

'보기엔 순진한 녀석이 속이 응큼하기는.'

때를 밀고 나자 그다음은 거품 마사지, 놀랍게도 이 아저씨 손바닥이 한국 목욕탕 아줌마 저리 가라는 듯 스펀지처럼 부드럽다. 기분이 좋아져서 등과 허리만 하고는 끝내려는 아저씨 앞으로 돌아누우면서 "앞도 해주세요." 했더니 당황해하는 모습이라니. 열과 성을 다한 마사지를 기분 좋게 받았음은 물론이다.

: 세계 배낭여행자들의 사부가 되다

세계에서 가장 이름값을 하는 도시를 꼽으라면 나는 서슴없이 예루살렘과 이스탄불을 들겠다. 그중의 하나인 이름도 신비로운 이스탄불, 서기 330년 로마 황제 콘스탄티누스 1세가 콘스탄티노플로 이름을 바꾸고 수도를 로마에서 이곳으로 옮겼다.

그 후 다시 비잔틴으로 이름이 바뀌어 세계의 중심이 되었다. 네 차례에 걸친 십자군의 원정으로 철저히 파괴된 비잔틴 문화 위에 1453년 오스만투르크가 들어와 그 유명한 술레이만 대왕 때, 이스탄불은 전성기를 맞는다. 이 도시의 아름다운 건물들도 모두 이때 세워진 것이라고 한다.

1차 대전 후 연합군에 점령당한 뒤 공식적인 수도를 앙카라에 물려주었지만, 유구한 1600년간의 도읍지 이스탄불은 아직도 명실상부한 경제, 문화, 언론의 중심지다.

'이스탄불에 가면 계획보다 적어도 두 배는 더 오래 머물게 된다.'

여행자들 사이의 정설이다. 볼거리가 많기도 하지만 이스탄불은 사람을 느긋하게 만드는 매력이 있다. 물가가 싼 데다 여행 정보의 요충지로 각 대륙을 여행하는 장기 여행자들이 모이는 곳이다. 그들은 이곳에서 밀린 일도 처리하고, 필요한 물건도 구입하며 새로운 에너지를 충전한다.

이 대륙의 교차로에서 나도 다음 여정을 점검했다. 모스크바까지 어떻게 갈까? 거기서 시베리아 횡단 열차를 타고 베이징(北京)까지 가서, 다시 톈진(天津)에서 배를 타고 인천으로 건너가기로 했기 때문이다.

원칙대로 하자면 시베리아 횡단 열차의 출발점인 모스크바까지 육로로 가야겠지만 여권의 남은 페이지가 적어 동유럽 쪽으로 돌아가기도 어렵고, 흑해 건너 우크라이나로 갈 수도 있지만 그곳으로 가는 배가 부정기선이라 무작정 배를 기다릴 수도 없다. 게다가 음력설까지는 집에 간다고 가족들과 철석같이 약속을 했으니 시간도 빠듯하다. 여러 가지를 고려한 끝에 모스크바까지는 비행기를 타고 가기로 했다.

그러고는 영하 30도, 동토의 나라 러시아에 갈 준비를 단단히 했다. 러시아는 물가가 비싸다는 걸 알고 있었다. 두꺼운 옷도 사고 먹을 것도 컵라면만 빼고는 충분히 준비했다. 이란에서 만난 야스오 말이 모스크바에도 한국산 컵라면이 있다는 거다.

모스크바에서 베이징까지 7박 8일 기차를 타려면 먹을 것도 먹을 거지만 책이 필요하다. 장기 여행자들을 상대로 다 읽은 책을 바꾸고 중고 책방에 들러 다섯 권을 구했다. 달라이 라마의 자서전 《달라이 라마 자서전: 유배된 자유를 넘어서》, 쉽고도 재미있게 풀이한 《문답식 이슬람 교리》, 미국의 장기 베스트셀러 《할리우드의 남편들》, 소설 《가시나무 새》 그리고 유명한 여행 작가 폴 소로우의 《중국 여행기》.

여정을 점검한 후 느긋하게 이스탄불 구경에 나섰다. 도시는 아름다운 볼거리로 가득 차 있다. 천 년간 유럽 대성당의 영예를 누린, 로마 시대 때 지은 빨간색 성 소피아 사원, 크고 작은 돔 스타일의 지붕에 펜대같이 뾰족한 미나레트가 잘 어울리는 블루 모스크. 이 모스크는 겉은 회색인데 내부가 나무 무늬의 파란 타일로 되어 있어 블루 모스크라는 이름을 얻었다고 한다.

비잔틴 시대 때 마차 경기장이었던 히포드롬 안에는 이집트 룩소르에서 가져온 오벨리스크와 그리스가 페르시아의 공격을 막아낸 기념으로 세운 뱀 기둥이 서 있다. 그뿐인가. 술탄의 막강한 부를 과시하며 그 자체가 박물관인 화려한 토카피 궁전은 한나절 가지고는 어림도 없다.

눈이 오면 눈이 오는 대로 바다가 잘 보이는 카페에 앉아 수십 잔의 차를 마시고, 맑은 날은 배를 타고 유럽과 아시아를 왔다 갔다 하며, 아시아 해안을 거닐다가 밤이면 유럽으로 돌아온다. 그것도 싫증나면 숙소의 아이들을 꼬드겨 배꼽춤을 보러 간다.

나는 그 숙소에서 10일 정도 묵으면서 아주 유명 인사가 되었는데, 그건 순전히 내 입심 때문이다. 각국의 배낭여행자들과 갖가지 정보를 주고받는 과정에서 나는 언제나 정보를 주는 편인 베테랑 여행자이기 때문이다.

처음에는 그저 옆에 앉은 사람과 수다 차원에서 내 무용담을 얘기했는데, 그러노라면 어느새 내 주변에 대여섯 명이 모이게 되고, 어느 때는 십여 명이 모여 내 아프리카, 중동, 중앙아시아 얘기를 넋을 놓고 듣는다.

이런 일이 거의 매일 있으니 자연히 이름이 날 수밖에. 다음 갈 곳이 내가 다녀온 곳인 아이들은 내 방까지 가이드북을 가지고 와서 내가 주는 정보에 밑줄도 치고 꼼꼼히 메모도 해 넣으며 깍듯이 사부님으로 모신다.

한번은 식당에 올라가는데 전혀 모르는 서양 남자가 알은체를 한다.

"한국에서 오신 그분이시지요? 소문 듣고 옆 유스호스텔에서 왔어요, 이란 얘기 좀 물어보려고요."

민간 차원의 국위 선양을 톡톡히 한 셈이다.

: 내 목소리도 잠재운 수다 퀸의 내공

터키를 더욱 잊을 수 없는 곳으로 만든 사람이 있다. 앙카라 주재 한국 대사관 무관 부인 오정희 씨다. 이란 대사관을 찾아다니다 지쳐서 목을 축이러 들어간 쇼핑센터에서 우연히 만나게 되었다.

오정희 씨는 내가 그토록 찾아 헤매던 이란 대사관도 찾아주고, 터키말을 유창하게 해 이란 비자 받는 일도 도와주고, 집에 데려가 미역국에 밥도 차려주었다. 나보다 1살 위인 그녀와 함께 있으면 언제나 즐겁고 재미있어서, 앙카라에 있는 동안 매일 저녁 그 집에 가서 놀았다.

정희 씨는 수다에 관한 둘째가라면 서러워하는 나도 기가 죽을 만큼 '수다 퀸'의 모든 조건을 갖추고 있다. 큰 목소리, 독점 방송, 남이 말하는 중에는 지방 방송, 적당한 순간에 들어가는 맞장구. 그러나 그녀는 단지 수다스럽기만 한 것이 아니다. '장기 배낭여행자들의 사부'인 이 한비야도 한 수 접어야 할 만큼 풍성한 화제는 물론, 세상에 대한 깊은 이해와 애정을 가지고 있어서 그녀의 말에는 항상 들을 게 있다. 그녀는 넘치지도 모자라지도 않는 절제와 조화도 지니고 있으며 따뜻하기까지 하다.

"나는 사람에게 친절하고 정성스러운 게 천성이자 직업이지만 내가 기쁜 마음으로 할 수 있을 때까지만 하려고 해요. 친절도 도가 넘치면 버겁고 부담이 되는 건 물론 하고 나서도 내가 이만큼 해주었는데, 하는 마음이 생겨 어떤 형태로든 반대급부를 기대하게 되거든요. 우리의 고질적인 한국병 '섭섭증'은 여기서 비롯되는 거지요."

지금도 가끔씩 되새겨보는 이 말은 얼마나 옳은 얘긴지 모른다. 그러니까 섭섭하다는 감정은 생각대로 해주지 않는 상대방 때문이 아니라 기쁘게 줄 수 있는 이상의 것을 준 나 때문에 생기는 거다.

'마음에서 우러나서 하고 싶은 만큼만 하자. 그러면서 그 우러나는 마음의 폭과 깊이를 키우자.'

모든 인간관계에서 그녀의 지론이 지켜진다면 세상을 사는 게 훨씬 쉽고 부드러워지리라.

이번 세계 일주 여행을 하면서 나는 무수한 사람들과 멋진 인연을 맺었다. 여기 앙카라의 오정희 씨와도 큰 인연이 닿아 만난 거다. 나는 인연의 싹은 하느님이 준비하는 것이라면 인연의 싹을 잘 키워서 굵고 튼튼한 뿌리를 내리게 하는 것은 순전히 우리의 몫이라고 생각한다.

　오정희 씨와의 맺은 인연 역시 뿌리 깊은 나무로 키워가고 싶은 마음이다. 그래서 죽을 때까지 교분을 나누며 서로의 인생을 풍요롭게 만들어나가기를 기대해본다.

　오늘 저녁에도 오정희 씨의 그 호쾌한 목소리가 듣고 싶다.

케냐·탄자니아·말라위

킬리만자로 최고봉에 올랐다. 정상을 오르는 사람은 강하고 빠른 사람이 아니라 자기 자신만의 속도로 최선을 다하는 사람이다.

잠보! 아프리카 첫날부터 강도를 만나다

: 따끈따끈한 정보가 넘치는 배낭족 숙소

얘기를 이번 여행의 처음으로 되돌리자. 나는 3년간 세계 여행을 하기로 결심하고 다니던 직장에 사표를 낸 후, 1993년 7월 말에 제일 먼저 네팔에서 여행을 시작해 반년 가까이 네팔과 방글라데시, 인도를 돌았다. 그것이 내 세계 일주 여행의 시작이었다. 그다음에 북미 끝 알래스카에서 남미 끝 칠레까지 육로로 1년간 여행했다.

이번에는 아프리카 케냐에서 시작해 1년 반에 걸쳐 동아프리카, 중동, 중앙아시아를 훑어보고, 모스크바에서 시베리아 횡단 열차를 타고 중국 베이징을 거쳐 돌아왔다. 바로 그 세 번째 여행 이야기다.

1994년 12월도 다 간 하순에 서울을 떠나 1년 반이라는 기나긴 여정에 올랐다.

"잠보!"

비행기 안에서 익힌 스와힐리어로 "안녕하세요."를 외치며 케냐의 나이로비에 있는 '뉴 케냐 로지'의 문을 힘차게 밀고 들어서니 종업원 셋이 모두 까만 얼굴에 하얀 이를 드러내며 "잠보!" 하며 반가워한다.

"잠보!"

이 한 마디에 아프리카가 성큼 내 안으로 달려온다. 아프리카, 나는 이곳이 인간 본성의 체취를 맡을 수 있고, 그 뿌리의 끝을 들여다보게 하는 가장 좋은 대륙이라고 오랫동안 생각해왔다. 인간이 동물과 구분되기 이전의 모습대로 자연의 한 부분으로서 존재하는 곳이며, 원시 습속이 남아 있는 벌거벗은 인간의 흔적을 찾아볼 수 있는 대륙 아프리카. 과연 이곳은 내가 생각해왔던 그런 대륙일까? 이런 호기심이 아프리카에 도착한 나를 설레게 한다.

영화 《야성의 엘자》나 《아웃 오브 아프리카》에서 그 청명한 하늘과 빛나는 초원으로 내 눈을 시리게 했던 '태양의 땅'이 바로 눈앞에서 까만 얼굴의 하얀 웃음으로 현실이 된다.

뉴 케냐 로지는 전 세계 배낭여행자들의 입에 전설처럼 오르내리는 나이로비의 명물이다. 나이로비에는 서울에서 내가 다니던 회사의 미국인 상사 부부가 살고 있는데, 내가 도착했을 때는 공교롭게도 크리스마스 휴가로 미국에 가고 없다.

그러나 그들을 만났다 해도 처음 하루나 이틀 동안은 이런 유명한 여행자 숙소에 묵을 것이다. 그곳에서는 온갖 중요하고도 유용한 아프리카의 최신 여행 정보를 얻을 수 있기 때문이다.

무거운 배낭을 메고 두 발로 걸어 다니는 나와 같은 도보 여행자들에게 정보는 생명과도 같다. 물론 대강의 정보는 안내 책자에 소개되어 있지만 처음 밟는 땅의 사정에 어두워 길을 잘못 들거나 처신을 잘못해서 돈과 시간을 낭비하고, 때로는 강도를 당하거나 심지어 목숨까지 잃는 일들도 있다.

게다가 급변하는 정치 상황과 책에도 나와 있지 않은 오지에 대한 정보는 현지에서만 얻을 수 있는데, 이런 정보를 얻기에 가장 좋은 곳이 바로 배낭족 숙소다. 그곳에 가면 언제나 여러 여행자들이 따끈따끈한 정보를 가지고 기다리고 있다.

뉴 케냐 로지에는 남아프리카공화국에서부터 거슬러 올라오고 있는 독일 여자 아이와, 모로코로부터 훑어 내려오고 있는 이탈리아 남자 아이, 동아프리카를 돌아보고 이제 집으로 돌아가려고 하는 이스라엘 아이들, 이제 막 에티오피아에서 도착한 일본 남자 아이들 등이 있었다. 이들은 아프리카에서는 흔히 보기 어려운 한국 여행자를 구김살 없이 반기며 자기들이 가진 정보 보따리를 모두 풀어놓았다.

"지금 수단은 내전 중이라 육로로는 국경을 넘을 수 없어요."

"우간다는 갈 생각도 하지 마세요. 물가가 어찌나 비싼지, 아프리카에서 제일 지내기 힘들어요."

"물가는 고사하고 우간다 빅토리아 호수 부근에서 말라리아가 극성을 부려서 여행객마다 말라리아에 걸려요. 우리도 말라리아에 걸려 혼났어요."

일본 아이들은 빅토리아 호에 갔다가 말라리아에 걸려 죽을 고생을 했다고 한다.

"아프리카에 오면서 어떻게 말라리아 예방약도 안 먹었어?"

"말라리아가 그렇게 심할 줄 몰랐죠. 말라리아 예방약은 몸에 나쁘다고 의사가 먹지 말라고 하잖아요."

내 의사는 예방약을 먹지 않았다가 말라리아에 걸리면 치명적일 수도 있으니 반드시 먹으라던데.

이들에게서 들은 정보와 애초의 계획을 종합해 5~6개월의 새로운 여정을 짰다. 그러나 이것은 어디까지나 '계획'일 뿐이다. 여행

도중에는 너무나 '변수'가 많기 때문에 언제 어떻게 여정이 바뀔지 모른다.

그것은 자유롭게 여행하고 있는 '나 홀로 여행객'만의 특권이기도 하다. 가고 싶으면 가고, 있고 싶으면 있는, 그야말로 바람 같은 나그네가 되는 거다.

: 대낮의 무법천지, 케냐 나이로비

새로운 대륙 여행으로 들떠 있는 내게 아프리카는 첫날부터 뜨거운 맛을 보여주었다. 숙소에 도착해 처음 거리에 나서자마자 두 명의 흑인이 나를 덮친 거다.

물과 휴지를 사려고 숙소 앞 가게에 가는데, 갑자기 몸집이 집채만 한 흑인 한 놈이 뒤에서 내 목을 조르고 다른 한 놈은 내 윗도리를 마구 더듬는다. 여행객들이 보통 목에 걸고 다니는 전대를 빼앗으려는 거다.

하지만 나는 이미 전대를 목에 걸고 다니는 아마추어 관광객이 아니다. 전대는 허리에 꽁꽁 묶어 바지 안 팬티 속에 넣어두어서 어느 때라도 몸에서 떨어지지 않게 해놓았다.

태양이 환한 벌건 대낮에, 그것도 큰 길거리에서 그런 일을 당하는데도 글쎄, 행인들은 빤히 쳐다보고만 있다. 목이 졸려 소리를 지를 수도 없지만 소리를 지른다 해도 마찬가지였을 거다.

놀란 중에도 등 뒤에서 목을 조르는 흑인 놈의 겨드랑이에서 나는 지독한 냄새 때문에 금방 질식할 것 같다. 전대를 찾고 있는 놈의 손을 있는 힘을 다해 손톱으로 할퀴며 버둥거렸다. 그놈은 내 목에 전대가 없는 것을 확인하고는 목을 조른 놈과 함께 뭐라고 욕을 하며 손을 감싸 쥐고 달아났다.

젠장, 아프리카 첫날, 그것도 백주 대로에서 강도를 만나다니. 가게고 뭐고 숙소로 뛰어 들어와 사시나무 떨듯 떨리는 손으로 청심환 주머니를 찾았다.

겨우 마음을 진정시키고 생각해보니 나는 강도들의 좋은 표적이었다. 외국인 숙소 근처에서 가이드북을 들고 두리번거리며 거리를 걷다니. 그건 바로 '나는 이 나라에 처음 와서 아무것도 모르고 돈은 좀 있다.' 하고 광고하고 다닌 거나 마찬가지다.

이런 일은 내가 평소에는 좀처럼 하지 않는 실수다. 특히 숙소에서 그 거리에 강도가 많다는 정보를 들었으면 그곳을 잘 아는 것처럼 행동했어야 한다. 새로운 대륙, 낯선 대륙에 왔다는 강렬한 감동과 호기심 때문에 잠깐 방심해서 생긴 일이다.

이번 강도 미수 사건을 통해 이제부터 긴 기간 아프리카와 중동 등을 혼자 돌아다니며 좀 더 신중하라는 옐로카드를 받은 셈이다.

: 당신의 사랑은 어떤 모습인가

아프리카 여행 계획을 세울 때 내가 꼭 보고 싶었던 곳은 케냐와 탄자니아, 르완다, 에티오피아다. 그래서 나이로비에서 수집한 정보를 종합해 탄자니아로부터 시작해서 육로로 케냐와 에티오피아, 수단을 거쳐 이집트로 가기로 계획을 세웠다. 아프리카 도착 며칠 후 나는 버스로 아프리카 여행의 첫 나라인 탄자니아 국경을 넘었다.

탄자니아에서는 한 달가량 있으면서 동물의 왕국 사파리를 한 후

아프리카 최고봉 킬리만자로를 등정하고, 세계 최대의 노예시장이었던 전설의 잔지바르 섬에 갈 계획이다. 그러면서 기회를 잡아 원주민 집에서 일주일 정도 민박도 하고 싶다.

말로만 듣던 동물 사파리(safari). 사파리란 현지어로 여행이란 뜻이다. 지붕이 뚫린 차를 타고 국립공원 네댓 곳을 돌아보는데, 국립공원이라는 데가 워낙 규모가 커서 차를 타고도 한나절 넘게 걸린다. 팀을 짜면 훨씬 싼값으로 사파리를 할 수 있기 때문에 탄자니아로 가는 버스 안에서 만난 오스트레일리아인 남녀와 숙소에서 만난 네덜란드 커플을 모아 그룹을 만들었다.

오후 내내 마을에 있는 사파리 회사들을 돌아보고 나서 계약을 했다. 운전사 겸 가이드, 요리사 겸 심부름꾼을 데리고 다니며, 먹고 자고 하면서 구경을 하는 비용이 하루 55달러. 이 나라 돈 가치로 보면 550만 원쯤 되는 큰돈이지만 워낙 비싼 공원 입장료까지 포함된 가격이니 싸게 잘 한 셈이다.

탄자니아 사파리를 하려면 반드시 거쳐야 하는 아루샤는 30분 정도면 한번 훑어보고도 남을 작은 마을인데, 그날따라 거리에 활기가 넘친다. 사람들이 모두 깨끗하고 예쁜 옷을 차려입고 가족끼리 거리에 나와 있다.

알고 보니 이날이 바로 크리스마스란다. 탄자니아는 내륙 깊숙이까지 이슬람 문화가 침투해 있어서, 이 마을에서도 반 이상의 남자가 하얀 터번을 쓰고 여자들은 검은 천을 두르고 다니는데, 아기 예수의 생일을 진심으로 축하하는 분위기였다.

사람들은 모두 순박한 것 같다. 만나는 사람마다 남녀 모두 눈이 마주치면 "잠보." 하고 먼저 인사를 해온다. 나도 "잠보." 하고 인사를 받아주면 까만 얼굴에 하얀 이를 드러내며 수줍게 웃는다.

첫날은 마냐라 국립공원. 차 지붕을 열고 두더지처럼 상체를 지붕 위로 내놓고 공원을 돌았다. 원숭이, 코끼리, 기린, 임팔라, 플라밍고……. 많은 동물들을 한꺼번에 가까이에서 보게 되니 이곳이 자연 상태로 방치된 곳이 아니라 디즈니랜드나 쥐라기 공원처럼 인공적으로 조성된 공원 같다.

첫날 묵은 숙소는 야외 텐트가 아니라 공원 근처 마을이었다. 초원이나 숲에서 별을 보며 잠들기를 기대했던 나로서는 실망스러운 일이었으나 찬물로 샤워를 할 수 있고, 화장실까지 딸려 있어 편하기는 하다. 잔뜩 먼지를 뒤집어쓴 몸을 찬물로 씻고 나서 새 옷을 갈아입고 맥주 한 잔을 들고 신선한 저녁 바람 속에 나앉으니 몸과 마음이 날아갈 듯 상쾌하다.

자연히 얘기꽃이 피지 않을 수 없다. 여행에서 가장 흥미로운 건 사람들의 살아가는 모습이고 생각이다. 새로운 사람과 만나는 것은 그래서 항상 재미있고 그들과 나눈 얘기에서는 많은 것을 얻게 된다.

사파리를 위해 같은 팀이 된 20대 후반의 오스트레일리아인 소니아와 크리스 커플은 5년 동안 동거를 하다 헤어졌는데, 이번에 아프리카에 오면서 다시 만나 한 달 동안 여행을 함께하고 있다고 한다. 그러나 여행을 끝내고 돌아가면 다시 헤어질 예정이란다. 두 사람 다 잠깐은 괜찮은데 오랫동안은 같이 못 살겠다고 한다.

네덜란드에서 온 양보심 많은 40살 하인과 39살 엘리는 이번이 두 번째 아프리카 동물 사파리인데 지난번보다 훨씬 많은 동물을 보았다고 좋아한다. 둘 다 학교 선생님으로 지금까지 60여 개국을 가보았다는 여행광이다. 겉보기에는 평범한 중년 부부 같았으나 알고 보니 대단히 대단히 독특하게 살아가는 커플이다.

이들은 15년 전 어느 파티에서 만나 지금까지 오로지 남자 친구, 여자 친구로만 지내고 있다는 거다. 결혼할 생각은 전혀 없고 아이도 갖지 않기로 했단다. 15년 동안 다른 남자와 여자를 사귀지도 않고 '오직 그대뿐'인데 지금도 따로 살고 있단다. 한때는 함께 살기도 했지만 생활 패턴이 달라 몇 년 전부터 따로 살면서 주말 커플로 지낸다는 것이다.

주말 커플은 자기들에게 가장 잘 맞는 형태로 금요일 저녁에 두 사람이 만나서 토요일과 일요일을 하인 집에서 함께 보내고, 일요일 저녁에 엘리는 자기 집으로 간단다. 주중에는 각자 좋을 대로 살며 취미생활과 자유를 즐기고, 주말에 만나 사랑을 나누는 게 얼마나 좋은지 모르겠단다.

유럽이나 미국에서는 세 부부 중 한 쌍이 파경으로 끝나고, 헤어지고 싶은데도 마지못해 사는 이들이 많은데, 자기들은 그런 트러블 없이 살아가는 완벽한 커플이라고 자신 있게 말한다.

"그렇지만 무언가 부족한 것 같지 않으세요? 그게 일반적인 부부 형태는 아니잖아요?"

"전혀 그렇지 않아요. 꼭 남들처럼 살아야 한다는 법이 어디 있습니까? 우리에게는 이게 가장 알맞은 방식입니다. 지금 우리는 최고로 행복하니까요."

나는 지금까지 세계를 돌면서 많은 형태의 남녀 관계를 보아왔다. 결혼해 아이들 기르며 잘 사는 부부도 많지만 다른 독특한 형태도 드물지 않았다. 결혼은 하지 않은 채 수년간 동거하는 커플, 결혼은 했으나 아이를 원치 않는 부부, 동거하면서도 아이를 여럿 가진 커플, 남자끼리 살면서 아이까지 입양해 키우는 게이들, 여자끼리 살면서 인공수정을 해서 아이를 낳고 행복해하는 레즈비언 커플 등 세상에 사람 사는 모습은 참 가지가지다. 그런데 이들처럼 결혼도 하지 않고 함께 살지도 않으면서 15년간이나 행복해하는 커플은 또 처음이다.

"서로 구속력이 있고 만인이 인정하는 사이가 되고 싶지는 않으세요? 이러다가 더 좋은 사람이 나타나서 헤어지게 되면 남은 사람이 너무 불행해지잖아요?"

"글쎄요. 그런 일이 일어나더라도 어쩔 수 없지요. 그것으로 상대가 행복해진다면 받아들여야 하지 않을까요?"

: 사자는 장난으로 약자를 죽이지 않는다

정말 아프리카에 왔다는 느낌이 강하게 와 닿은 것은 둘째 날, 동아프리카 최대의 국립공원인 세렝게티로 가는 길에서다.

세렝게티란 아프리카말로 '끝없는 평원'이라는 뜻이란다. 케냐의 마사이마라 국립공원과도 연결된 이 공원은 이름처럼 가도 가도 끝이 없는 평원이다. 우기가 끝난 직후여서 아프리카라고는 도저히 믿기 어려울 정도로 선명한 초록 숲이 눈 닿는 데까지 양탄자처럼 부드럽게 펼쳐진다.

눈이 시리도록 한없는 초록 들판 가운데로 붉은 실 가닥처럼 한 줄기 황톳길이 이어진다. 가슴을 씻어 내리는 푸른 들판과 붉은 황톳길 그리고 하얀 먼지, 이것이 바로 아프리카의 빛깔인가!

황톳길을 한참 달리다 보니 길가에서 마사이족 어린이들이 바이올린 비슷한 전통악기를 팔고 있다. 나무로 만든 탈바가지를 쓰고, 다리를 좌우로 흔드는 개다리 춤을 추며 악기를 연주하는 그 모습이 하도 우스꽝스러워서 세렝게티로 가는 길 내내 몇 시간을 두고 깔깔 대고 웃었더니 일행은 그러는 내 모습이 더 우습다면서 웃는다.

들판에 양이나 소의 무리가 있는 곳에는 어김없이 붉은 옷을 걸치고 가축몰이용 긴 작대기를 든, 다리가 유난히 가늘고 긴 마사이족 남자들이 점점이 박혀 있다. 아프리카에서만 볼 수 있는 아름다운 장면이다.

이 마사이족은 전통과 명예를 목숨보다 소중히 여기면서 목축으로 살아간다. 귓불에 커다란 구멍이 나 있는 것으로 쉽게 구별할 수 있는데, 이들은 어렸을 때 귓불을 뚫고 자라면서 귓불을 늘려 큰 고리 모양을 만든다.

이 귓불은 주머니 역할도 한다. 실제로 마사이족 마을에서 종이 돈이나 담배쌈지를 귓불에 구겨 넣는 장면을 심심치 않게 볼 수 있었다. 그러나 이런 관광객용 마을이 아니라 천연 무공해 마사이 마을에서 민박을 할 수 있으면 얼마나 좋을까.

세렝게티로 가는 도중 양산처럼 커다랗게 퍼진 아카시아 나무 밑에서 점심을 먹었다. 키 작은 나무들이 듬성듬성 박혀 있고 낮은 능선들이 이어 붙은 주위 풍경이 영락없이 영화 《아웃 오브 아프리카》의 그것이다.

경치에 취해 망원경으로 이리저리 돌아보는데 저 멀리 들판 끝에 수백 수천의 키 작은 나무들이 박혀 있다. 자세히 살펴보니 놀랍게도 그 나무들이 한쪽으로 움직인다. 깜짝 놀라 가이드 아다우트에게 물어보니 나무가 아니라 아프리카어로 '누'라고 부르는 와일드비스트라는 동물이라고 한다. 지금이 와일드비스트의 이동기여서 저렇게 큰 무리를 지어 움직인다는 거다.

작은 소만 한 이 동물은 온몸이 짙은 회색에 얼굴은 말처럼 긴데,

양처럼 하얀 수염이 나 있고, 코뿔소처럼 억센 뿔이 달려 있다. 몸통에 비해 머리가 몹시 커서 전체적으로 불안정해 보이는 이상한 모습. 그런데 누 속에는 어김없이 얼룩말이 섞여 있다.

누는 냄새는 잘 맡지만 멀리 볼 수 없고, 얼룩말은 멀리 보는 눈은 있으나 냄새를 잘 맡지 못해 사자나 치타 같은 맹수의 공격으로부터 자신들을 보호하기 위해 공생하는 것이란다. 사람이나 짐승이나 살아남기 위한 지혜가 대단하다.

동아프리카 동물 보호구역으로 가장 유명한 곳이 세렝게티 국립공원과 응고롱고로 자연보호구역이다. 명성에 걸맞게 세렝게티에는 온갖 동물과 아름다운 새들이 초원과 밀림, 하늘에 가득 차 있다.

랜드로버를 타고 해가 지기 전까지 열심히 공원을 돌며 내 일생에 다시는 볼 수 없을 모든 종류의 신기한 동물들을 구경했다.

그날 저녁 초원에서 야영을 했다. 텐트를 치고 누워 있는데, 초저녁에는 새들이 제 집을 찾아가느라고 한바탕 요란스럽게 떠들어댄다. 밤으로 접어들자 새소리는 잦아들고 대신 온갖 짐승들의 울부짖음이 들려왔다. 아침에 일어나자 텐트 가까이에 수많은 동물 발자국이 새로 나 있었다. 우리는 동물의 영토에 들어와 동물들 속에서 잠을 잔 거다.

'동물 백화점' 응고롱고로 자연보호구역은 남북이 16킬로미터, 동서 길이가 19킬로미터에 깊이가 600미터나 되는 대형 분화구로 말 그대로 온갖 동물과 식물이 살고 있다.

원래는 킬리만자로보다 높았던 산이 화산활동으로 이렇게 큰 분화구를 만들었다는데, 그 안에는 한라산의 백록담 같은 호수가 있어서 동물들에게는 천혜의 서식지가 되었다. 하도 많은 종류의 동물이 들어 있으니까 '노아의 방주'를 쏟아 부은 게 아닐까 엉뚱한

아프리카 동물 사파리에서 만난 마사이족 아이들.

나무로 만든 탈바가지를 쓰고 개다리 춤을 추면서 전통 악기를 연주하는 모습이 하도 재미있어서 나는 몇 시간 동안이나 배를 잡고 낄낄거렸다.

생각이 들 정도다.

　동물 보호구역을 사파리하면서 내가 본 것은 단지 희한하고 다양한 동물들만이 아니다. 그 안에서 사람들 세상에서보다 더 엄정하게 지켜지는 자연의 법칙을 보았다. 동물의 세계를 유지하는 것은 약육강식의 법칙이다. 이 법칙은 공생과 집단 방어, 서로의 고유 영역 불가침 같은 세부적인 규칙들로 이루어져 있다.

　여기서 아주 중요한 사실은 먹이사슬의 가장 상위에 있는 사자도 배가 고프기 전에는 장난으로나 힘을 과시하기 위해 약자를 죽이지는 않으며, 꼭 필요해서 사냥을 할 때에는 아무리 힘이 없는 초식동물이라도 그것을 잡기 위해 최선을 다한다는 것이다.

　이런 자연의 법칙이 인간 사회에서도 그대로 지켜진다면 오늘날 이 사회에서 벌어지고 있는 수많은 불필요한 희생을 줄일 수 있지 않을까 하는 생각을 사파리 내내 하면서 다녔다.

：현지인들의 마음을 여는 열쇠

　그날 저녁 가이드 아다우트, 요리사 바실과 함께 호롱불 밑에 앉아 늦게까지 얘기를 나눴다. 가이드 경력 5년인 36살의 아다우트는 함께 지내볼수록 믿음직한 사람이다.

　두 아이의 아버지라는 그는 여행객에게 팁이나 바라면서 비위를 맞추는 사람이 아니라 자기 직업에 대한 긍지를 가지고 가난하지만 당당하게 살아가는 사람이다. 고향을 물어보니 마침 킬리만자로 근처, 시골 중에서도 최고 시골이라니 귀가 솔깃해진다.

　"그 마을에 아다우트처럼 영어 잘하는 사람 있어요?"

"그럼요. 영어는 중학교만 다니면 다 배우는데 우리 마을에 중학교 나온 사람 많아요. 시골이지만 교육 수준은 높다고요."

옳거니, 내가 민박을 하면서 탄자니아 시골 생활을 체험할 곳은 이곳이다.

"나는 며칠이라도 탄자니아 사람들과 함께 살고 싶어요. 그러니 아다우트네 시골집에서 일주일 정도 묵을 수 없을까요?"

"당신 같은 외국인이 어떻게 시골집에서 산단 말이에요? 음식도 그렇고 잠자리도 쉽지 않을 텐데."

"모르시는 말씀. 나는 지금까지 4년 동안 세계를 여행했는데, 어떤 거친 음식이나 불편한 잠도 다 견딜 수 있다고요. 호텔에서 잠자고 레스토랑에서 밥 먹는 걸로 어떻게 그 나라를 제대로 알 수 있겠어요? 아다우트, 부탁이에요. 그 동네에서 일주일만 지내게 해줘요."

이제 이런 부탁을 하는 데는 도가 트였다. 아다우트는 잠깐 생각해보더니 나만 괜찮으면 문제가 없다고 한다. 그러면서 나보고 '굉장히 이상한 사람'이라고 하면서도 호감을 가지는 것 같다. 이렇게 해서 탄자니아의 일주일 민박은 가이드네 고향 집에서 하게 되었다. 야호!

시내에 도착해서 저녁 식사 초대를 받아 아다우트네 집에 갔다. 아다우트의 부인 비다는 33살 된 뚱뚱하고 마음씨 좋은 시골 아줌마로 무조건 나를 반가워한다. 두 칸짜리 집은 매우 간소했으나 아들딸과 함께 사랑이 넘치는 가정이라는 걸 첫눈에 알 수 있었다.

처음 만나는 나를 환영하느라고 아프리카 전통 음식을 정성껏 차려 놓았다. 옥수수 가루로 만든 빵 우갈리와 콩, 고기로 만든 음식들이다. 여기서도 물론 손으로 밥을 먹는데, 나는 인도에서 이미 수개월간 손으로 밥을 먹어본 경험이 있어 주저 없이 손을 씻고 맨

손으로 밥을 집어먹으니 온 가족이 좋아한다.

　현지에 가면 현지인처럼 살자. 적어도 그렇게 하려는 노력이 현지인의 마음을 여는 열쇠라는 것이 그동안 터득한 민박 여행의 노하우다.

　나를 고향에 묵게 하는 일로 아다우트랑 비다가 한참 의논하더니 시골에 있는 비다네 친정집에서 지내는 것이 좋겠다는 결론을 내렸다. 비다네 친정집이 킬리만자로 등정 출발지에서 더 가깝기도 하고 친정어머니가 그 지역 부족인 차가족의 역사를 연구하는 학자인 데다 그 마을 족장의 열여덟 명이나 되는 부인 가운데 정실부인의 딸이기 때문에 지내기가 편할 거라고 한다. 그 킬리만자로 산자락 마을은 온 동네가 삼촌, 고모, 이모, 조카로 연결된 씨족 마을이라고 한다.

맘바 마을 '프로' 엄마의 사랑

ː 미혼모가 더 인기 있는 이유

　이튿날이 마침 정월 초하루로 공휴일이라 공무원인 비다가 직접 나를 데리고 몇 번이나 버스를 갈아타면서 자기 친정집에 데려다 주었다. 아무 연락도 없이 불쑥 나타난 내가 누군지도 모르면서도 그 집 가족들은 반가워하면서 손을 잡고, 껴안고 한다.
　"시카무(안녕하세요)?"
　"마카하바(잘 지냈어요)."
　"아싼테 싸나(고마워요)."
　동네 사람들은 남녀노소 보는 사람마다 악수를 하면서 이렇게 인사한다. 내가 묵은 곳은 킬리만자로 등반 출발지 마랑구에서 1킬로미터쯤 더 들어간 맘바 마을.
　사방에 바나나 숲과 키 큰 나무들이 우거지고 그 그늘에서 커피 나무들이 촘촘히 자라고 있는 탄자니아의 전형적인 농촌 마을이다. 이 마을의 주요 경작물은 바나나와 커피. 이것을 팔아 탄자니아 수준으로는 비교적 윤택한 생활을 하고 있었다.
　나는 진흙으로 벽을 바른 전통 가옥에 거친 음식과 불편한 잠자리를 각오했는데, 이 집은 너무나 황송하게도 깨끗하게 빤 침대보가 깔린 침대에 수도가 있는 화장실, 찬물이지만 샤워실까지 갖춘 현대식 가옥이다. 비록 빈대가 극성을 부리긴 했지만.

마당을 가운데 두고 빙 둘러 있는 부엌과 축사, 수도 등이 옛날식으로 나무와 진흙으로 만들어져 그나마 시골 냄새를 풍긴다.

67살인 이 집 엄마 로즈는 인구 40만이나 되는 차가족 족장의 큰딸이다. 족장은 아들딸 합쳐 오십칠 명이나 두었는데 이 집 엄마가 맨 위다. 족장의 맏딸다운 위엄도 갖추었지만 일도 열심히 하고 마음도 정말 따뜻한, 엄마 같은 아줌마다.

나를 보자마자 딸이 하나 더 생겼다며 좋아한다. 노부부 사이에는 자식이 열하나나 되는데 모두 출가를 시키고, 집에는 아들이 하나 딸린 미혼모 막내딸과 역시 아버지가 각각인 애가 셋이나 있는 미혼모 손녀와 함께 살고 있다.

여기서는 미혼모가 그리 흉이 되지 않으며 시집을 가는 데도 전혀 문제가 없단다. 미혼모는 아이를 잘 낳을 수 있다는 것이 증명되었으므로 오히려 더 환영받는다는 거다.

거실인 본채는 상당히 현대적이면서도 정작 편리해야 할 부엌 등 가사 노동 공간은 몇 백 년 전과 다름없는 재래식이다. 이런 가옥 구조는 이 나라 남자와 여자의 사회적 지위를 한눈에 보여준다.

본채는 남자들의 공간이고 안채는 여자들의 공간이다. 본채에는 응접 탁자며 의자에 전깃불과 수세식 화장실까지 있는 반면 부엌에는 수돗물과 싱크대는커녕 찬장도 없이 장작을 때서 밥을 짓는다. 부뚜막도 없어서 바닥에 큰 돌을 적당히 모아놓고 불을 지핀다.

부엌은 칠흑같이 캄캄하다. 창문이 있어도 먼지가 들어올까 봐 열어놓을 수 없단다. 이렇게 캄캄한 곳에서도 이 집 여자들은 하루 세 끼 맛있는 음식을 만들어낸다.

탄자니아 시골 음식은 정말 맛있다. 바나나가 흔한 탓에 음식은 바나나를 재료로 한 것이 대부분. 바나나와 콩을 섞어 만든 키움보, 바나나를 찐 은간데, 바나나에 신 우유를 섞은 키타와, 바나나에 쇠고기를 넣어 만든 수프 은디지 등 이름도 예쁘고 맛도 좋은 바나나 요리를 먹는다.

이 밖에도 튀기거나 삶거나 구운 바나나에 간식으로 생바나나를 먹으며, 음베베라고 부르는 바나나 술을 저녁마다 즐긴다.

집집이 젖소를 키워 아침저녁 젖을 짜서 신선한 우유를 마시는 것도 빼놓을 수 없는 식생활 전통. 또 하나 신기한 건 아무리 늦더라도 저녁은 꼭 먹고 자는 거다. 한밤중 12시에라도 예외는 아니다. 차가족은 하루 세 끼 식사를 그만큼 중요시한다.

바나나 술은 막걸리처럼 걸쭉해 몇 잔만 마셔도 배가 부른데, 배가 아무리 불러도 반드시 밥을 한 숟가락이라도 먹어야 한다. 한번은 로즈 엄마에게 술을 많이 마셔서 배가 불러 밥을 안 먹겠다고 했더니 정색을 하신다.

"네가 밥 먹기 전에는 나도 이 방에서 안 나간다."

식사는 온 가족이 모여 함께하는 게 아니라 남자들은 바깥의 어디든 좋은 장소에 식탁을 차려놓고 큰소리로 여자들을 불러 하인처럼 부리며 느긋하게 밥을 먹는 반면 여자들은 어린아이들과 함께 부엌에서 먹는다.

나는 어디까지나 이 집의 '귀한 손님'이기 때문에 절대로 부엌에서 여자들과 함께 밥을 먹어서는 안 되고, 그렇다고 가장인 음네네 씨하고 함께 먹을 수도 없어서 늘 혼자 따로 밥을 먹어야 했다.

: 일만 하는 여자들이 더 많이 웃는다

여기서는 여자들이 새벽부터 밤늦게까지 쉴 새 없이 일을 한다. 이 집에서 가사를 돌보는 사람은 엄마와 막내딸 엘라다. 두 여자는 새벽에 일어나 꼴을 베어 소를 먹이고, 소젖을 짜서 우유로 아침 식사용 차를 만들고, 빨래를 하고, 집 안팎 청소를 하고, 그 일이 끝나면 우유나 바나나 등을 이고 나가 시장에 내다판다.

그러고는 돌아와 원시적인 부엌에서 점심 식사를 만들고, 그 사이사이에 아이들 돌보고 아무것도 안 하는 집안 남자들 시중까지 든다. 닭과 염소와 소를 돌보는 것까지 여자들 몫이다. 그야말로 숨 쉴 시간도 없이 바쁜 일상이다.

반면 남자들은 그늘에 앉아 얘기를 나누거나 비싼 청량음료와 맥주를 마시며 놀기만 한다. 커피 수확기가 되면 여자들이 커피 열매를 따서 말린 후 껍질을 까서 서너 번 찌고 말리고 하는 과정을 거쳐 자루에 담아놓으면, 그제야 남자들이 자루를 들고 시장에 나가 판다. 남자가 생산적인 일을 하는 것은 1년 중 열흘도 안 되는 것 같다.

그런데도 재미있는 건, 놀기만 하는 남자들 표정은 그다지 밝지 않은 데 비해 하루 종일 정신없이 바쁜 여자들은 언제나 명랑하다는 사실이다. 저녁에 여자들이 모이는 부엌에 가보면 웃음소리와 아이들 떠드는 소리에 생기가 저절로 솟는다.

편하게 놀고먹는 게 반드시 상팔자가 아니라는 건 여기서도 알 수 있다. 언제나 활기차게 일하는 사람들이 생활의 즐거움을 누릴 수 있는 법이니, 편한 것과 삶의 기쁨은 아무 상관이 없는 모양이다. 불공평한 노동에도 이들은 불만을 가지거나 바꾸려 하지 않고 삶을 있는 그대로 받아들이며 평화롭게 살아간다.

아침에 동네를 한 바퀴 산책하고 오면 막내 엘라가 차와 망고, 빵 등으로 차려진 아침 식사를 내놓는다. 이 차는 금방 짠 우유에 찻잎을 띄워 만드는데, 고소하고 달콤한 게 아주 맛있어서 나는 이 차가 마시고 싶어 아침이 기다려진다.

마침 영어를 할 줄 아는 여고생인 이 집 조카 나나가 와 있어서 정오쯤 되면 로즈 엄마를 따라 함께 시장에 간다. 시장에서 집안에 필요한 물건을 사다주는 것은 숙식비 대신이다. 눈치를 보아하니 돈을 주어도 절대 받지 않을 것 같기에 가족들에게 무엇이 필요한지 눈치껏 보아두었다가 슬쩍 사다놓곤 한다.

그동안 다녀본 세계의 어디에서나 바깥세상의 때가 묻지 않은 시골로 들어갈수록 사람들은 친절하게 나그네를 먹이고 재워주면서도 한사코 돈을 받으려 하지 않았다. 이런 사람들에게는 돈을 주려고 아무리 밀고 당겨봐도 소용이 없다. 그래서 가족들의 눈에 띄지 않는 곳, 그러나 결국은 발견될 만한 곳에 밥값 정도를 몰래 놓아두고 나오곤 했다.

시장은 빨리 걸으면 10분이면 갈 수 있는 거리인데도 오고 가는 사람들과 인사를 나누느라고 30~40분은 족히 걸린다. 한 동네에 살면서 매일 보는 사람들인데도 사람마다 손을 부여잡고 한 10년 만에나 만난 사람처럼 그렇게 반가워할 수가 없다.

내게 소개해주는 사람들은 모두 고모, 삼촌, 이모, 조카다. 아버지 하나에 엄마가 열여덟이니 그 자식에 또 그 자식을 합쳐 일가가 얼마나 되는지 상상이 되지 않는다.

늦은 오후가 되면 음네네 씨는 마을을 가고 로즈 엄마는 동네 선술집에 가서 친구들과 큰 표주박 같은 잔으로 바나나 술을 마신다. 나도 로즈 엄마를 따라 매일 선술집에 가는데 여자들끼리 어찌나 재미있게 얘기를 하는지 무슨 말인지도 모르면서 덩달아 즐겁다.

: 장관님, 전 관심 없거든요

　온 동네 친척들이 빈번하게 왕래하면서 이렇게 친하게 지내니 정말 보기가 좋다. 마을에 온 셋째 날, 부족장을 맡고 있는 외삼촌네 집에서 열린 신년 파티에 초대받아 갔다.
　부족장답게 널찍한 현대식 집에 마당 가득히 모인 100여 명이 모두 친척이다. 이 부족장은 북한 정부 초청으로 북한에도 다녀온 탄자니아 정부의 중요 인물이다.
　이 집에는 탄자니아 외무장관을 지내고 지금은 이 지역 국회의원이라는 인사도 왔는데, 사람들을 무시하고 혼자 잘난 체 거들먹거리는 태도가 영 비위에 거슬린다. 그는 내게도 같은 태도를 보여서 가소롭다고 생각했다.
　'지가 탄자니아 외무장관이었으면 외무장관이었지, 나한테까지 잘난 체할 건 뭐람?'
　우습게 생각하고 있는데, 부족장이 나를 불러 남한에서 온 손님이라고 그에게 소개했다. 그랬더니 그가 대뜸 이렇게 묻는다.
　"신문기자슈?"
　"아뇨. 그냥 여행잡니다."
　"그래, 나에 대해 무엇을 알고 싶으슈?"
　기자가 아니라는데도 거만한 태도로 묻는 꼴이 어이가 없다.
　"나는 댁에 대해서는 궁금한 것도 없고, 알고 싶은 것도 없수다. 나는 댁이 아니라 이 파티에 초대받지 못한 대문 밖의 사람들에게 더 관심이 많은 사람이올시다."

집주인 체면 봐서 참을까 했으나 체질상 이런 꼴은 못 보는 성격이라 한마디 쏘아주었더니, 머쓱한 표정을 지으면서도 거만한 태도를 버리지 못하고 다시 아는 체한다.

"남한은 잘살면서 왜 남북한 통일은 못 시키는 거요?"

"댁이 외무장관이었다면 더 잘 아실 텐데, 뭐 이런 흥겨운 자리에서 그런 쓸데없는 걸 물으슈?"

다시 쏘아주었더니 두말 못하고 입을 다문다. 내가 좀 심했나? 집주인이 가장 귀하게 생각하는 손님의 비위를 좀 맞춰야 하는 건데. 사람들은 누구든 지위가 높고 돈과 명예가 있으면 인간 냄새가 나는 따뜻한 사람이 되기 어려운 건가, 아니면 따뜻한 사람은 지위와 돈과 명예를 얻기 어려운 건가?

매일 보는 사람도 죽은 사람 살아 돌아온 듯 반기고, 내가 누군지도 모르면서 손님이라고 극진히 대하는 시골 사람들과 함께 어울려 지내다가 거들먹거리는 전직 장관이라는 사람을 보니, 높은 지위나 명예도 탐나기는 하지만 그것이 따뜻한 인간미와 함께할 수 없다면, 나는 평범하더라도 따뜻한 인간으로 사랑하면서 살고 싶다는 생각이 든다.

: 이별 없는 마을은 없을까?

하루 중 가장 멋진 시간은 오후 늦게 베란다에 앉아 지나가는 동네 사람들과 저녁 인사를 주고받으며 멀리 보이는 킬리만자로를 배경으로 아름답게 물들어가는 저녁노을을 바라보는 때다. 그러나 노을은 오래 가지 않는다. 아름다운 것은 늘 저렇게 잠깐 피었다가 사라지는 걸까?

그때가 되면 내 앞을 지나가는 사람마다, 머릿속을 스쳐가는 사람마다 사랑스럽고 사무치게 그립다.

"시카무(잘 가요)."

지나가는 사람들은 목청을 돋워 인사를 하고, 아이들은 아침이고 저녁이고 나만 보면 "굿 모닝." 하면서 킬킬댄다. 동네를 돌아다니다 보면 어느새 아이들이 열 명 정도나 모여 내 뒤를 졸졸 따라다니는 때도 있다. 어느 나라나 아이들은 무공해로 순진해서 정이 간다.

해가 지면 여자들은 호롱불을 들고 소젖을 짜러 간다. 나는 젖을 못 짜니까 호롱불 들고 불 당번을 선다. 이곳 사람들은 여자가 소젖도 못 짠다는 것이 도대체 믿어지지 않는 모양이다.

소젖을 짠 후 저녁을 짓는다. 땔나무에서 나는 연기 때문에 모두 눈물을 줄줄 흘리면서도 끊임없이 얘기가 솟아나고, 찢어질 듯 입을 벌린 채 죽자 하고 웃어대는 즐거운 여자들만의 시간. 이 시간만은 이들에게는 힘든 노동이 아니라 즐거운 놀이로 보인다.

매캐한 연기를 마시면서도 가족들이 먹을 밥 짓는 일을 즐거워했다는 우리 어머니들의 옛날이 떠오른다. 이 마을 연기 나는 부엌에는 바로 우리의 잊힌 고향이 고스란히 살아 있다.

이 동네 여자들은 웃으면 그냥 웃는 게 아니라 손바닥을 쫙 펴서 다른 사람 손바닥과 맞추면서 웃는다. 나는 연기 속에서 눈물 흘리랴, 기침해대랴, 무슨 얘기를 하는지 나나에게 통역해달래랴, 손바닥 맞추며 웃으랴, 나름대로 저녁마다 아주 바쁜 시간을 보냈다.

저녁이 다 지어지면 나는 부엌에서 내쫓겨 본채에서 혼자 밥을 먹고, 저녁에 짠 우유를 한 잔 마시고 일찌감치 잠자리에 든다. 여기는 전깃불이 안 들어오는 날이 들어오는 날보다 훨씬 많다. 그런 날은 깜깜한 하늘에 어찌나 별이 많은지, 마당에서 고개가 아프도록 별을 쳐다보기도 했다.

로즈 엄마는 내게 전통 음식을 골고루 만들어 먹이면서, 잠자리며 다른 불편한 게 없나 세심히 신경을 쓴다. 하루는 내가 내 옷을 빨고 있자 막내딸을 불러 삿대질까지 해가며 야단을 친다. 손님한테 일을 시킨다고.

내가 다 먹은 음식 그릇들을 부엌에 날라다 주면서 맛있게 먹었다고 하면 이렇게 잘 먹어주어서 고맙다고 한다. 어쩌다가 저녁이 너무 늦어 다 먹지 못하고 남기면 무엇이 맛이 없냐고 크게 걱정을 한다.

한번은 아침 댓바람부터 딸이 혼나고 있기에 또 무슨 일인가 했더니 아침에 내가 먹을 달걀을 구해 오지 못해서 야단을 맞는 것이란다. 너무 놀라서 로즈 엄마에게 달걀 안 먹어도 된다고 했더니 외국인은 아침에 꼭 달걀을 먹어야 하는 게 아니냐고 오히려 눈을 굴리며 반문한다.

말도 안 통하면서 매일같이 시장이나 친척 집에 데리고 가서 '한국에서 온 내 딸'이라고 소개하는 아프리카 엄마, 아침에 일어나 안녕히 주무셨느냐고 인사하면서 껴안으면 차가족 여자들이 즐거울 때 내는 소리라는 '히리리리리리' 소리를 지르며 좋아하는 맘바 마을 엄마. 아이를 열한 명이나 낳아 기른 프로페셔널 어머니여서일까? 민족이 다른데도 엄마의 정이 고스란히 전해져온다.

베란다에서 글을 쓰고 있으면 꼴 베던 손을 멈추고 마당 주위에 피어난 꽃을 잔뜩 따다가 책상에 놓고 간다. 꽃향기 맡으면서 좋은 글을 쓰라는 마음이다.

　가난하지만 웃음을 잃지 않고 즐겁게 사는 사람들, 낯선 나라 나그네에게도 친절하기만 한 맘바 마을 사람들, 특히 로즈 엄마. 나는 그녀의 따뜻한 마음을 영원히 잊지 못할 것이다.

　킬리만자로 등정을 위해 맘바 마을을 떠나기 전날에는 오후 내내 지독한 장대비가 왔다. 비가 오고 기온이 떨어져 약간 쌀쌀해지니까 한국 생각이 저절로 난다. 보고 싶은 가족들, 정다운 친구들, 그리운 사람들! 그들에게 전화 한 통, 엽서 한 장 보내지 못했으니 얼마나 내 걱정을 할까?

　그러나 더 걱정은 맘바 마을을 떠나는 일이다. 일주일 사이에 벌써 정이 잔뜩 들어버린 거다. 어느 때나 그렇다. 어느 대륙, 어느 시골마을에서고 며칠씩 담뿍 정이 들고 나면 돌아서는 발걸음이 가볍지 않다.

　헤어질 때는 언제나 꼭 다시 오겠다고 하지만 실제로 다시 오기는 어려운 길을 떠나는 마음, 이게 바로 지구를 걷는 나그네의 안타까움이다.

　이제, 눈물로 일그러진 로즈 엄마의 얼굴을 뒤로하고 킬리만자로로 향한다.

킬리만자로는 내게 천천히 가라 한다

: 정상에 오른 사람의 행복한 얼굴

해발 5895미터, 아프리카 최고봉을 자랑하는 이 산은 헤밍웨이의 소설 《킬리만자로의 눈》이나 조용필의 노래 '킬리만자로의 표범' 때문에 우리에게는 로맨틱한 이미지지만, 사실은 3000미터부터는 대부분의 등반객들에게 두통과 구토, 식욕부진, 호흡곤란 등 고산병을 일으키는 무서운 산이다.

게다가 나는 몇 년 전 네팔에서 에베레스트를 오르다가 지독한 고산병을 만나 죽을 고비를 넘긴 적이 있기 때문에 적잖이 걱정이 된다.

전날 오후 늦게 숙소에서 킬리만자로 등정을 끝내고 내려온 미국 여자 둘을 만났다. 보기만 해도 에너지가 솟을 것 같은 50살이 넘은 활기찬 아줌마와 2년째 서아프리카에서 평화봉사단으로 일하고 있다는 23살의 예쁜 아가씨. 둘 다 최고봉인 우후르 봉까지 갔다 왔다는데 처음 봤을 때부터 너무나 행복한 얼굴이다.

"무조건 처음부터 에너지를 아껴야 해요. 천천히 걸으면서 경치도 감상하고 사진도 찍고 하면서 힘을 아끼세요."

"느린 걸음으로 걸어도 7시간 정도면 그날의 목적지에 도달할 수 있으니 절대로 서둘 필요가 없어요. 아침 일찍 시작해서 잘 먹고, 물 많이 마시면서 천천히 가세요. 그러면 별 문제 없을 거예요."

수없이 들은 말이다. 솜바지에 털옷, 털양말, 겨울 침낭, 아이젠 등 숙소에서 빌린 등반 장비를 최종 점검한 후, 아침을 든든히 먹고 서둘러 국립공원 입구로 가는 차를 탔다. 차창 밖으로 눈 덮인 킬리만자로가 나타나자 저절로 기도가 나온다.

"킬리만자로 산신령님, 지금 제가 경건한 마음으로 당신을 찾아가려고 하니 제발 우후르 봉까지 올라가는 것을 허락해주십시오."

공원 입구에서 간단한 등반 수속을 마치고 드디어 4박 5일 등정을 시작했다. 나와 동행하는 사람은 가이드 하미시와 포터 두 사람. 첫날 목적지는 해발 2727미터 만다라 산장이다.

제일 먼저 공원 입구에 도착한 덕분에 호젓이 킬리만자로를 즐길 수 있었다. 많은 사람들이 킬리만자로 등반은 지루하다고 하지만 내 첫날 등반은 홀로 산길을 걷는 즐거움이 있었다.

만다라 산장까지 절반쯤 가니까 식물대가 바뀌어 큰 나무들은 사라지고 전나무 비슷한데 잎이 아주 부드러운, 사람 키만 한 나무들이 열병식을 하듯 등반로를 지키고 있다. 힘을 아끼려고 천천히 걷고 있자니 스스로 답답해져 발걸음이 자꾸만 빨라진다.

'뽈레 뽈레(천천히 천천히).'

그럴 때마다 마음속에 다짐하면서 발을 멈추고 물을 마신다. 첫날 만다라 산장까지 올라가는 길이 유쾌하기 때문에 이대로 가면 우후르 봉까지 문제없이 갈 수 있겠다는 자신감이 생긴다.

: 고산병, 인간에게 보내는 자연의 경고

두 번째 목적지는 해발 3780미터 호롬보 산장. 가이드북에 힘든 오르막길이라고 되어 있어서 되도록 일찍 떠났다.

둘째 날은 식물대의 변화가 훨씬 많다. 30분 정도 꼬불꼬불한 오르막길을 오르자 우리나라 무당집 앞에나 있을 법한, 연두색 수염을 잔뜩 기른 나무들이 모여 있다. 스와힐리어로 '노인 수염'이라고 부른다는데, 바람이라도 불면 그 흩날리는 모습이 영락없이 '월하의 공동묘지'를 연상케 한다.

조금 더 올라가니 굵은 나무뿌리가 그대로 드러나 엉켜 있는 정글이 나오고, 정글이 깊어진다 싶은 순간 이내 시야가 툭 트이면서 초원이 나타난다.

킬리만자로는 왼쪽부터 시라 봉과 최고봉이 있는 키보 봉 그리고 마웬시 봉으로 되어 있다. 초원에 나서자 바위산인 마웬시가 위풍당당한 모습을 뚜렷하게 드러낸다.

여기서부터는 갖가지 야생화들이 눈을 즐겁게 해주는 즐거운 하이킹 코스다. 노란 앉은뱅이꽃이 1시간쯤 계속 되다가 동백꽃같이 생긴 커다란 하얀 꽃이 이어지고, 고도 2000미터 이상의 물이 있는 곳에서만 자란다는 파인애플처럼 생긴 시네시아가 지천을 이룬다.

셋째 날, 호롬보 산장은 일출과 일몰이 아름답기로 유명하다고 해서 자명종을 맞추어놓고 아침 해 뜨는 시간에 맞춰 일어나긴 했는데, 화장실이 급해 이제 막 연보랏빛으로 피어오르는 구름만 보고 정작 일출은 놓치고 말았다. 일출은 못 보았지만 해발 4000미터쯤 올라오니 뭉게구름이 솜사탕처럼 발아래 깔리면서 선경을 자아낸다. 그야말로 구름 위에 선 기분이다.

이날의 목적지는 해발 4703미터 키보 산장. 많은 사람들이 고도 적응을 위해 호롬보 산장에서 이틀을 묵는다고 한다. 보통 고산증이 나타나는 지점이 호롬보에서 키보 사이이기 때문이다.

에베레스트에서도 해발 4000미터 정도에서 고산증이 나타난 적이 있어 내심 걱정이 되었으나 나는 하릴없이 빈둥거리며 하루를 더 묵고 싶지는 않았다. 그래, 가보는 거야. 지금까지처럼 될수록 물을 많이 마시면서, 천천히 걸으면서.

고산증의 초기 증세는 두통이고 점점 진행되면서 구토, 밭은기침, 코피, 식욕부진, 무기력을 거쳐 입술이 새파래지며 호흡이 곤란해지는데, 이 정도면 무조건 하산해야 한다. 다른 약이 없다. 보통은 고산증이 심하다가도 500미터라도 내려가면 씻은 듯이 낫는데, 무리하게 올라가면 심한 경우 폐에 물이 차서 생명이 위험할 수도 있다.

산장을 떠난 지 얼마 되지 않았는데, 들것에 실린 고산증 환자들이 여러 명 지나간다. 입술이 파랗고 숨을 가쁘게 몰아쉬는 게 여간 괴로워 보이지 않는다. 갑자기 뜨끔해져서 걸음을 더욱 천천히 하면서도 혹시 골치가 아프기 시작하지 않나 신경을 곤두세운다. 한참 걷다 보니 전망대가 나오고 멀리 오늘 오를 길과 내일 올라가야 할 급경사 지옥 길이 선명하게 보인다.

길은 텅 빈 벌판에 곧게 뻗어 있지만 빤히 보이는 키보 산장까지는 오르막이어서 생각보다 한참 걸어야 한다. 길 양옆은 높은 고도 때문에 풀 한 포기 없는 사막이 되어 있고, 짙은 커피색을 띤 화산흙이 주위 돌산과 어우러져 마치 화성이나 금성에 온 느낌이다.

: 아름다움은 고통을 뛰어넘는다

3시쯤 키보 산장에 도착. 열두 명을 수용할 수 있는 큰 방에 짐을 풀어놓고 옷을 있는 대로 껴입었다. 산장이 춥기도 하지만 내일 있을 새벽 등정에 대비해서다. 정상은 영하 몇 도라더라. 올라가는 길에 칼바람도 세차게 분다고 한다.

위는 숙소에서 빌린 독일제 군용 털 점퍼 안에 여섯 겹을 껴입고, 아래는 조끼 달린 스키 바지를 비롯해 다섯 겹을 껴입었다. 옷을 다 껴입고 보니 뒤뚱뒤뚱, 통통하게 살찐 펭귄처럼 움직임도 둔하고 화장실 가는 것도 큰일이다.

저녁이 다 되어 수줍은 신부인 양 구름 베일에 가렸던 킬리만자로의 제2봉인 마웬시가 잠깐 자태를 드러내 사진을 찍을 수 있었다. 구름이 많이 끼어 경치를 제대로 감당할 수 없지만 어떤 사람의 말로는 그것이 습기를 유지시켜 고산증을 덜어준다고 하니 오히려 잘된 일이다.

우리 방에 든 열 명 가운데 한 명은 고산증이 시작되어 5분 간격으로 토하며 산에서 내려가기 위해 들것을 기다리고 있고, 네 명은 아예 올라갈 생각이 없다. 또 두 명은 중간 정상인 길만스 포인트까지 가겠다고 하니 나랑 독일인 부부만 정상에 오를 꿈을 꾸고 있다.

오후 5시쯤 침낭 속으로 기어 들어갔다. 안내서에는 키보 산장에서는 고도가 높아 먹고 자기가 어렵다고 되어 있는데, 나는 어찌된 일인지 먹기도 잘 먹고 잠도 한밤중에 가이드가 와서 깨울 때까지 달게 잘 잤다. 좋은 징조다.

밤 11시 반에 하미시가 차와 비스킷을 가지고 왔는데, 보통 때는 서너 잔 마시는 차를 이때는 딱 한 잔만 마셨다.

영하 10도가 넘고 바람까지 세차게 부는 산에서 어떻게 엉덩이를 까고 소변을 보나, 옷 벗기도 쉬운 일이 아닐 텐데. 그런 생각에 물을 적게 먹고, 떠나기 직전 화장실에 가서 몸속에 들어 있는 마지막 한 방울까지 짜내고 나왔다.

밤 12시, 산장에 묵고 있던 사람들 중 일착(一着)으로 걷기 시작했다. 밤하늘에는 보름에서 이틀 모자라는 달이 환하게 빛나고 있어서 달이 질 때까지는 손전등이 필요 없다.

8시간 안에 고도 4800미터에서 5895미터까지 1000미터 이상을 올라가야 한다. 그러니 그 경사가 어떻겠는가. 60~70도는 될 것 같은 경사에 미끄러운 자갈 흙길이라 참으로 걷기 힘들다. 옷은 둔하게 입었겠다. 산소가 부족해서 숨은 가쁘겠다, 바람은 또 왜 그리 세게 부는지.

처음에는 앞서 가는 가이드의 발만 보고 리듬에 맞춰 따라갔으나 얼마 지나지 않아 가이드의 걸음에 보조를 맞출 수가 없다. 가이드는 제 딴에는 최대한 천천히 가고 있는 것 같은데 나는 처음에는 200걸음 걷고 쉬었다가 조금 후에는 150걸음에 쉬고, 또 조금 후에는 75걸음에 쉬고 급기야는 50걸음마다 한숨씩 쉬어야 한다.

가도 가도 갈 길은 까마득히 멀게만 느껴진다. 가다가 엉덩이를 붙일 만한 바위가 보이기만 하면 쉬어가는 판이니 이내 뒤에 떠난 '후진(後進)'들에게 따라잡힌다.

보통 때 같으면 조급증이 발동해 따라잡히지 않으려고 안간힘을 썼겠지만 오늘의 목표는 일등으로 오르는 것이 아니라 꼴등으로라도 정상을 밟는 것이므로 빨리 올라가고 싶은 마음을 꾹꾹 참으며 내 페이스대로 걷는다.

새벽 3시쯤 되니 달이 기울고 지금까지는 제빛을 발하지 못하던 별들이 깜깜한 하늘에 고개를 내민다. 숨이 가빠 심장이 터질 것 같은데도 그 별빛이 눈에 들어오는 게 신기하다.

바위에 앉아 잠시 쉬려고 하면 저승사자 같은 가이드가 빨리 가자고 재촉한다. 이렇게 바람 부는 곳에서는 1분만 앉아 있어도 한기가 들어 더 가기 어렵다는 거다. 그 말이 백번 옳다고 여기면서도 저절로 욕이 나온다.

"알았다, 이놈아. 간다, 가."

어느덧 등 뒤에서는 지평선이 짙은 오렌지빛으로 변하면서 동아프리카의 아침을 준비하고 있다. 그 여명이 어찌나 밝은지 손전등을 꺼도 길이 어슴푸레 보일 정도다.

엎어진 김에 쉬어 간다고 50걸음을 걷고는 뒤돌아보며 시시각각으로 변해가는 아름다운 여명의 파노라마를 감상한다. 이렇게 힘들고 힘든 순간에도 그것이 아름답게 느껴지는 걸 보니 아름다움은 고통을 뛰어넘는 건가 보다.

: 마침내 정상, 그러나 시력을 잃다

울퉁불퉁한 바위를 오르락내리락하다가 드디어 길만스 포인트에 도착. 아직 좀 어둡기는 했지만 저 멀리 지평선에 먼동이 트면서 바로 코앞에 보이는 잘생긴 마웬시 봉과 어우러져 지금까지 아프리카에서 본 경치 중에 최고의 걸작을 연출한다.

길만스 포인트에서 최고봉인 우후르까지는 1시간 반에서 2시간 거리다. 길만스 포인트를 돌아가자 경치는 완전히 바뀌어 눈 덮인 분화구가 뚜렷이 보이고, 멀리 빙하가 번쩍거리는 빙벽이 보인다.

햇빛에 반사되는 빙하들이 너무나 눈부셔서 선글라스를 끼지 않으면 도저히 눈을 뜰 수가 없다. 이 만년설 빙하가 바로 '킬리만자로의 눈'이 아닌가.

아이젠을 착용하고 만년설 사이로 난 빙판 길을 조심스럽게 걸어가자 푸른색을 띤 얼음 기둥들이 초대형 커튼처럼 드리워져 있고 하얀 설원이 꿈처럼 펼쳐진다. 가도 가도 우후르는 나타나지 않고 가이드는 이 봉우리만 돌아가면 보인다, 저 봉우리만 돌아가면 보인다 하고 꼬드기기만 한다.

다리에 힘이 하나도 없어 오르막이 나타나면 괴롭기 짝이 없다. 지팡이로 삼고 있는 스키폴에 간신히 몸을 의지해 또 한 봉우리를 돌아서니 바로 앞에 보이는 봉우리에 사람들이 모여 있다.

"아, 우후르! 저기가 바로 우후르 봉이로구나."

가슴이 뛰면서 어디에 숨어 있었는지 모를 힘이 절로 솟았다. 언제 패잔병처럼 걸었더냐 싶게 두 팔을 씩씩하게 휘저으며 걸어가자 가이드 하미시가 어이가 없는지 웃는다. 하미시는 참으로 무뚝뚝한 사람이라 그가 웃는 걸 그때 처음으로 보았다.

정상에는 바람이 몹시 분다. 거기 정상에서 '아프리카에서 제일 높은 곳'이라고 쓰인 팻말 앞에서 사진을 찍고 주위를 둘러보았다.

내 뒤에 도착한 사람들은 추운지 얼른 사진만 찍고 잽싸게 내려간다. 평생 잊을 수 없는 경치라는 동아프리카의 목초지 사바나는 이미 잔뜩 낀 구름에 가려 눈에 들어오지 않지만 정상 주위에 있는 빙하군이 정상의 아름다운 배경이 되어준다.

"킬리만자로 산신령님, 오르게 해주셔서 감사합니다."

합장 삼배가 저절로 나온다.

돌아오는 길은 그야말로 날듯이 미끄러져 내려왔다. 경사가 심한 미끄러운 흙길에서는 그것이 제일 쉽고 빨리 내려가는 방법이다.

흙먼지를 일으키며 뛰듯이 내려갔는데, 선글라스를 벗으니 시야가 뿌연 게 눈에 먼지가 잔뜩 낀 것 같다. 하도 힘이 들어서 이렇게 먼지가 많이 들어가는데도 몰랐나? 산장에 돌아와 물로 얼굴을 씻고 마침 가지고 있던 안약을 넣었는데도 시야가 맑아지지 않는다. 전날 호롬보 산장에서 만났던 영국인 미남이 반색을 하는데도 나는 한참 동안 얼굴을 알아보지 못할 정도로 시야가 뿌옇다.

더럭 겁이 난다. 정상 근처에서 사진을 찍는다고 선글라스를 끼었다 벗었다 했는데, 혹시 강렬한 빛을 반사하는 빙하가 내 시력을 상하게 한 건 아닐까? 말라리아 예방약 부작용은 아닐까? 혹시 지금까지 밝혀지지 않은 고산병의 일종은 아닐까? 이러다가 시력을 잃는 건 아닐까?

걱정이 되어 키보 산장 관리인에게 물어보니 높은 고도에 올라갔다 오면 안압이 잘 안 맞아서 그러니 조금 있으면 저절로 괜찮아질 거라고 한다. 썩 미덥지는 않지만 제법 유식하게 안압 어쩌고 하는 걸로 보아 전혀 모르고 하는 소리는 아닌 것 같아서 조금 안심은 된다.

그러나 키보 산장을 떠나 한참을 내려가도 시야는 뿌옇기만 하다.
"어머 어머, 어떡해? 내 시력 돌리도!"

점점 걱정이 커지는데 키보 봉과 마웬시 봉이 양옆으로 보이는 전망대에 와서야 그 이유를 확실히 알 수 있었다.

전망대에서 사진을 찍다가 옆 사람들에게 지나가는 말로 내 눈 얘기를 하니 마침 일행 중에 의사가 있다며 불러온다. 그 의사에게 내 증상을 말했더니 빙그레 웃는다.

"아가씨, 오늘 물 몇 잔이나 마셨어요? 충분히 마셨어요?"

아차, 바로 그것이었나? 옷을 많이 껴입고 추워서 화장실 가기

겁난다고 새벽부터 지금까지 물을 한 잔밖에 마시지 않았던 거다. 그 때문이란 말인가.

"아가씨 증상은 명백한 탈수증상이에요. 그러니 지금부터 물을 충분히 마시면 곧 괜찮아질 겁니다."

이런 바보 같은 사람이 있나. 내려오는 길 내내 열심히 물을 마셨더니 시야가 정말로 다시 맑아지고 신기하게도 그렇게 많은 물을 마셨는데도 화장실 생각이 나지 않는다. 내 몸은 하루 종일 바짝 마른 대지가 단비를 기다리는 것과 같은 상태였던 거다.

: 아싼테 싸나, 고마운 내 몸

1박 2일 하산 길 내내 이번 등반을 찬찬히 되새겨보았다. 킬리단자로 등반은 내게 단순히 아프리카 최고봉을 올랐다는 성취감뿐 아니라 너무나도 소중한 교훈을 주었다.

우선 사람은 세상을 살면서 빨리빨리 해야 할 것과 천천히 해야 할 것이 따로 있다는 사실을 알게 해준 거다. 나도 지금까지 살면서 누구 못지않게 '빨리빨리'를 외쳐온 사람이다. 나는 다른 사람들에 비해 무엇이든 조금씩 늦게 시작했다. 대학도 늦게 다니고, 첫 직장에도 늦게 들어가고, 결혼도 이미 늦었고. 이런 늦었다는 생각 때문에 마음이 더욱 조급해져 무엇이든 속전속결, 빨리빨리 해치우려고 해왔다.

그런데 내가 킬리만자로 등반을 하면서 평소처럼 '남보다 빨리, 남보다 먼저'를 외쳤다면 나는 아마 정상은 쳐다보지도 못하고 주저앉았을 것이다.

실제로 중요한 것은 남과 비교해서 내가 얼만큼 왔는가가 아니라 내가 지금 확실한 목표를 가지고 힘을 제대로 축적하면서 알맞은 속도로 가고 있는가라는 소중하고도 고마운 자각을 하게 되었다.

자기 목표가 뚜렷하다면 남이 얼마나 빨리 가는지, 가면서 무엇을 하는지 비교하지 않고 자기 페이스를 지키는 게 어렵지는 않겠지. 불경에서도 모든 번뇌의 근본은 남과 비교하는 데에서 비롯된다고 하지 않았던가.

또 한 가지, 내 몸에 대해 진심으로 고마운 생각이 들었다. 닷새간 등반을 잘 견뎌준 다리, 두통을 일으키지 않아준 머리, 높은 고도에서도 먹을 것을 잘 소화시켜준 위, 산소 부족을 잘 견뎌준 폐, 마지막 8시간 지옥 길에 터지기 직전까지 갔던 내 심장 그리고 어찌 된 일인지 모르지만 등반 중에 있어야 했으나 고맙게도 등반 후로 미루어진 생리.

나는 그동안 내 외모에 대해 얼마나 많은 불평을 해왔던가. 좀 더 매끄러운 피부를 가졌으면, 키가 컸으면, 다리가 좀 더 길었으면. 나는 불평만 했지 건강한 내 몸의 고마움은 잊고 살았던 거다. 거칠어도 알레르기 한번 일으키지 않는 피부, 짧아도 잘 걸어주는 다리인데 말이다.

나는 늘 정신이 몸에 우선한다고 생각해왔다. 어떤 극한 상황에서라도 강철 같은 정신력만 있으면 몸은 저절로 따라준다고 믿고 내 욕심대로 몸이 견딜 수 있는 한계까지 몰아붙인 적이 한두 번이 아니다. 그러나 킬리만자로와 같은 물리적인 극한 상황에서는 정신력만으로는 버텨지지 않는다. 몸과 정신력이 함께해야만 간신히 극복할 수 있는 거다.

'하나밖에 없는 몸, 이제부터는 고맙게 여기면서 아끼고 잘 돌봐야지. 잘 먹고 잘 자고 적당하게 운동하고 편안히 생각하며 건강하게 살아야지. 앞으로 적어도 40년은 더 써야 할 테니까.'

처음에 떠났던 숙소에 돌아와 닷새 만에 뜨거운 물로 샤워를 한 후 한 벌 남겨두었던 깨끗한 옷으로 갈아입고 꽃이 만발한 정원에서 차가운 맥주를 마시고 앉았으려니 갑자기 행복감으로 충만해진다.

"아주 행복해 보이시네요. 정상까지 성공하셨나 보죠? 축하합니다."

누가 내게 말을 걸어왔다. 다음 날 등정을 시작한다는 독일 젊은이들이다. 내가 떠나기 전 미국 여자들에게 던졌던 말과 똑같은 인사. 내 얼굴도 그때 내가 보았던 얼굴들처럼 행복해 보였나 보다.

조금 후 가이드와 두 포터도 산뜻하게 옷을 갈아입고 나타나 킬리만자로 정상 등반 증명서를 전달하는 식을 가졌다.

증명서를 받고 맥주를 마시며 그동안 산에서 있었던 여러 가지 에피소드를 얘기하다 보니 이들이 몹시 가깝게 느껴진다. 한국에서 가져간 열쇠고리를 하나씩 선물로 주었더니 포터 중 마사이족인 레코코가 얼른 귀고리처럼 귀에다 달고 인사를 한다.

"아싼테 싸나(정말 고마워요)."

그 말은 정작 내가 해야 할 말이다.

"우에우에, 아싼테 싸나(여러분, 정말 고마워요)!"

나는 맥주잔을 들며 외쳤다. 고마운 킬리만자로, 그 아주 값진 등정을 기리며!

슬픈 역사의 아름다운 섬 잔지바르

: 올드스톤 타운에서 길을 잃다

탄자니아 수도 다르에스살람에서 배를 타고 3~4시간쯤 가면 이 나라 최대 관광지 잔지바르 섬에 닿게 된다. 한때 세계 최대의 향료(클로브) 생산지에다 세계 최대의 노예 무역항이었던 섬. 수십 세기에 걸쳐 수메르인, 아시리아인, 이집트인, 인도인, 중국인, 페르시아인, 포르투갈인, 아랍인 그리고 최근에는 네덜란드인과 영국인들이 이 섬을 거점으로 무역을 하거나 정착해 통치해온 곳이다.

당시 이 섬에는 동아프리카에서 생포된 흑인들이 연간 5만 명쯤 끌려와 아랍 상인과 백인들에 의해 전 세계로 팔려나갔다. 이 흑인들은 인간으로서는 도저히 견딜 수 없는 비참한 상태로 돛단배에 실려 수개월간 항해했고, 항해 도중 영양실조와 병으로 죽은 흑인 수가 살아남은 흑인의 다섯 배 이상이었다고 한다.

극한 상황에서 살아남은 흑인들은 튼튼하고 건강한 사람들이어서, 그때 미국 등 신대륙으로 팔려간 사람들의 후손인 지금의 흑인들이 대부분 키도 크고 몸집도 크다는 거다.

1800년대 아랍권의 최고 통치자인 술탄이 이곳으로 옮겨오면서 이 섬은 이슬람 문화를 깊이 받아들였다. 오만 제국 술탄의 이슬람 통치는 탕가니카 공화국과 잔지바르가 병합되어 탄자니아 공화국이 탄생하면서 마침표를 찍었다.

그러나 이런 정치적 통합이 정신적·문화적 통합으로 이어지기에는 아직까지 시간이 더 필요한 모양이다. 아직도 잔지바르 사람들은 자기들을 탄자니안이라고 부르지 않고 잔지바리안이라고 부르는 걸 보면 말이다.

이런 역사적 배경 때문인지 잔지바르 시내에 가면 아프리카 흑인에 인도인, 아랍인, 관광객인 백인, 황색인 등 온갖 얼굴들을 볼 수 있다.

이 섬에서 특히 재미있는 곳은 예전에 아랍인들이 이 섬을 지배할 때 건설한 지금의 번화가 올드스톤 타운이다. 이곳은 주요 외곽도로가 삼각형을 이루고 있는데, 이 삼각형 안에 있는 도로는 말 그대로 '미친년 머리카락처럼' 엉켜 있어서 한번 그 미로에 들어가면 외곽도로 이외로는 어디로든 빠져나올 수가 없다.

방향감각이 특별히 없는 나는 잔지바르 시내에서 닷새를 지내는 동안 하루도 길을 잃고 헤매지 않은 날이 없다. 어쩌면 그 미로 속에서 길을 잃고 열심히 헤매는 것이 바로 올드스톤 타운을 제대로 보는 건지도 모르겠다.

이 올드스톤 타운 안에는 우리나라 시골 구멍가게보다도 작은 가게들이 다닥다닥 붙어 온갖 물건들을 팔고 있고, 길은 두 명이 나란히 걸으면 어깨가 닿을 정도로 좁은데 길 양쪽으로 네다섯 층 석조 가옥들이 빽빽이 들어서 있다.

이 돌집들은 흰색으로 칠한 높은 벽에 2층부터는 방마다 발코니가 있다. 다 쓰러져가는 오래된 집들도 대문만은 티크 목재로 만들었고 여기에 정교한 문양을 조각해 눈길을 끈다.

 이 미로 속에는 수십 개의 이슬람 사원이 있어서 하루에 다섯 번씩 때맞춰 기도 시간을 알려주고, 골목마다 코란을 외우는 어린이들의 낭랑한 목소리가 들려온다. 검은 천으로 온몸을 가린 여자들과 하얀 가운에 흰 모자를 쓴 남자들을 보고 있자면 아라비아에 온 게 아닌가 하는 착각이 들 정도다.

 미로 속에는 시장이 있고, 술탄의 궁전이 있고, 영국 통치의 잔재인 대성당도 두 군데나 있다. 페르시아 스타일의 공중목욕탕도 있다.

 관광지라고는 해도 아직 자본주의의 때가 비교적 덜 묻어 있어서 동네 사람들은 남녀노소를 막론하고 지나치는 사람마다 웃음을 지으며 "잠보."나 "카리부(어서 오세요)."라고 먼저 인사를 한다.

 수십 세기에 걸쳐 여러 나라 사람들이 어울려 살았기 때문에 혼혈이 많아서 그런지 미로 속을 걷다 보면 입이 딱 벌어질 만큼 예쁘고 잘생긴 얼굴들이 많다. 까무잡잡한 피부에 커다란 눈, 뚜렷한 이목구비에 고른 이를 다 드러내며 짓는 웃음. 하나같이 할리우드 영화배우 뺨친다.

 도시 전체가 역사박물관에 인종 박물관, 건축 박물관, 가게 박물관이어서 작은 도시지만 며칠을 돌아다녀도 지겹기는커녕 새록새록 자꾸만 새로운 재미가 솟는다.

: 코란으로 점치고 부적 만들고

 내가 묵은 숙소의 지배인 둘라는 다리가 약간 불편한데 대단히 진지하고 성실한 사람이다. 이 얘기 저 얘기 하다가 우연히 자기

할아버지가 코란으로 점을 치며 액을 막는 점쟁이라는 말을 했다. 장난으로, 나도 가서 점을 칠 수 있냐고 했더니 뜻밖에도 쾌히 승낙한다. 자기도 지금 주인과 뜻이 안 맞아 다른 데로 옮기고 싶어서 물어보러 가려던 참이었단다.

다음 날 둘라와 함께 자전거를 빌려 타고 할아버지를 찾아갔다. 할아버지는 버스도 다니지 않는 시 외곽에 살고 있었다. 시내를 벗어나자 교외 사람들이 나를 보고 모두 '치나(중국인)' 혹은 '무중구(외국인)'라고 부르면서 예외 없이 '잠보'나 '카리부'를 외치며 흰 이를 드러내고 환한 웃음을 짓는다. 그들의 인사를 통해 한없이 따뜻한 마음이 전해진다.

선물로 설탕 한 포대와 밀가루 한 포대를 사서 좁고 사방이 꽉 막혀 몹시 무더운 할아버지 집으로 들어갔다. 의젓한 외모의 할아버지는 예고도 없이 불쑥 외국인이 들어오니 몹시 놀라면서도 여기 사람들이 으레 그렇듯 얼굴 가득 웃음을 띠고 "카리부." 하고 인사를 한다. 둘라가 간단하게 내 소개를 하고 내게 복을 빌어달라고 하자 내 얼굴을 뚫어지게 바라보더니 "운이 굉장히 좋은 사람이군." 하고 혼잣말을 한다.

'코란으로 점을 친다더니 관상도 보는 모양이지?'

물론 운이 좋다는 말이 듣기 싫지는 않았다. 할아버지는 두말없이 내 운세를 봐주고 복을 빌어주겠다고 한다.

우리나라에서는 점을 치려면 생년월일을 알아야 하는데 여기서는 어머니, 아버지 이름과 내 이름을 달라고 한다. 이 이름들을 숫자로 만들어 한참 더하고 빼고 하더니 내 숫자는 11인데 매우 좋은 숫자라고 하면서 무슨 소원이 더 있냐고 묻는다.

나는 소원이 아주 많아서 우선은 지금 하고 있는 여행이 무사히 끝나기를 바라고, 여행이 끝난 다음에는 인생의 동반자를 만나기를 바라고, 직업으로는 내가 하고 싶고 또 잘할 수 있는 일을 했으면 좋겠고, 집안 가족들이 모두 건강했으면 좋겠고…… 등등 줄줄이 소원을 말했다.

짧게, 짧게 메모를 하던 할아버지는 코란을 꺼내 읽기 시작한다. 금방 끝나려니 생각했는데 10분, 20분을 넘어 1시간이 넘도록 끝나지 않는다. 둘라 말이 지금 내 소원에 대한 비방을 찾는 중이란다.

한참을 이 책 저 책 꺼내 읽더니 드디어 이마에 구슬땀을 뚝뚝 흘리며 종이에 빨간 잉크로 아랍어로 뭐라고 한참 적는다. 그러고는 향불을 피워 내 손을 잡고 뭐라고 또 한참 주문을 외운다. 그러더니 그 종이를 엄지손가락만 하게 똘똘 접어주며 늘 품에 간직하라고 한다. 물에 적시면 주문의 효력이 반감되니 젖지 않도록 주의하고 생리 중에는 품에 지니지 말라고 당부한다.

소중하게 받아 들고 바로 옆집 대장간에 가서 양철로 조그만 부적 통을 만들었다. 절대 물이 들어가지 못하게 납땜으로 아예 꽉 봉해서 늘 지니고 다니는 여권과 돈이 들어 있는 전대에 넣었다. 그리고 속으로 생각했다.

'이런 부적 같은 것에 의지하는 건 다 무언가 불안해서겠지. 그래, 여행자들이 아무리 낙천적이라고는 해도 몇 년씩 낯선 곳을 돌아다니며 낯선 사람과 만나고, 듣도 보도 못한 경험을 하고 있으니 불확실한 내일에 대해 마음 한쪽에는 늘 불안이 도사리고 있는 걸 부인할 수는 없어. 내 가장 친한 친구가 수녀니까 하느님께 내 안녕을 빌어줄 것이고, 불교를 믿는 친구들은 또 부처님께 내 여행이 무사하도록 빌어준다고 했지. 이제 이슬람 코란의 힘까지 빌리게 되었으니 이 여행은 반드시 무사할 거야.'

: 그 사람 조나단

어느 날 아침, 같은 숙소에 묵고 있는 네덜란드인 부부가 북쪽 해변으로 수영을 하러 간다고 한다. 북쪽 해변은 관광객들에게 알려져 있지 않아서 그야말로 천연의 무공해 해변과 마을이 있다는 거다.

그래? 그럼 나도 잘 알려진 동쪽 해변 대신 북쪽으로 가볼까? 그날 오전 11시에 북쪽 해변으로 가는 버스가 있다기에 당장 달려갔다. 버스에는 다른 백인 여행객 세 명이 먼저 타고 있었다. 36살의 영국 사람 조나단 그리고 40대 초반의 스페인 부부다.

잔지바르에서 버스로 2시간 거리인 농우위라는 어촌은 듣던 대로 참 아름답다. 몇 킬로미터나 되는 흰 모래와 옥을 가루 내어 풀어놓은 것 같은 초록 바다 빛깔이 눈이 시릴 만큼 찬란하다.

버스에서 만난 사람들과 함께 숙소를 정하자마자 바다 속으로 풍덩, 몇 달만의 해수욕이냐. 마침 밀물 때라 파도가 높이 밀어닥치고 있어서 파도타기에 안성맞춤이다. 조나단과 스페인 부부 그리고 마을 아이들과 신나게 놀았다.

시간이 지날수록 파도가 점점 높아지더니 급기야 사정없이 들이닥치는 파도가 나를 휩쓸어 올려 모래밭에 메다꽂는다. 메어꽂히는 것도 재미가 있어서 몇 번이고 집채 같은 파도 속으로 들어가고 또 들어간다. 파도의 업어치기 위력이 얼마나 대단했는지 다음 날은 오른쪽 어깻죽지에 멍이 들고 오른손을 제대로 쓸 수 없다.

그날부터 나흘간은 느긋한 해변의 나날이었다. 아침에 일어나면 고기를 잡으러 나가는 배 '다우'의, 바람에 잔뜩 부푼 하얀 돛이 파란 바다와 절묘하게 어울리는 풍경을 감상한다.

이 바다 빛깔은 내가 태어나 보았던 바다 중에서 제일 아름답다.

햇빛의 강도에 따라 연한 초록에서 짙은 파랑까지로 변하는데, 이 두 빛깔 사이에서 시시각각 농도를 달리해 수십 가지의 빛깔을 만들어낸다.

이 바다에서 더욱 나를 즐겁게 한 건 편안한 남자 조나단이다. 영국의 유명한 무선통신 회사 홍보 담당이라는 조나단은 예전에 나와 친하게 지냈던 영국 선교사 윌리엄과 말하는 투나 억양이 너무나 흡사해 처음부터 호감이 갔다. 그가 상당한 미남이라는 사실도 그에 대한 호감의 중요한 요건이 되었을 거다.

게다가 나이도 비슷하고, 전공도 비슷하고, 라틴아메리카 등을 여행한 경력도 비슷해 얘깃거리가 끊이지 않았다. 이 사람도 지구를 거의 한 바퀴 돈 골수 여행가에 대단한 입심이다. 또 한 가지 내 마음에 든 건 깔끔한 영국식 매너. 중세 기사들이 숙녀를 대하듯 하는 깍듯한 예의와 배려가 나를 기분 좋게 만들었다.

내가 묵은 숙소 바로 앞에는 자그마한 모래밭이 있는데, 바위 그늘이 드리워져 있어서 한낮에도 햇빛을 피해 책을 읽거나 낮잠을 즐길 수 있다. 거기가 3박 4일간 우리의 아지트가 되었다.

아름다운 바다와 예쁜 모래사장에서 맛있는 해물 요리와 매너 좋은 미남의 절제된 친절과 관심. 이 해변에서 조나단과 보낸 날들은 즐거웠다. 마치 오래전 내가 무수히 번역했던 하이틴 로맨스 소설 속의 얘기 같았다.

여행을 길게 다니다 보니 내게도 이런 조건을 골고루 갖춘, 분에 넘치는 보너스가 주어지는구나 하고 황송한 기분이 들 정도였다. 이 남자도 영국에서 홀로 휴가 여행을 와서 예상치 않았던 동양 여자와 해변의 로맨스를 만들고 있으니 왜 아니 즐거우랴.

이곳에서 조나단과 그림자처럼 붙어 다녔더니 모두들 우리를 부부이거나 오래된 애인으로 짐작했는지 여기서 처음 만난 사이라고 하면 좀처럼 믿지 않으려 한다. 오랫동안 함께 지내 아주 편한 사이로 보인다는 거다. 아마도 그와 내가 편한 마음으로 서로에 대해 부담을 느끼지 않았기 때문에 그렇게 보인 모양이다.

 혼자 여행을 하다 보면 여행객이든 현지인이든 늘 사람을 만나게 된다. 그런 사람들과 짧게는 하루, 길게는 몇 주씩 함께 여행을 하게 되는데, 어떤 인간관계나 그러하듯 첫눈에 마음에 드는 사람, 한참을 지내야 좋아지는 사람, 아무리 좋아하려고 해도 끝내 좋아지지 않는 사람, 처음에는 좋았다가 나중에는 빨리 헤어지고 싶은 사람 그리고 무리하게 여정을 바꾸어서라도 될수록 길게 함께 있고 싶은 사람 등 갖가지다.

 어떤 경우든 여행 중에 만나는 사람들은 내 경험을 풍요롭고 값지게 해주지만, 특히 외로운 여행길에 마음에 드는 사람을 만나는 건 마치 한여름 땡볕에서 일을 하다가 잠시 바람 부는 시원한 그늘에 앉아 마시는 찬 맥주의 첫 모금과 같다고 할까. 짧았지만 조나단이 바로 그런 사람이었고, 조나단에게도 내가 그런 사람으로 남게 되기를 바란다.

여행은 떠나는 자만의 것이다

: 범선을 타고 인도양을 떠다니며

"말라위는 정말 물가가 싸더라. 하루 10달러면 땡호아야."
"무엇보다도 호수가 좋아. 수영도 하고 스킨 스쿠버도 하고."
"거기는 사람들이 모두 영어를 잘하니까 의사소통 걱정이 없어서 좋더라."
"말라위 마리화나 죽여준다던데, 싸기도 하고."

숙소 아침 식탁에서 벌어지는 대화에 말라위라는 말이 자주 나온다. 한국에서는 들어보지도 못한 나라인데, 여기 배낭여행자들 얘기로는 여행 천국이라는 거다.

"거기가 그렇게 좋아?"
"어머, 여기까지 와서 말라위에 안 가려고 했어요?"

내 옆에 있던 캐나다 여자 미셸이 놀라서 묻는다.

"난 거기가 어떤 나란지도 모르는데……."
"내일모레 나랑 내 친구랑 말라위에 가기로 했는데, 그럼 같이 갈래요?"

이렇게 아침을 먹으면서 나는 간단히 말라위 여행을 결정했다.

이렇게 즉흥적으로 계획에도 없는 여정을 잡는 것이 나같이 자유로운 단독 여행자의 특권이다. 그룹 여행이나 예약된 여행이라면 엄두나 낼 수 있을까?

우선 다르에스살람으로 가는 배를 '물색'하러 갔다. 왜 물색이냐 하면 나는 일반 여객선이 아니라 순전히 바람으로만 가는, 옛날 아라비아나 중국 상인들이 타고 다녔던 배, 지금은 화물선으로나 쓰이는 '다우'라는 범선을 타려는 거다.

수백 년 전에 도자기나 향료를 가득 싣고 험한 뱃길을 오로지 돛 하나에만 의지하며 몇 달 동안 항해하던, 목숨을 건 장사꾼들의 심정을 조금이라도 맛보고 싶어서다.

부두에 가서 화물선 통제실 책임자에게 그 얘기를 했더니 어이가 없는지 웃기만 한다. 여객선은 1시간 반이면 가는데 이 범선은 빨라야 8시간, 길게는 24시간이나 걸린단다. 게다가 이 배들은 모두 화물선이라 앉을 자리가 불편한 것은 물론 바람이 심하게 불면 뒤집힐 위험까지 있으니 물정 몰라도 한참 모르는 여자라는 표정이다.

"아가씨, 도대체 왜 이런 배를 타려고 하슈?"

"나는 원래 좀 특별한 경험을 하고 싶거든요. 이런 범선을 타는 게 멋있고 재미있을 것 같아서요."

"범선이 얼마나 위험한지 알고나 하는 소리요?"

"그래도 선원들은 다 타고 다니잖아요. 선원들이 탈 수 있다면 나도 탈 수 있어요."

"그것 참, 꼭 그렇다면 여기 출입국관리소에 가서 허가증을 받아 오슈. 그리고 사고가 나더라도 책임을 묻지 않겠다는 각서를 하나 쓰슈. 그래야 애매하게 범선 주인이 뒤집어쓰지 않을 것 아니요?"

배만 태워준다면야 백 번이라도 못 쓸 내가 아니다.

"좋은 선장을 찾아볼 테니 내일 오후에 오슈."

허가증과 각서를 내밀자 통제실 사람은 아직도 못 믿겠다는 얼굴로 말했다. 야호! 나는 영화에서 보물섬이나 찾아가는 고릿적 범선을 타보게 되는구나.

기차를 타고 말라위에 가려는 아이들에게 이 얘기를 했더니 귀를 쫑긋 세우고 입을 딱 벌리며 자기들도 같이 범선을 탈 수 없겠냐고 조른다. 앞날을 생각해서 못 이기는 척 힘을 써보마고 했다.

다음 날 오후 화물선 통제실 책임자에게 갔더니 범선 선장마다 얘기를 해보았으나 아무도 외국인 여자는 태워주려고 하지 않는데, 내일 새벽에 떠나는, 반은 바람의 힘으로, 반은 모터의 힘으로 가는 화물선 선장만 오케이를 했다는 거다. 기왕이면 순전히 바람과 노로만 가는 배를 타면 좋겠으나 그런 배는 태워주지 않는다고 하니 도리가 없다.

모하메드라는 선장은 영어를 한 마디도 할 줄 모르지만 마음씨는 그만이다. 내일 일찍 떠날 테니 새벽 4시까지 오란다. 그건 너무 이르니까 그러면 아예 오늘 밤 갑판에서 자겠다고 하자 깜짝 놀란다. 우리는 침낭도 있고 야영도 많이 해본 사람들이라 괜찮다고 했더니, 항만 관리소에서 허락하지 않을 거라면서 통역을 해주는 사람에게 고개를 설레설레 젓는다. 그래서 우리가 몰래 부두로 들어와 이 배까지 올 테니 염려 말라고 했다.

그날 밤 우리 셋은 도둑고양이처럼 부두로 들어와 살금살금 발소리를 죽이고 다닥다닥 정박해 있는 여러 배를 건너 무사히 우리 배를 찾아갔다. 기관실 지붕에 셋이서 침낭을 펴고 누워 밤하늘을 쳐다보며 낄낄댔다. 이게 웬 땡이냐, 하룻밤 숙박비도 절약하고, 보통 여객선의 4분의 1 가격으로 다르에스살람까지 돛단배도 타보고. 다른 두 아이는 이것이 다 한국 언니를 잘 만난 덕분이라며 비행기를 태운다. 나는 '비행기'를 타지 않는 게 원칙인데.

우리 배는 조리용 기름 깡통을 싣고 가는 배로 선원이 선장을 포함해 열 명. 다행히 바람도 잔잔하고 날씨도 맑아서 모터를 쓰지 않고 돛을 펼쳐 순조로운 항해를 시작했다.

선원들은 이 외국인 아가씨들에게 무척 친절하다. '아, 지금 뜨거운 차 한 잔 마셨으면' 하는 생각을 하는 순간 "자, 아가씨들 차랑 빵 드세요." 하고 아침 식사를 가져오고, '아, 슬슬 배가 고파지는데.' 하는 생각을 하자마자 "자, 점심 드시죠." 하며 밥 한 그릇에 생선 한 토막씩 얹은 점심을 내놓는다.

기름통 때문인지 뱃멀미가 나 다르에스살람까지 가는 동안 절반은 누워서 왔지만 10시간의 즐거운 항해였다. 좀 아쉬운 점이 있다면 오는 길이 너무 순조로워서 처음에 생각했던 것처럼 옛날에 험한 뱃길을 오가던 상인들의 심정을 맛볼 수 없었다는 것. 그러나 정말로 바람이 몹시 불어 배가 뒤집힐 지경이었다면 이런 말을 할 수 있을까.

: 흑백영화 같은 기찻길

다르에스살람에서 탄자니아 국경 근처 음베야까지는 한 캐빈에 여섯 명이 들어가는 이등 침대칸 기차를 탔다. 여섯 명이 모두 여행자여서 경험담을 나누느라고 24시간 걸리는 기차 여행이 전혀 지루하지 않았다.

그 가운데는 특히 아프리카의 동식물에 관해 해박한 지식을 갖춘 사람이 있어서 국립공원을 가로지르며 아프리카의 동식물을 본격적으로 관찰할 수 있었다.

'기차를 타고 가면서도 기린이며 산양이며 사자 가족을 볼 수 있다니, 이런 게 아프리카로군.'

말라위 국경 근처는 산도 많고 땅도 기름져서 온갖 곡식이 잘 자라는 탄자니아의 곡창지대. 마치 동남아 어느 나라에 온 듯 과일이 풍부하다. 기차가 역에 서면 차창에 동네 꼬마들이 다닥다닥 붙어 집에서 딴 망고와 복숭아, 바나나 등을 우리 돈으로 5원, 10원에 파느라고 북새통을 이룬다.

그 사이에서 아기를 등에 업은 아줌마들이 삶은 옥수수나 군만두 같은 것을 머리에 이고 기차의 이 창문 저 창문으로 왔다 갔다 하는 것이 마치 우리나라 50년대 흑백영화의 한 장면 같다.

다르에스살람을 떠나 만 30시간 만에 말라위로 넘어가는 국경에 도착했다. 그런데 여기서 문제가 생겼다.

"당신은 비자가 필요하니 탄자니아 수도로 돌아가 비자를 받아오시오."

'뭐? 다시 다르에스살람으로 가라고? 짐자전거를 타고, 버스를 타고, 밤 기차를 타고 30시간 걸린 길을 다시 돌아가라고? 그럴 순 없지.'

"여보세요. 그럴 리가 없어요. 나는 북한이 아니라 남한 사람이란 말이에요. 나이로비와 다르에스살람에 있는 말라위 대사관에 두 번이나 문의했는데, 양쪽 다 남한 사람은 비자가 필요 없다고 했단 말이에요. 그러니 출입국 규정을 다시 잘 살펴보세요."

대사관에 문의는 무슨 문의, 새빨간 거짓말이지만 여기서는 이렇게 밀고 나갈 수밖에. 사실 잔지바르의 관광청에 물어보기는 했다.

그 직원 말이 말라위는 무조건 무비자란다. 그렇지만 그건 유럽이나 북미 아이들에게만 해당된다는 걸 그 직원이 몰랐던 거다.

내가 하도 당당하게 나가니까 그 딱딱한 직원도 자기가 잘못 알았나 싶어서 규정집을 다시 자세히 들여다본다.

"출입국 규정을 잘 읽어보았는데 역시 남한 사람은 비자가 필요합니다. 당신은 입국 불허입니다."

"정말 이해할 수 없군요. 어떻게 두 군데 대사관에서 두 번씩이나 똑같은 실수를 한단 말이에요? 이거 안 되겠으니 당신 상사하고 얘기를 해야겠어요."

"내 상사도 같은 규정집을 보니까 소용없을 겁니다. 괜히 시간 낭비하지 말고 어두워지기 전에 탄자니아로 돌아가는 게 좋을 겁니다."

"돌아가든 말든 그건 내 사정이니 그런 걱정은 하지 말고 어서 당신 상사에게로 안내나 해주세요."

세차게 다그치자 그는 할 수 없이 나를 상사에게 데려다주었다. 작달막한 체구에 지극히 사무적인 책임자는 부하 얘기를 듣더니 눈길도 주지 않고 한마디로 끊어서 말한다.

"다른 방법이 없습니다. 우리는 출입국관리만 하고 비자 발급은 안합니다. 탄자니아로 가서 우리 대사관에서 말라위 비자를 받아 오십시오."

"이거 보세요. 나는 한국의 여행 작가예요. 세계 여러 나라를 돌아다니는 게 직업인데, 그 나라에 가기 전에 비자가 필요한지 아닌지도 모르고 다니겠어요? 말라위에 올 때도 나는 분명히 두 번씩이나 물어보고 확인을 했단 말이에요. 당신네 대사관에서는 이런 실수를 해서 나를 이렇게 애먹여도 된단 말이에요? 그러니 당신은 나한테 예외를 인정해주어야 한다고요."

"지금 나더러 법을 어기라는 겁니까? 규정대로 당신은 말라위에 입국할 수 없습니다. 얘기는 끝났습니다."

"참으로 유감이군요. 나는 한국에서 가장 유명한 잡지에 이번 달에는 아름다운 호수의 나라 말라위에 대해서 쓰겠다고 했는데, 이렇게 입국 거부를 당하니 별수 없이 있었던 일을 자세히 쓰고 한국 독자들에게 말라위는 오지 말라고 해야겠군요."

나는 이때 실제로 종합 여성지 《여성동아》에 여행기를 연재하고 있었다.

"아니 잠깐, 우리 말라위는 아가씨의 입국을 허가하지 않는 게 아닙니다. 단지 아가씨가 비자가 없기 때문입니다. 비자만 있다면 언제라도 환영입니다."

잡지 얘기를 하자 태도가 조금 누그러진다. 이 기회를 놓칠 수 없지.

"탄자니아로 돌아가 비자를 받아 오려면 적어도 5일은 걸릴 텐데, 그러면 말라위를 제대로 볼 시간이 없잖아요? 그러니 여기서 나한테 임시 비자를 주면 출입국관리국에 가서 정식 비자를 받겠어요. 당신네 대사관 잘못도 있잖아요? 게다가 나는 아름다운 당신네 나라를 한국에 소개하려고 온 사람이에요."

거짓말 3분의 1, 협박 3분의 1, 애원 3분의 1을 섞어 밀고 나가자 그는 여전히 눈길을 책상 위 서류에 고정시킨 채 한참 생각하더니 말한다.

"좋습니다. 이틀간의 임시 비자를 주겠습니다. 내일 중으로 여기서 7시간 떨어진 음주주에 가서 정식 비자를 받으세요. 우리나라에 대한 좋은 기사 부탁합니다."

: 말라위에서는 라르고의 속도로

 말라위는 탄자니아 남쪽에 있는 길쭉한 모양의 작은 나라. 동쪽으로는 모잠비크, 서쪽으로는 잠비아와 국경을 이루고 있다. 전 국토의 20퍼센트가 말라위 호수로 되어 있고, 그 밖의 국토는 전부 국립공원이라고 해도 좋을 만큼 경관이 수려하다. 강수량이 풍부해 항상 푸르고 기온은 1년 내내 섭씨 20~27도로 우리나라의 초여름 같다.

 무엇보다도 물가가 굉장히 싸서 배낭족들이 좋아한다. 하루 8달러 정도면 잘 먹고 잘 자고 잘 다닐 수 있다. 대나무로 만든 침대와 모기장이 있는 호숫가 오두막에서 하루 묵는데 1달러 조금 넘게 주면 된다. 오랜만에 물가가 싼 나라에 오니 갑자기 부자가 된 것 같고 당분간 돈 걱정은 안 해도 된다고 생각하니 마음의 여유까지 생긴다.

 여기가 아주 편해서 몸과 마음을 푹 쉴 수 있는 곳이긴 하지만, 한 가지 문제는 말라리아모기가 극성을 부린다는 거다. 이 호숫가 말라리아모기는 악명이 높다. 말라위에 오는 여행객은 말라리아 예방약을 다른 나라에 비해 두 배는 강하게 먹는데, 그렇게 조심을 해도 많은 여행객들이 말라리아에 걸린다. 이 병에 걸리면 한 사나흘 고열로 앓아누워 있어야 하고 후유증도 대단하다. 내가 묵은 게스트 하우스에도 세 명이나 말라리아에 걸려 인사불성이 되어 앓고 있다.

 지난번 인도에서 말라리아 예방약을 먹고 부작용으로 머리가 반 정도 빠진 일도 있고 그 약이 간을 심하게 손상시킨다는 걸 잘 알고 있으면서도 당장 말라리아에 걸리는 게 겁이 나서 여기 오자마자 초강력 말라리아 약을 먹기 시작했다.

 내가 묵는 카타베이의 오두막은 호수가 한눈에 보이는 전망 좋은 곳이다. 발가벗은 동네 아이들이 호숫가 바위에 올라 낚시를 하거나 물장구를 치고, 나무속을 파내 만든 통나무배를 타고 호수 안쪽으로 고기를 잡으러 나가는 게 침대에 누워서도 빤히 내다보인다.

꼬박 이틀간 호숫가에 앉아 글을 썼더니 동네 아이들이 나만 보면 글 쓰는 흉내를 내며 알은체를 한다.

말라위에서는 특별한 여정도, 꼭 가보고 싶은 곳도 없다. 그저 라르고의 속도로 몸과 마음을 느긋하게 지내보자는 것뿐. 호수의 나라이니 호숫가에서 지내다가 산 경치가 좋다는 리빙스토니아나 가볼까 하는 정도다.

그러다가 숙소에서 만난 아이가 말라위 호수를 남북으로 종단하는 배가 있는데, 그 배의 남쪽 종점인 멍키베이의 경치가 끝내준다는 얘기를 했다. 그럼 나도 슬슬 거기나 가볼까.

일주일에 한 번 다니는 배라 여행객이 많을 거라고 생각했는데, 막상 타고 보니 열 명 정도밖에 되지 않는다. 현지인들이 타는 아래 선실에는 출퇴근 시간 만원 버스 안처럼 앞뒤, 옆으로 꽉꽉 눌린 사람들이 생선 짐과 닭, 염소 등 온갖 집짐승들과 함께 섞여 있어 발 디딜 틈이 없다. 저렇게 하고 어떻게 2박 3일간의 긴 여행을 할 수 있담.

나는 어떤 교통수단이라도 될수록 현지인 칸을 이용하는 것을 원칙으로 하고 있지만 이 배만은 자신이 없어 일등칸을 탔다. 뱃삯이 세 배나 비싼 일등칸은 갑판 위여서 시원하기도 하고 벤치가 놓여 있어서 사흘간 지내기에 큰 문제가 없다. 원래 화물선이라 침실이 없어 밤에는 갑판 바닥에서 슬리핑백을 깔고 자야 하지만 비만 오지 않으면 오히려 그 편이 더 쾌적하다. 배 위라 바람이 불어 모기에게 뜯길 염려도 없고.

새벽에 깨어보니 동녘에 먼동이 트느라 수평선이 오렌지빛 구름으로 가득하다. 지하 매점으로 내려가 우유를 넣은 따끈한 홍차를 한 잔 마시니 한기가 가시며 뱃속이 따뜻해 기분이 좋다. 나는 이 '차이'라고 부르는 우유 홍차에 중독되었다. 아침에 일어나자마자 마시는 차이는 입 안을 달콤하게 적시고 식도를 따라 내려가며 온 몸을 따뜻하게 해주어 하루를 즐겁게 시작하게 한다.

우리나라에서 시판되는 홍차팩으로도 쉽게 차이를 만들 수 있다. 머그컵에 뜨거운 물 반, 따끈하게 데운 우유를 반을 넣고, 홍차 봉지를 넣어 기호에 맞게 우려낸 다음 설탕을 조금 넣으면 맛있는 차이가 된다.

: 진심으로 원하는 일 하며 살기

오후 내내 비가 오락가락하고 바람이 심하게 불어 날씨를 염려한 다른 여행객들은 모두 중간 기착지에서 내리고, 나와 영국인 부부만 남아 종착지까지 가게 되었다.

이 50대 중반의 영국 아저씨는 영국인 특유의 차가운 느낌에 약간 권위적인 태도를 취하기도 하는데, 1년 중 반은 일하고 반은 부부동반으로 세계 여행을 다니는 독특한 인생을 산다고 한다. 이언이라는 이름의 이 아저씨와 나눈 2박 3일의 선상 대화는 내 배낭여행을 아주 값지게 만들어주었다.

그는 35년 전 20살 때 남아프리카공화국 바로 위에 있는 짐바브웨에서 근무하는 친구를 만나기 위해 영국을 출발, 16개월간 무전여행을 한 이래 지금까지 다닌 나라가 100개국이 훨씬 넘는단다.

한때는 영국 유수의 무역 회사에서 중역을 지내면서 온갖 영예와

유수 기업 중역 자리를 버리고 아시아 여행 가이드이자
배낭족으로 새로운 삶을 살고 있는 영국인 부부.

가까운 이의 죽음을 통해 인생의 의미를 다시 깨닫게 된 이들은, 풍족하진 않지만 진심으로 좋아하는 일을 하면서 사는 지금의 삶을 한번도 후회한 적이 없단다.

부를 누렸는데, 48세 되는 해에 그만 부인이 병으로 죽고, 이듬해에 친한 친구 두 명이 교통사고로 죽는 일을 당했단다. 그 충격 속에서 아주 심각하게 인생의 의미에 대해, 삶의 가치에 대해 생각한 끝에 남은 인생은 돈과 지위를 얻기 위해서가 아니라, 진심으로 좋아하고 즐길 수 있는 일을 하면서 살기로 했다는 거다.

그 후 바로 직장을 그만두고 여행사를 찾아가 해외여행 가이드 일자리를 구했다고 한다. 그때부터 지금까지 몇 년째 아시아 여행단을 인솔해 성수기 여섯 달은 인도와 중국 등 아시아를 누비고, 비수기 여섯 달은 여행 중에 만난 지금의 부인과 함께 '중년 배낭족'이 되어 세계를 누비고 있단다.

우리나라 대기업 최고급 간부가 어느 날 자유를 위해 갑자기 여행사 해외여행 가이드로 뛰어들 수 있을까? 그러나 이 아저씨는 한 번도 자신의 선택을 후회해보지 않았다고 한다.

"인생은 단 한 번만 사는 거고, 게다가 얼마나 살지 예측할 수 없는 거요. 이런 귀한 인생을 누구 눈치 보거나 체면 따지는 데 낭비하지 않고, 자기가 좋아하는 일을 하면서 남에게 피해 주지 않는 한도 내에서 최대한 즐기며 살아야 한다고 믿게 되었죠."

지금은 중요하게 여겨질지 모르는 '남들과의 비교'는 나중에 인생을 되돌아볼 때는 아무것도 아닌데, 그것에 얽매여 소중한 시간을 낭비할 수는 없다는 거다.

여행이라는 것도 그렇다. 우리 일생에서 일부러 노력하지 않으면 여행 조건이 딱 갖추어지는 기회는 없다. 태어나서 30세 정도까지는 시간은 있지만 돈이 없고, 30세부터 60세까지는 돈은 있는데 시간이 없으며, 60이 넘어서는 돈과 시간은 있지만 여행할 힘이 없다고 강조한다. 조건을 기다리다가는 좋은 세월 다 보내고 늙어서 후

회하기 십상이니 어느 때라도 적은 돈만 있으면 시간을 내, 여행이라는 또 하나의 인생을 즐겨야 한다고 차분하게 말한다.

　인생과 여행의 선배로서 원숙한 중년 부부와의 진지한 대화는 내게 삶의 깊이를 더하게 하는 것이었다.

　배의 요리사 조지는 끼니마다 맛있는 생선 요리를 만들어주고, 몇 년간 일본에서 일한 적이 있다는 미남 선장 오히리는 선장실로 여러 번 나를 초대해 차 대접을 하면서 한국의 문화와 풍습에 비상한 관심을 보인다.

: 걸을 줄만 알면 일하는 호숫가 아이들

　2박 3일 배 여행의 종착지인 조그만 항구도시 멍키베이를 유명하게 만드는 건 차로 30분 거리에 있는 케이프 맥클레어다.

　이곳은 아름다운 호수와 조그만 섬들이 멋지게 조화된 경치가 기막힌 항구. 케이프 맥클레어는 소란스러운 관광지일 거라는 예상과는 딴판으로 배낭족을 상대로 하는 게스트 하우스가 대여섯 개, 식당이 두세 군데 있을 뿐인 조용하고 평화로운 어촌이다.

　정거장 근처에는 관광객이 들끓고 있어서, 멀리 뚝 떨어진 곳에 숙소를 정했다. 그곳은 호수 남쪽에 뾰족하게 삐져나와 있어서 저녁마다 호수 속으로 떨어지는 아름다운 일몰을 볼 수 있다. 그뿐만 아니라 바로 동네 가운데에 있고, 코앞이 모래밭이기 때문에 야자잎으로 만든 그늘에 앉아 하루 종일 이 동네 사람들이 살아가는 모습을 관찰할 수 있다.

　이곳의 모든 일상은 호수에서 시작해서 호수에서 끝난다. 새벽에는 동네 남자들이 통나무배를 타고 호수에 나가 고기를 잡고, 점심 때쯤에는 동네 아이들이 그 고기를 손질해 말리거나 밖에 나가 팔러 다닌다. 그때쯤에는 아줌마들이 호숫가에 나와 빨래를 하거나 설거지를 하고 아이들을 목욕시킨다.

호숫가에 앉아 있으면 동네 꼬마들이 우리나라 돈 300원 정도인 5크와차만 내면 생선구이를 해주겠다느니, 2크와차에 빨래를 해주겠다느니 하면서 말을 건다.

이 동네 아이들은 걸을 줄만 알게 되면 일을 시작한다. 5~6살 먹은 아이들이 빨래와 설거지를 하거나 관광객을 상대로 생선이나 조악한 목공예품, 집에서 만든 바나나 케이크 등을 팔아 푼돈을 번다. 이렇게 해서 번 돈을 집안 생계에 보태거나 학비로 쓴다고 하니 한창 어리광부리며 군것질이나 할 나이에 대견하기도 하고 딱하기도 하다.

이 아이들을 보는데 나는 왜 대학생이 되어서도 학비는커녕 제힘으로 용돈조차 해결하지 못하고 부모에게 손을 벌리는 우리나라 학생들이 생각나는 걸까?

케이프 맥클레어에 온 후 첫날 나는 심한 두통과 고열에 시달렸다. 말라리아가 아닐까 크게 걱정했으나 다행히 다음 날 아침이 되니 몸이 날아갈 듯 가볍고 두통도 거짓말처럼 사라진다.

몸이 좋아지니 한나절을 참지 못하고 그날 오후에 이곳에서 사귄 오스트레일리아 여대생 킴과 미국 뉴욕에서 온 흑인 의대생 스티븐과 함께 통나무배를 빌려 타고 호수 속 섬으로 소풍을 갔다. 관광객들이 많이 찾는 섬인데, 그날은 어쩐 일인지 우리 일행밖에는 사람이 없어 하루를 아주 조용하게 놀다 왔다.

바위로 된 섬 주위에는 소문대로 온갖 모양과 빛깔의 열대어들이 살고 있어서 천천히 스노클링을 하면서 물속을 들여다보니 마치 어항 속에 들어와 있는 느낌이다.

파란 고기, 노란 고기, 까만 고기, 초록색 고기, 파란 바탕에 까만 무늬가 있는 고기, 까만 바탕에 노란 무늬가 있는 고기 등 온갖 종류에, 혼자 다니는 놈이 있는가 하면 떼를 지어 몰려다니는 놈들도 있다. 어떤 놈들은 내가 먹이인 줄 알고 내 얼굴에 입질을 하기도 한다. 말라위 호수는 그냥 멀리서 보기만 해도 아름다운데 그 안에는 또 다른 아름다움이 숨어 있다.

여행의 가장 큰 소득은 자신에 대한 믿음

: 젊은이는 오버랜드 트럭을 타라

해질 무렵 돌아오는 길, 서쪽 하늘에는 뭉게구름이 밝은 빨강으로 물들어가고, 동쪽 하늘에는 하얀 보름달이 떠오르고 있다.

'오늘 저녁에는 침낭을 가지고 숙소 앞 모래밭에 나와 달빛을 받으며 노숙해야지.'

이런 로맨틱한 생각을 하며 내 평화스럽고 조용한 숙소에 돌아와 보니 이게 웬 날벼락, 숙소 앞마당에 오버랜드 트럭 두 대가 들이 닥쳐 십여 개의 텐트를 치고 있다.

'트럭 두 대라면 적어도 사십 명인데, 이그! 달빛 아래 노숙은커녕 오늘은 귀마개가 있어야 잘 수 있겠군.'

오버랜드 트럭이란 대형 화물 트럭을 개조해 이십 명 정도를 싣고 여러 나라를 돌아다니는 투어용 트럭이다. 이것은 런던에서 출발해 나이로비까지, 혹은 케냐에서 출발해 남아프리카공화국까지 하는 식으로 짧게는 몇 주일, 길게는 몇 달씩 다니는 그룹 여행의 일종. 승객들은 보통 20대 초반의 젊은이들인데 스스로 음식도 해 먹고 텐트에서 자며 최소한의 경비로 여행을 한다.

케냐에서 출발해 탄자니아, 말라위를 거쳐 빅토리아 폭포가 있는 짐바브웨까지 갔다가 돌아오는 6주간의 총비용이 숙식비, 교통비, 가이드 비용을 몽땅 포함해 우리 돈으로 약 40만 원 정도니 파격적인 여행 경비라고 할 수 있다.

트럭이나 텐트 안에서 자며 며칠씩 제대로 씻지도 못하고 다니지만 싸다는 장점 때문에 나날이 인기를 더해가고 있는데, 우리나라 젊은이들도 여행 겸 친구를 사귀고 영어회화 공부도 할 겸해서 이런 투어에 참가해보는 것도 좋은 경험이 될 거다.

그러나 다른 여행자들은 자기 숙소에 오버랜드 트럭이 들어오면 어수선함 때문에 반기지 않는다. 나도 그들을 침입자로 단정하고 별로 탐탁한 마음이 아니었는데, 우연히 그 그룹 리더인 영국인 존과 얘기를 나누게 되었다.

존은 아프리카 대륙을 수십 번 횡단, 종단한 베테랑 투어 리더로 육로로 런던에서부터 출발해 네팔의 카트만두까지도 여러 번 다녀봤다며 아슬아슬했던 무용담을 늘어놓는다. 어디까지 믿어야 하나, 약간 의심이 가지만 재미있었다.

잠깐 머문 곳도 내게는 고향

왔던 길을 되돌아가는 것은 여행을 하면서 언제나 피하고 싶은 일이다. 가볼 곳이 너무나 많은데 가본 곳을 다시 가는 것은 마음이 내키지 않는다. 또 처음 갔을 때 기억이 좋은 곳이면 그 기억을 그대로 간직하고픈 마음에 그곳에 다시 가고 싶지 않다. 그렇지만 한 번 갔던 곳을 다시 가보면 이미 그 지리나 사람들에게 익숙해져

임시 고향 같은 느낌이 들 때도 있다.

말라위 호수에서 다시 배를 타고 되돌아가는 길이 그랬다. 배에서는 전에 만났던 요리사와 선장이 마치 오래된 친구처럼 반가워하고, 매점 아저씨와 검표원도 하얀 이를 드러내며 웃는다. 뱃사람들이 하도 반가워하니까 함께 탔던 여행객 친구들이 놀라면서 이 사람들이 어떻게 너를 아느냐고 묻는다.

"내 친구들이야. 일주일 전에 배를 타고 오면서 사귀었거든."

"어, 우리도 이 배 타고 왔는데, 우리에게는 아무도 알은체를 하지 않잖아. 넌 참 재주도 좋다."

카타베이에서도 배에서 내려 동네 입구에 들어서자마자 여러 사람들이 나를 알아보고 "카리부." 하고 인사를 해온다. 시장 아줌마 아저씨들, 빵집 총각 등은 아는 얼굴이지만 전혀 기억에 없는 사람들도 있다. 전에 묵었던 숙소에 가니 숙소 종업원들보다 근처 동네 꼬마들이 더 좋아한다.

나는 여행객 중에서도 희귀종에 속하는 한국 사람이라는 이유로 사람들이 쉽게 기억하는 것 같다. 아프리카의 동양인 배낭족은 거의 일본인들이고 그들은 보통 여럿이 몰려다니기 때문에 혼자 여행하는 일본인 아닌 동양 여자는 보기 어렵다. 게다가 나는 자타가 공인하는 삽살개 표 개띠, 어디에 가든, 어떤 사람을 만나든, 금방 친해지고 어울리는 성격이라 도처에 친구들이 많다.

그런데 더 큰 이유는 내 이름 때문이다. 내가 이름을 소개할 때마다 늘 한바탕 웃음이 터진다. 그건 다름 아니라 내 이름 비야를 이들은 '비아'로 발음하는데, 이건 맥주랑 비슷한 발음이 되니 나는 '맥주 아가씨'다. 이 얼마나 기억하기 쉬운가.

인도에서는 '비야'라는 말이 그 나라 말로 '내 사랑'이라는 뜻이고, 이란에서는 '이리 와', 에티오피아에서는 '나의 조국', 이스라엘의 히브리어로는 '하늘에서의 섹스'라는 뜻이다. 남아메리카에서는 내 이름의 본뜻인 비(雨)의 스페인어인 '주비야'로 불렸다.

각 나라 말에 친근한 뜻이 있어서 사람들이 기억하기도 좋고, 발음하기 쉬워 부르기도 편한 내 이름은 여러 나라를 즐겁게 여행하는 데 한몫을 톡톡히 하고 있다.

: "누나, 콘돔 가지고 다녀요?"

아침 일찍 호수에서 굿 바이 수영을 하고 국경 근처 산꼭대기 마을 리빙스토니아로 향했다. 해발 800미터 고지에 자리 잡은 리빙스토니아는 1894년 스코틀랜드 자유교회라는 교단이 건설한 마을이다. 그 후 지금까지 여러 교단의 선교사업본부가 있는데, 인구 3000명 정도의 마을 전체가 영국풍이다.

멀리 말라위 호수가 한눈에 내려다보이고 마을 앞뒤로 산들이 병풍처럼 둘러싸고 있어서 가이드북마다 아프리카에서 최고로 경치 좋은 곳이라고 적혀 있다.

리빙스토니아 입구에 도착하니 벌써 오후 3시, 다니는 버스가 없어서 산꼭대기에 있는 마을로 가려면 운 좋게 지나가는 자동차를 얻어 타거나 아니면 걷는 수밖에 없다. 인구 3000명인 마을에 정기적으로 다니는 교통편이 없다는 것이 믿어지지 않는다.

이런 늦은 오후에는 마을로 가는 차가 있을 리 없으니 아랫마을에서 자고 가라는 마을 아저씨의 말을 듣고 어떻게 할까 망설이다. 이제부터라도 열심히 걸으면 어두워지기 전에 도착할 수 있을 것 같아서 배낭을 앞뒤로 메고 뙤약볕에 가파른 산길을 걷기 시작했다.

500미터도 가지 못해 등이며 가슴 사이로 땀이 한강처럼 흐른다. 이거 도저히 안 되겠다 싶어 다시 마을로 내려갈까 머뭇거리고 있는데, 리빙스토니아의 기숙사 학교에 다닌다는 중학생 네 명이 올라온다.

"얘들아, 이 누나는 오늘 꼭 리빙스토니아에 가야 되는데, 짐이 무거워서 빨리 갈 수가 없네. 너희가 번갈아가며 내 짐을 좀 져주면 안 되겠니?"

아이들에게 부탁하자 그 가운데 한 아이가 약은 소리를 한다.

"그럼 수고비로 한 사람당 5크와차씩 주세요."

그 돈이래야 겨우 300원 정도.

"물론이지. 다 올라가면 콜라도 한 병씩 사줄게."

큰 배낭을 아이들에게 맡기고 작은 배낭만 메고 가볍게 산을 오르기 시작했다. 그러나 양의 창자처럼 꼬불꼬불한 산길은 너무 가팔라서 이내 무거운 걸음이 된다.

"누나, 콘돔 가지고 다녀요?"

한참 땀을 뻘뻘 흘리면서 이런저런 얘기를 하며 오르고 있는데, 그중 제일 덩치가 큰 녀석이 불쑥 묻는다. 이상한 놈이다 싶었지만 그 또래에는 그런 호기심도 많을 것이므로 그런 건 왜 묻느냐고 점잖게 되물었다.

"외국인들은 섹스 할 때 콘돔을 사용한다는데 사실인가요?"

좀 맹랑한 것 같았지만, 그래도 그렇다고 대답하며 그래야 원하지 않는 임신을 막을 수 있고, 아프리카에 창궐하는 무서운 에이즈도 막을 수 있다고, 제법 교사다운 태도로 안전한 성생활에 대한 즉석 강의를 했다. 그랬더니 이 녀석들이 수상한 질문을 줄줄이 하기 시작한다.

"누나는 남자 친구 있어요?"

"그럼. 지금 내 남자 친구는 잠깐 볼일이 있어서 저 아랫마을에서 머물다가 내일 일찍 올라올 거야."

다른 생각을 못 하게 하려고 방어용 거짓말을 둘러댔다.

"누나는 남자 친구가 몇 명이에요?"

"몇 명이냐고? 남자 친구, 여자 친구는 한 번에 한 명씩만 있어야 하는 거야."

"아니에요. 여기서는 한꺼번에 대여섯 명도 동시에 만나요. 나도 여자 친구가 세 명이나 되는데."

그러자 덩달아 다른 녀석들도 열을 올린다.

"나는 콘돔 싫어요. 콘돔 쓰면 영 느낌이 못하거든요. 누나는 흑인 남자 친구 만나보셨어요?"

"아니."

"한번 트라이 해보세요. 느낌이 다를 거예요. 그런데 누나는 엉덩이가 아주 작네요. 내 여자 친구는 그 두 배도 더 되는데."

점점 진한 말을 하기 시작하더니 겁도 없이 이런 선정적인 말까지 하면서 저희들끼리 쳐다보며 비죽비죽 웃는다. 가슴이 섬뜩하다. 이거 고작 중학생 정도의 아이들이라고 방심했더니 정신 바싹 차려야겠네.

"너희들 쓸데없는 소리 그만하고 입 다물고 걷기나 해. 이러다간 해 지기 전에 마을에 도착 못 하겠다."

그러면서 자연스럽게 말끝을 이어 나는 말라위 주재 한국 대사관에 근무하고 있으며, 호신용 총을 가지고 다니고, 정보부용 무선 통신기가 있어서 언제라도 말라위 경찰과 연락이 된다고 겁을 주었다.

"그 총 좀 보여주세요. 총알도 들었어요?"

아이들은 반신반의하면서도 엉터리라고 생각하지는 않는 것 같다.

"이따가 강도를 만나면 저절로 보게 될 텐데 뭐가 그리 급해. 그때 내 훌륭한 사격 솜씨를 보여주지."

이 녀석들이 성에 대한 관심은 발달했는지 모르지만 아직까지는 세상물정을 잘 모르는 순진한 중학생이어서 내 말을 믿는 표정이다.

"정말 그래요. 이 길에는 강도가 많이 나온대요. 강도를 만났다는 사람이 하나둘이 아니에요."

아이구, 이번엔 강도까지. 또 한 번 가슴이 덜컹 내려앉는다.

"아참, 그런데요. 그 에이즈라는 병, 그 병에 걸린 사람이랑 몇 번 자면 옮는 거예요?"

이 녀석들 또 화제를 돌린다. 그러면서 저희들끼리 원주민 말로 뭐라고 하는 말에 섹스 어쩌고 하는 말이 섞여 나오고, 음흉하게 쿡쿡 웃는 소리에 소름까지 끼친다. 행인 한 명 없는 이 으슥한 산길에서 어느 순간 이 녀석들이 나를 어떻게 할지도 모른다는 생각에 너무나 긴장을 해서 귀가 당겨나갈 지경이다.

사방은 이미 캄캄해졌는데도 마을이 나타나지 않아 가슴이 다 졸아붙는데, 바로 그때, 산 저쪽에서 한 무리 사람들 소리가 들린다. 어찌나 반가운지 "안녕하세요." 하는 큰소리와 함께 속으로는 '하느님 감사합니다.' 하는 소리가 절로 나왔다. 리빙스토니아 끝쪽 마을 사람들이었다.

: 빗속의 귀곡 산장

90여 년 전 영국인 선교사들이 지은 영국풍 저택을 깔끔하게 단장한 게스트 하우스는 제법 응접실이며 거실, 서재들을 갖추었고,

방마다 벽난로가 있어서 마음에 든다. 그 큰 집에 투숙객이라고는 바바라는 미국 여자와 나 둘뿐이어서 금방이라도 유령들이 나타나 '뭐 필요한 거 없수?' 하고 물을 것만 같은 귀곡 산장이다.

짐을 풀고 샤워를 한 다음 아침부터 쫄쫄 굶은 배를 채우려고 지배인에게 저녁 식사가 되느냐고 물으니 너무 늦어서 곤란하단다. 늦기는 뭐가 늦어, 아직 8시도 안 되었는데.

그러나 여기 풍습에는 늦었다니 할 수 없지. 마침 며칠 전 카타베이 슈퍼마켓에서 발견한 황금 같은 인도네시아산 라면을 꺼내 불을 빌려 맛있게 끓여 먹었다. 아, 바로 이맛! 이렇게 라면은 언제나 산속에서 그 귀한 진가를 발휘한다니까.

등반도 했겠다, 샤워도 했겠다, 저녁도 먹었겠다, 이 순간에는 세상에 부러울 게 없다. 게다가 침대도 간이침대가 아니라 제대로 된 넓은 침대에 비누 냄새가 폴폴 나는 깨끗한 시트까지! 이렇게 잠을 푹 잘 수 있는 조건이 갖추어져 있을 때, 나그네는 작지만 무한한 행복감을 느낀다.

다음 날은 하루 종일 비가 온다. 그냥 비가 아니라 소방차가 호스로 물을 뿌리듯이 장대비가 쏟아졌다. 여기 묵고 있는 43살이라는 미국 여선생 바바라와 아침을 먹는데, 그녀가 선생님다운 표정을 지으면서도 남들과 똑같은 질문을 해온다.

"이렇게 오랫동안 혼자 여행을 다니면 심심하지 않아요? 그렇게 여행해서 얻는 게 뭐예요?"

"하나도 심심하지 않아요. 사실은 혼자 다니는 게 아니라, 나 자신과 함께 다니는 것이니까요."

좀 형이상학적인 대답을 해주었는데 알아들었는지 모르겠다. 그런데 이건 내 진심이다. 나는 이제 혼자 다니는 것에 너무 익숙해서 혼자 있는 게 불편하거나 심심하지 않다. 오히려 내 스스로 나 자신의 친구가 될 수 있는 '나 홀로 여행'의 즐거움을 만끽하고 있다.

혼자 여행을 하면 자신이 스스로를 돌보아야 한다. 혼자 결정하고, 그 모든 결정에 따르는 결과에 대해 혼자 책임을 져야 하는 과정에서 나는 나와의 대화 시간을 갖게 되고, 그러면서 나를 잘 알아가게 된다.

뿐만 아니라 여행 기간이 길어질수록, 그래서 다양한 경험을 하게 될수록, 어떤 일이 닥쳐도 감당할 수 있다는 자기 능력에 대한 신뢰가 조금씩 더해지는 것 같다. 자기에 대한 믿음, 이거야말로 여행에서 얻을 수 있는 최고의 소득이 아닐까. 결국 이것이 인생을 사는 데 가장 큰 힘이 될 테니까 말이다.

바바라는 첫날 오후에 떠났기에 산꼭대기 귀곡 산장을 홀로 지키며 그동안 게을리 했던 책 읽기에 열중했다. 하루 종일 비가 오지만 간간이 날이 개고 구름이 걷힐 때 숙소 베란다에서 내려다보이는 경치는 아프리카 최고의 경관이라는 말이 절대 과대평가가 아니라는 걸 알 수 있다.

멀리 말라위 호수가 보이고 호수를 병풍처럼 산이 둘러싸고 있다. 수평선 근처에는 레이스 모양의 예쁜 뭉게구름이 깔려 있고, 바로 코앞에는 산지 평원에 푸른 밭과 농가들이 앉아 있으며, 그 아래로 내가 공포 속에 몇 시간 올라온 길이 꼬불꼬불 이어진다. 그 양옆으로 잘생긴 푸른 산들이 보디가드마냥 딱 버티고 있다.

비 오는 날 따뜻하게 옷을 입고 따끈한 차와 비스킷을 앞에 놓고 책을 읽는 것도 또 하나의 작은 행복이다. 그러나 여정 때문에 언제까지나 마냥 빈둥댈 수는 없는 일.

닷새째 되는 날, 아침 일찍부터 빗속을 뚫고 미친 사람처럼 병원으로, 우체국으로, 교회로 뛰어다니며 아랫마을로 내려가는 차를 수배한 끝에 겨우 미국인 선교사 차를 얻어 탈 수 있었다. 그러나 오랫동안 내린 비로 진흙탕이 된 길에 차가 빠져 몇 차례씩 차에서 내려 밀어야 했다.

: 10달러에 산 탄자니아 입국 도장

말라위 국경 도시에서 하루를 묵고 다시 탄자니아로 가려고 길을 나섰는데, 길가에 어디서 많이 본 듯한 오버랜드 트럭이 서 있다. 그 옆에서 또 눈에 익은 모자를 쓰고 조끼를 입은 남자가 왔다 갔다 한다. 걸음을 멈추고 자세히 보니 이게 누군가. 몇 주 전 케이프 맥클레어에서 만났던 영국인 여행 인솔자 존이었다.

그 팀은 2개월간의 여정을 마치고 탄자니아를 거쳐 케냐로 돌아가는 길이란다. 나도 똑같이 탄자니아를 거쳐 케냐로 간다니까 잘 됐다면서 자기 트럭을 타고 가잔다.

이게 또 웬 떡이냐? 그렇지 않아도 국경을 넘는 교통편이 불편해 난감해하던 판에 어디서 이런 구세주가 나타났지? 그러게 어디서나 사람을 잘 사귀어놔야 하는 거다.

말라위 국경에서는 입국할 때 작지 않은 해프닝이 있었던 터라 국경 직원이 나를 알아보고 반갑게 인사까지 하는데, 탄자니아 국경에서 또 말썽이 생겼다. 여기서도 또 한국 사람은 비자가 필요하니 말라위 수도에 가서 비자를 받아오라는 거다.

나는 분명 지난번 탄자니아에서 말라위로 넘어올 때 탄자니아 출입국관리국에서 재입국 때 국경에서 비자를 받을 수 있냐고 물었고, 얼굴이 특별히 새까만 여직원이 그럴 수 있다고 했는데, 이게 무슨 날벼락?

뒤에 줄 선 트럭 일행에게는 아무 문제없이 줄줄이 신나게 도장을 찍어주면서 내게는 딱딱거리며 한쪽으로 밀어놓는 것에 화가 치밀었지만 어쩌겠는가. 그러나 모처럼 얻어 탄 트럭을 놓치고 말라위로 쫓겨날 수는 없는 일이다. 내 뒤에 아무도 없는 때를 기다려 은근히 국경 직원을 찔렀다.

"아저씨, 입국 도장만이라도 찍어주세요. 탄자니아에서 사흘 안에 나갈게요. 지금 저 트럭을 타지 못하면 환불이 전혀 안 되는 비행기를 놓치게 돼요. 도와줄 수 있으세요?"

또 거짓말, 이번에는 애원조로 나갔다. 전 세계적인 은어로, 부패한 출입국관리국 직원에게 '도와줄 수 있냐(Can you help me)'고 묻는 말은 당신에게 줄 뇌물이 준비되어 있다는 말과 같은 뜻이다.

역시나! 그 직원은 휙 주위를 돌아보더니 아무도 없는 것을 확인하고는 "얼마요?" 하고 소곤댄다.

"가진 돈이 10달러뿐이에요."

"안 돼요. 20달러로 합시다."

"10달러만 받으세요. 아니면 당신 보스하고 얘기할 거예요."

세상에 에누리 없는 장사가 어디 있어. 10달러만 책상 위에 올려놓았더니 견물생심이라고, 굴러온 떡을 보스에게 빼앗기지 않으려고 잽싸게 집어넣더니 한 달간 유효한 입국 도장을 꽝 찍어준다.

이런 해프닝 끝에 탄자니아 국경을 넘어 동물 사파리를 시작했던 아루샤에 도착해 다시 오겠다는 약속을 지키기 위해 가이드 아다우트네 집을 찾아갔더니, 마침 비다가 닭장에서 닭을 돌보고 있다가 꽥 소리를 지르며 반가워한다. 어찌나 크게 소리를 질렀는지 닭들이 놀라 푸드득거릴 정도다.

"어머, 꼭 다시 온다더니 정말 왔네. 아이고 반가워라."

"호호호, 여기 찾아오느라고 고생 좀 했죠."

"잘 왔어요. 잠깐만 기다려요. 내가 맛있는 저녁 지어줄게."

비다는 다짜고짜 닭 한 마리를 홱 낚아채 목을 비튼다. 그러고는 재빠른 솜씨로 탄자니아 토속 음식을 준비한다. 코코넛 밀크를 넣고 삶은 강낭콩, 토마토와 양파를 넣어 양념한 마하리게 그리고 디저트로 아보카도와 바나나에 차까지.

며칠 동안 트럭을 타고 오는 장거리 여행에서 마른 빵과 비스킷, 정거장에서 파는 튀긴 감자만 먹다가 이렇게 집에서 정성스레 만든 진수성찬을 보니 너무 감격해서 보기만 해도 가슴이 두근거린다. 얼른 손을 씻고 맨손으로 아귀같이 먹어치웠다.

맛있게 먹는 내 모습에 흐뭇해하면서도 비다는 내 여행 때문에 근심이 태산이다.

케냐에는 도둑놈이 많으니 해가 지면 절대 혼자 나가면 안 된다. 버스에서 누가 음료수나 과자를 권해도 절대 받아먹지 마라, 거기 수면제가 들어 있을 수 있다, 차를 타고 가다가 자리를 뜰 때도 반드시 마시던 음료수를 들고 다녀라, 없는 사이에 나쁜 놈이 거기에 독약을 탈지 모른다…….

탄자니아 바깥에도 나가보지 않은 촌사람이 산전수전 다 겪은 나 같은 베테랑 여행자에게 갖가지 주의를 준다. 이미 케냐에서 한 번 강도를 만났다니까 펄펄 뛰며 분해하면서 그것 보란다.

비다는 정말 따뜻한 마음씨를 가진 여자다. 비다뿐 아니라 그 어머니인 로즈 엄마, 아버지와 형제들, 친척들, 남편까지 모두 그렇다. 나의 탄자니아 여행을 값지고 풍요롭게 만들어준 잊지 못할 가족들. 정말 귀한 사람들이다. 정말로 고마운 사람들이다.

"구하헤리 탄자니아(잘 있어라, 탄자니아)!"

우유만 먹고도 용맹한 마사이 사나이들

: 신들린 한국말 수다

　케냐의 수도 나이로비에 가서 지난번에는 본국으로 휴가를 가 만나지 못했던 옛 직장 상사를 찾아갔다. 리드 램로우라는 미국인인데 내가 한국에서 국제 홍보 회사 마케팅부 차장으로 있을 때, 내 직속상관인 마케팅부 이사였다.
　그때 우리는 팀워크가 좋아서 신나게 일했는데, 개인적으로도 그의 예쁜 부인 선정 씨와 친한 사이였다. 리드는 직장을 옮겨 동남 아프리카 지역의 콘돔과 피임약 계몽 및 홍보 일을 하고 있다.
　서울서 가져온 전화번호가 틀린 번호라 직접 주소만 가지고 사무실을 찾아 들어섰더니, 마침 무슨 일로 사무실에 나와 있던 선정 씨가 나를 한참 뚫어지게 쳐다보다가 "어머, 어머."를 연발한다. 내가 하도 새까매서 아프리카 사람인 줄 알았단다.
　이 부부의 그림 같은 집으로 숙소를 옮겨, 오랜만에 묵은 김치와 고추장을 듬뿍 푼 비빔냉면을 먹고 선정 씨와 함께 마치 '언어 설사'에라도 걸린 양 한국말을 쉴 새 없이 빠르게 쏟아놓았다. 이건 분명 설사다. 어디에 그렇게 수많은 말들이 숨어 있었는지 우리는 하루가 어떻게 기우는지도 모르고 정신없이 한국말을 주고받았다.

오랫동안 영어만 하고 돌아다니다가 한국 사람을 만나면 우리말을 하는 것만으로도 스트레스가 확 풀린다. 선정 씨도 오랜만에 한국말을 하니 얼굴에 생기까지 돈다. 우리의 신들린 수다를 경이로운 듯 쳐다보던 리드는 혀를 내두른다.

"한 해 동안 해야 할 말을 며칠 동안에 다 해버리기로 작정한 사람들 같군."

며칠간 한국말도 실컷 하고, 그 집에 있는 한국 책과 비디오들에 탐닉하니 그동안의 여독이 말끔히 가시는 것 같다.

동아프리카에 가면 그 유명한 마사이족 마을에 꼭 가보고 싶었다. 관광객을 위해 포즈를 취하고 팁을 위해 제자리 뜀뛰기 춤을 추는 마사이족 구경이 아니라 한 일주일쯤 때 묻지 않은 깡촌에 가서 그들과 함께 살아보고 싶었다.

그런 원단 마사이족 마을을 어떻게 찾아가나, 궁리를 하다가 우리 한국 선교단이 케냐 전역에서 선교 활동을 하고 있다는 얘기를 들은 기억이 났다.

나이로비에 있는 한국 교회를 수소문해 찾아가 10년째 아프리카 선교 활동을 하고 있다는 인상 좋고 마음씨 좋은 강인중 목사님을 만날 수 있었다. 내 얘기를 들은 목사님은 현대 문명과는 동떨어진 마사이 동네를 알고 있다며 쾌히 도와주겠다고 하신다.

강 목사님이 소개해주신 집은 나이로비에서 포장도로로 1시간, 거기서 다시 비포장도로로 2시간을 달려가야 하는 마을의 촌장 집이다. 촌장이라면 마사이족 특유의 빨간 천을 두르고 칼과 긴 막대를 들고 다니며, 부인을 적어도 서너 명은 거느리고, 귀를 뚫어 귓불을 길게 늘어뜨린 위엄이 넘치는 할아버지일 거라고 생각했다.

그러나 내 예상은 완전히 빗나갔다. 이 촌장은 독실한 기독교 신자에다 현대적인 고등교육을 받은, 기골이 장대하고 풍채 좋은 50대 아저씨다.

다른 마사이족처럼 수십 마리의 소와 양, 염소를 키우고 있지만 깡마르지도 않았고, 단 한 명의 부인과 아이들 넷이 가족의 전부다. 마사이족으로는 보기 드물게 바지와 남방셔츠를 입고 있고 영어도 유창하다.

집도 쇠똥으로 벽을 바른 마사이 전통 가옥이 아니라 콘크리트에 양철 지붕이고 집 안에는 의자며 테이블까지 있는 현대식 생활을 하고 있다. 전기가 안 들어오는 지역인데도 소형 자가 발전기를 돌려 텔레비전까지 볼 수 있다.

생각했던 마사이 마을이 아니어서 크게 실망하고 있는데, 강 목사님은 내가 묵을 곳은 여기가 아니라 탄자니아 국경 쪽으로 더 들어가야 한단다. 마침 촌장이 정부로부터 면장 격에서 도지사 격으로 승격을 해서 돌아오는 일요일에 큰 축제가 있을 거라고 한다. 잔칫날에 맞춰 돌아오기로 하고 이튿날 아침 일찍 촌장의 둘째 아들 조슈아와 함께 길을 떠났다.

: 한 남자의 아내 넷이 친자매처럼 살아

내가 묵을 동네는 조슈아가 전도사로 있는 레보 마을. 길도 아닌 비포장 길을 곡예하듯 달려 5시간 만에 목적지에 도착했다.

풀포기만 듬성듬성 나 있는 황야에 한국 선교단이 지어준 교회와 초등학교만 우뚝 서 있을 뿐 집이라고는 한 채도 보이지 않는다. 마을은 여기서 더 들어가야 한다는 거다. 마을을 찾아 길을 나서자 아프리카 한낮의 태양이 불화살처럼 뜨겁게 몸에 와 박힌다.

진짜 마사이족은 외부 사람을 경계한다는 얘기를 들은 터라 내심 나의 방문을 어떻게 받아들일까 걱정했는데, 다행히 가는 집마다 모두 거부감 없이 대해주었다. 빨간색을 주로 입는 마사이족처럼 보이려고 일부러 나이로비에서 산 빨간 티셔츠가 제구실을 한 탓일까?

이곳 마사이 사람들은 영어를 한 마디도 하지 못해 조슈아가 일일이 따라다니며 통역을 해준다. 집집마다 현대 문명의 흔적이라고는 눈을 씻고 보아도 찾을 수 없다.

마사이족의 주거지는 한 가족이 한 마을을 이루고 사는 형태다. 마을과 마을은 적어도 걸어서 1시간 이상 걸릴 정도로 떨어져 있다. 가족은 축사를 가운데 두고 빙 둘러 집이 있는 '보마'라는 곳에서 사는데, 중앙에 소와 염소, 양들의 축사가 있고, 그 둘레에 네다섯 명의 부인이 각기 한 채씩 집을 짓고 살고 있었다.

놀라운 건 이런 집을 짓는 일도 여자들 몫이라는 점이다. 부인들끼리 힘을 합쳐 집 한 채를 짓는데 보통 두 달 정도 걸린단다. 보마를 방문하자면 첫 부인 집부터 시작해 둘째, 셋째, 넷째 부인 집을 차례로 방문하는데, 가는 곳마다 내놓는 우유나 끓인 우유에 설탕과 찻잎을 섞은 전통차를 마셔야 한다.

나뭇가지와 말린 쇠똥으로 지은 집은 높이가 160센티미터쯤으로 내 키만 한데, 입구에 잔뜩 붙어 있는 파리를 헤치며 등을 구부리고 들어가면 집 안이 너무나 캄캄해 처음에는 아무것도 보이지 않는다. 손바닥보다도 작은 창문에서 겨우 한 줄기 빛이 새어 들어올

뿐이다.

쇠똥 냄새는 나지 않으나 화덕 장작불에서 나는 연기 때문에 눈을 뜰 수가 없다. 서너 평 됨 직한 집 안에는 부엌을 중심으로 양쪽으로 방이 두 개에, 입구와 가운데 방 사이에 어린 가축을 재우거나 땔나무 등을 쌓아두는 헛간이 있다.

부엌 가운데에는 화덕이 있고, 그 옆에 우유를 담아두는 커다란 호리병 모양의 칼라바시 몇 개와 컵 몇 개, 접시 몇 개가 있을 뿐이다. 방에는 쇠가죽이 한두 장 깔려 있고, 마사이 사람들이 낮에는 입고 다니고 밤에는 덮고 자는 빨간 모직 천이 한 장 있다.

가구도 없고 세간도 없는 매우 단순한 집이고 살림이다. 이렇게 몇 가지만 가지고도 살 수 있는데 우리는 쓸데없는 것을 너무도 많이 지니고 사는 건 아닐까, 잠깐 생각해보았다.

이런 소박한 집에 살면서도 여자들은 자기 치장에는 온갖 정성을 다한다. 머리를 빡빡 깎고, 귀를 뚫어 귓불이 어깨까지 늘어지도록 무거운 귀고리를 하고, 목에도 색색가지 구슬로 만든 원반형, 늘어뜨리는 형 등 각양각색의 목걸이를 하고 있어서 모두 성장한 신부를 연상케 한다.

내가 가장 궁금한 것은 여러 부인들이 한 울타리에 함께 살면서 어떻게 다른 부인들과 잘 지낼 수 있는가 하는 지극히 속물적인 관심이다.

첫째 부인의 대답은 자기는 결혼하기 전부터 자기가 유일한 부인은 아닐 거라는 사실을 알고 있었다는 거다. 첫 부인으로 여기 보마에 들어와 몇 년을 혼자 지내다 보니 적적하기도 하고 많은 일이 힘들기도 해서 남편이 왜 빨리 둘째 부인을 들이지 않고 자기에게 이 고생을 시키는지 불만이던 차에 둘째 부인이 들어와 대단히 반가왔다고 한다.

둘째 부인 얘기는 자기는 마사이 풍습에 따라 자신의 의사와는 전혀 관계없이 집안 어른들이 시키는 대로 시집을 왔다고 한다. 소 다섯 마리를 결혼 비용으로 받았는데, 시집온 지 한 달 뒤에 셋째 부인이 들어왔단다. 그래서 함께 집도 짓고, 일도 같이하고, 밤마다 모여 노래도 함께 부르며 친자매처럼 재미있고 즐겁게 지내고 있다고 한다.

한 달 전에 들어온 15살 난 넷째 부인은 나이가 어려서인지 부인들 얘기하는 데 끼기보다는 다른 부인의 큰 아이들하고 어울려 노는 것이 더 좋은 듯 보였다.

남편이 다른 부인 집에서 자면 샘이 나지 않느냐고 첫째 부인에게 물었더니 그런 문제가 생기지 않도록 공평하게 남편을 관리하는 게 바로 큰 마누라의 역할이라 그날 남편이 어느 집에서 자는지를 자기가 결정한다는 거다.

그러면서 하는 말이 자기는 이제 늙고 자식도 여섯이나 되어 있을 만큼 있으니 남편과 잠을 자지 않아도 상관없다고 한다. 일반적인 상식으로는 이상스러워 보이지만 그들에게는 이것이 생존 방식이며 삶의 지혜다. 한 가족이 한 마을을 이루고 사는데 그 안에서 잘 어울려 지내지 않으면 그 인생이 얼마나 괴롭겠는가.

: 내 생애 첫 딸기 우유

1시간쯤 걸어 다음 보마에 가니 이미 해는 기울고 동산에 둥근 달이 떠오른다. 그 집에서는 마침 가축들에게 낙인을 찍고 있었다.

가장인 올레파리가 부인들과 자식들을 지휘해 마당 가운데에 장작불을 피워놓고 시뻘겋게 달군 인두로 소와 염소 등짝에 자기네 가축이라는 표시로 낙인을 찍는 모습이 인상적이다.

올레파리란 '파리의 아들'이란 뜻. 여기서는 누구누구의 아들, 딸로 이름을 부르고 있다. 내게도 이름을 물을 때 누구네 집 자식인가 하고 묻는데 이건 우리네 시골과 같지 않은가.

한동안의 낙인 작업이 끝나자 부인들이 젖소의 젖을 짜면서 목청을 높여 돌림노래로 노동요를 부른다.

젖소야, 오늘 풀 배불리 뜯어 먹었니?
그러면 젖도 많이 나오겠네.
내가 네 새끼 먹일 젖은 충분히 남겨놓을 테니
젖을 짜는 동안 뒷발질하지 말아다오.

대략 그런 내용이라고 조슈아가 통역을 해준다. 이 근방에는 밤이 되면 하이에나나 들개는 물론 치타며 사자가 수시로 나온다고 해서 이 집에서 하룻밤 묵어가기로 했다.

아침도 대충 먹고 점심도 간단하게 먹었기 때문에 저녁이 되자 배에서 꼬르륵 소리가 났다. 그런데 이 보마의 어느 집에서도 저녁밥 짓는 기색이 없다. 들어가본 집마다 방금 짠 우유와 차만 내놓는다.

참다못해 조슈아에게 물었다.
"저녁은 언제 먹어요?"
"아까 우유 먹었잖아요."
"네?"

"마사이족은 점심은 아예 안 먹고, 우유가 아침 식사이자 저녁 식사예요. 아니, 그런 줄 몰랐어요?"

조슈아가 오히려 더 놀란다. 세상에, 사람이 어떻게 곡기는 하나도 집어넣지 않고 밤낮 우유만 먹고 살 수 있담.

그런데 정말로 마사이족은 특별한 날에는 가끔 가축을 잡아 고기도 먹지만 평소에는 우유만 먹고 산다. 우유는 완전식품이라더니 우유만 먹고도 살 수 있다는 걸 생활로 증명하고 있다. 우유에서 모자라는 특정한 비타민을 공급하기 위해서인지 들판에서 나는 약초와 야생 열매를 조금 따먹는단다.

또 하나 마사이족이 먹는 것은 소의 피다. 이들은 살아 있는 소에서 마치 맥주 배럴에서 필요할 때만 생맥주를 따라 마시고 꼭지를 잠가놓듯이 피를 뽑아 마신다. 소들은 돌아가면서 피를 공급하는데 그날 피를 제공할 소의 목을 끈으로 꽉 졸라 정맥이 튀어나오게 한 다음 뽀족한 창끝으로 찌르면 피가 분수처럼 솟는다. 그것을 칼라바시에 담아 우유에 섞어 마시는 거다.

피를 다 받았으면 끈을 풀어주고 상처에 소똥을 발라주면 그만이다. 내게도 피 섞은 우유를 마셔보라고 권한다. 언뜻 보니 빛깔은 꼭 딸기우유 같다.

'이걸 마셔야 하나, 말아야 하나?'

한순간 고민. 목구멍에 넘어갈 때 비위가 상할 것 같아서가 아니라 동물의 생피를 마시고 이상한 풍토병에라도 걸리지 않을까 걱정이었다. 주위에 둘러선 사람들은 내가 어떻게 하려나 몹시 궁금한 표정이다.

'에잇, 우리나라 남자들은 뭐에 좋다고 사슴피, 자라피도 돈 들여서 먹는다는데.'

눈 딱 감고 꿀꺽, 꿀꺽, 꾸울꺽! 코피가 났을 때 고개를 뒤로 젖히면 목으로 넘어가는 피에서 나던 역한 냄새가 고스란히 났다. 내 괴로움을 아는지 모르는지 나를 지켜보던 집안 가족들이 그 하얗고 가지런한 이를 다 드러내며 좋아한다.

마사이 사람들은 치아가 하얗고 튼튼해 늙어 죽을 때까지 모두 자기 이를 고스란히 가지고 있는 것으로 유명하다. 그것뿐인가? 마사이족은 대부분 작대기처럼 길고도 가는 다리에 호리호리한 몸매인데도 아주 단단해서 교통사고가 나면 차는 찌그러져도 그 차에 타고 있던 마사이족의 뼈는 안 부러진다는 거다. 이 모든 것이 주식인 우유 덕분이라고 믿는데, 얼마간은 과학적 근거도 있는 것 같다.

여러 잔의 우유로 허기를 채우고 둘째 부인 집에서 가장인 올레파리와 늦게까지 얘기를 나누었다. 그는 호기심이 많은 사람이라 방문객인 나보다 더 많은 질문을 퍼붓는다.

"너희 나라에서도 가축을 키우느냐, 가축은 누가 돌보느냐, 너희 집에는 소가 몇 마리나 있냐, 사람들은 무얼 먹고 사느냐, 한국에는 비가 많이 오느냐?"

질문은 이렇게 모두 기본적인 의식주에 관한 것들이다. 하기야 그 사람들이 한국의 통일 문제나 증권 사정이 궁금하겠는가.

마사이, 문명이 범치 못한 원시의 위엄

올레파리는 마사이 생활이 이 세상에서 가장 좋다고 잘라 말한다. 자기들에게는 자랑스러운 전통이 있으므로 마사이 사람으로 태어난 것을 대단한 영광으로 안다고 한다.

단 한 가지 어려움은 물이 귀한 건데, 우기에는 괜찮지만 건기에는 가족과 가축을 이끌고 탄자니아 국경을 넘기도 한단다. 가뭄이 들면 소젖도 말라 우유는커녕 먹을 물이 없어 쇠오줌을 마시는 경우도 있다고 한다. 지금은 우기라서 물이 풍부하다는데도 여자들이 물통을 지고 걸어서 1~2시간 걸리는 샘에 가서 떠온 물이라는 게 시뻘건 진흙물이다. 그래도 그 물이 이들에게는 귀한 생명수다.

마사이 남자들에게는 범하지 못할 어떤 원시적인 위엄이 서려 있다. 어린아이 때부터 씩씩한 태도와 행동에서 사나이다움이 자연스럽게 우러나온다.

남자들은 어느 나이가 되면 포경수술을 하는데, 마취는커녕 살을 쩰 때 아프다고 얼굴을 찡그리거나 소리를 지르면 평생 겁쟁이로 낙인찍힌다고 한다. 아들의 그런 행동은 부모의 얼굴에 먹칠을 하는 건 물론 겁쟁이 남자에게는 딸을 주려는 부모가 없어 결혼 비용이 두세 배나 된다는 거다.

반면 눈 하나 깜짝하지 않고 수술을 잘 참으면 그 아들을 낳은 엄마는 마사이족에게 참다운 남자를 선사했다고 해서 남편에게서 소 한 마리를 받는단다.

성인식이 끝난 청년은 곧 '모란'이라는 자랑스러운 전사가 된다. 촘촘히 땋은 머리에 빨간 물을 들여 멋있게 장식을 하고, 창과 칼을 들고 두 명에서 다섯 명씩 짝을 지어 수년간 야영 생활을 하면서 남자에게 필요한 용맹과 호기를 기른다. 이들은 세상에 무서운 것이 없어서 사자를 맨손으로 때려잡는 것도 보통이란다.

민가에서는 야영 생활을 하는 모란을 위해 항상 우유를 준비해둔다. 마사이 전사들은 언제, 어느 집에든 들어가 그 집에 주인이 없더라도 우유를 마실 수 있다. 모란이 자기 집에 들어와 우유를 마시고 가면 사람들은 기뻐한다.

또 하나 특이한 사실은 모란이 보마를 방문하면 그 보마 안에 있는 처녀 가운데 마음에 드는 사람과 자고 갈 수 있다는 거다. 나도 보마에서 나흘이나 지냈는데 봉변할 뻔하지 않았나.

이들의 용맹과 자존심 때문에 대륙에 팔려간 아프리카 노예들 중 마사이족은 한 명도 없다고 한다. 아랍 노예 상인들이 죽기를 각오하고 싸우는 마사이족 근처에는 얼씬도 하지 못했다는 것이다.

지금도 마사이족은 탄자니아 북쪽과 케냐 남쪽을 무시로 넘나드는데, 두 나라 다 이들의 영토권을 인정해 여권이나 증명서를 요구하지 못한다고 한다. 명예를 존중하고 용맹스러운 위대한 아프리카의 사나이들!

물론 지금은 레보 마을 같은 오지에도 학교와 교회가 들어서서 현대 문명이 곧 들이닥칠 준비를 갖추고 있으니 언제까지 이들의 자랑스러운 전통이 지켜질지 미지수다. 그러나 수천 년 동안 다른 문화의 영향력을 꿋꿋이 이겨낸 마사이족의 외고집이 오래 살아남기를 바라는 마음 간절하다.

물만 있으면 부러울 게 없다

밤늦게 올레파리는 제일 젊은 다섯째 부인 집으로 자러 가고 남은 부인들끼리 한집에 옹기종기 모여 무슨 할 말이 그리 많은지 웃음소리를 내며 정답게 얘기를 나눈다.

열대여섯 명 되는 아이들은 또 자기들끼리 대낮 같은 달빛 아래서 신나게 노래를 부른다. 싸움과 노래는 마사이족의 주특기. '우우하, 우우하' 하는 노래 마디마다 붙이는 메김 소리가 구성지다.

연기 자욱한 소똥집에서 쇠가죽을 깔고 새끼 염소들과 함께 아침까지 잘 잤다. 아침에 일어나보니 부인들은 벌써 소젖을 짜느라 여념이 없고, 아이들은 염소젖을 짜느라고 분주하다. 안개가 조금 낀 마을이 신비한 분위기를 자아낸다.

몸이 근질근질해 살펴보니 팔다리 할 것 없이 동물 진드기가 잔뜩 붙어 있다. 동물들하고 한방에서 잤으니 당연하다. 진드기는 손으로 떼어내니 잘 떨어지지도 않고 떼어낸 뒤에도 피가 난다. 조슈아 말로는 그렇게 하면 안 되고 하나하나 성냥불로 지져야 한다는 거다. 이것들을 일일이 떼느라 아침나절을 다 보냈다.

낮에는 부인들이랑 나무를 하러 갔다. 땔감을 하러 가는 부인들은 밤에 그렇게 많은 얘기를 하고도 나무를 하다가 그늘에 앉아 또 한참 수다를 떤다.

그들에게 사는 데 무엇이 가장 힘드냐고 물었더니 당장 물 긷는 일이라고 이구동성으로 대답한다. 하루 종일 열심히 일하고 밤에는 남편을 나누어 가지면서도 물 긷는 일 말고는 어려움을 모르는 마사이 여자들. 그들의 고단한 삶 뒤에 숨어 있는 부드러운 미소를 찾아낼 수 있었다.

나무를 해 가지고 집에 오니 넉살 좋은 남자 아이 하나가 손을 잡아끈다. 따라가보니 아이들이 땅에 막대기로 그림을 그리며 놀고 있다가 막대기를 내게 건네준다.

'말도 안 통하는 이 아이들하고 어떻게 놀아준다?'

일단 쪼그리고 앉아 코끼리 비슷하게 그려놓고 아이들에게 "이

거 뭐게?" 했더니 아이들이 마사이말로 "코끼리!" 하고 합창을 한다. 기린을 그리면 "기리인!", 사자를 그리면 "사자아!" 하며 뒷말을 목청껏 노래하듯 길게 뽑더니 나중에는 껑충껑충 뛰면서 좋아한다.

: 한비야, 케냐 TV 뉴스에 나오다

나흘째 되는 날은 올레파리의 형인 '올레파리 2'의 보마에서 잠을 자고 토요일 오후에 동네 아줌마, 아저씨들 이십여 명과 함께 마을을 떠나 촌장 집으로 갔다.

일요일에 열리는 촌장의 도지사 취임식 잔치에 가는 동네 사람들은 하나같이 최고의 성장을 했다. 여자들은 목에 여러 가지 크기와 빛깔의 구슬 목걸이를 겹겹이 두른 정장이다. 선물로 가지고 가는 염소 두 마리와 함께 전세 트럭 뒤에 타고 5시간을 달려 촌장 집에 도착했다.

가는 동안 내내 먼지 때문에 나는 숨도 제대로 쉴 수 없는데, 이들은 잠시도 쉬지 않고 노래를 부른다. 앞에서 목청 좋은 사람이 선창을 하면 나머지 사람들은 '우우하, 우우하' 하며 후렴을 메기는데 어찌나 신나는지 내 고개도 그들처럼 저절로 앞뒤로 흔들린다.

도지사 임명식은 생각보다 엄청나게 큰 행사였다. 사방에 흩어져 사는 마사이족들이 한 무리씩 모여들어 그 많은 손님들이 다 어디서 잘까 걱정했는데, 밤새도록 한숨도 자지 않고 동네별로 모여 앉아 노래를 불렀다.

임명식은 오후에 있을 예정인데 아침이 되자 내가 세상에 태어나

본 소 중에 가장 큰 소 두 마리와 염소 다섯 마리, 양 다섯 마리를 잡았다. 소 잡는 곳에는 여자가 얼씬도 할 수 없다는데, 나는 촌장에게 특별히 부탁해 들판으로 나가보았다.

여러 명의 남자가 올가미로 집채만 한 소의 다리를 걸어 꿇어앉힌 후 무거운 둔기로 정수리를 쳤다. 정수리를 맞은 소가 죽으니 가지고 있던 칼로 목의 동맥을 끊는다. 끊긴 동맥에서 피가 폭포처럼 쏟아지자 마사이 남자들이 벌 떼처럼 달려들어 컵에 받아 마신다. 피는 마사이 남자들의 가장 좋은 정력제라고 한다.

한낮이 되자 멀리서 큰 노랫소리가 들려왔다. 무슨 일인가 하고 나가보니 한 무리 여자들이 마사이 전통 의상을 떨쳐입고, 멀리 벌판 끝에서부터 고개를 흔들고 노래를 부르면서 한 발짝씩 다가온다.

또 그 반대편 들판에서도 붉은 옷을 입고, 장신구를 하고, 지팡이를 짚은 한 무리의 아낙네들이 한 발짝씩 발을 내디딜 때마다 자라처럼 목을 쭉 뺐다 집어넣었다 하면서 다가온다.

그러자 미리 와 있던 여자들이 또 무리를 지어 똑같은 동작과 노래를 하면서 마중을 나간다. 약 15분쯤 걸려 한 지점을 향해 다가오던 세 그룹이 드디어 만나자 서로 껴안고 반가워하더니 한데 합쳐서 노래를 부르고 고개를 흔들며 집으로 들어왔다. 큰 잔치 때나 볼 수 있는 아주 보기 드문 마사이족 전통 손님맞이라고 한다.

잔치가 시작되자 나도 손님답게 가지고 다니던 목면 천에 옷핀 두 개를 꽂아 엉성하게나마 마사이식 옷을 만들어 입고 레보 마을 아줌마가 준 목걸이를 하고 식장에 나갔다.

오후 2시경 경찰들이 와서 안전 점검을 한다고 법석을 부리더니 곧 이 나라 부통령이 나타나고, 300여 명의 축하객이 모인 가운데 식이 시작되었다. 이것이 꽤 중요한 행사였던지 국영방송에서 텔레비전 카메라맨까지 나와 마사이 차림을 한 이 외국인에게 여러 번 카메라를 들이댔다. 아니나 다를까, 그날 저녁 텔레비전 뉴스에 대문짝만 하게 내 얼굴이 나왔다.

잔치가 끝나고 사람들이 각기 자기 마을로 돌아갈 때가 되자 레보 마을 사람들이 함께 돌아가자고 나를 부른다. 나는 나이로비로 간다고 하니까 깜짝 놀란다. 함께 왔으니까 함께 돌아가서 며칠 더 묵어가야 한다는 거다. 나도 한순간 그럴까 싶었다.

그 며칠 동안에 어느새 마사이 사람들과 정이 들어버린 거다. 특히 올레파리네 가족들과는 더욱 그랬다. 마을로 떠나가면서 몇 번씩 뒤돌아보는 레보 마을 사람들. 정 들자 또 이별이구나. 아무리 여러 번을 헤어져도 헤어지는 아쉬움은 매번 처음인 것 같다.

보란족, 남녀평등? 좋아하시네

: 트럭 얻어 타고 가다 엉덩이 다 까져

케냐에서 에티오피아로 육로 이동을 하자면 케냐와 에티오피아 국경인 모얄레로 가야 하는데, 그곳까지 가는 길은 모두가 꺼리는 길이다. 몇 년 전부터 무장 강도가 수시로 출몰하고 특히 최근에는 내전 중인 소말리아에서 유엔평화유지군이 무기를 버리고 철수한 이후 국경 지역에 많은 무기들이 나돌아 너도나도 소총이나 기관총을 가지고 다닌다고 한다.

사흘 굶으면 남의 집 담 안 넘는 사람 없다고, 총을 든 난민들이 무엇을 할까는 물어보지 않아도 뻔한 일. 위험을 증명이라도 하듯 일주일에 한 번씩 무장 경찰을 태우고 운행하던 정기 버스마저 끊긴 상태다.

내가 이 길로 가겠다고 하자 모두 깜짝 놀라며 극구 말린다. 여러 대사관과 사방으로 전화를 해본 선정 씨 부부는 제발 비행기를 타라고 신신당부하고, 10년 이상 이곳에서 선교 활동을 해오신 목사님들도 위험천만한 일이라고 절대로 가지 말란다. 나이로비에서 만난 배낭족 한 명도 원래 계획을 바꾸어 몸바사에서 배를 타고 북쪽으로 가기로 했다고 한다.

그래도 나는 정 위험하다고 판단되면 되돌아오는 한이 있더라도 그 길을 가보기로 한다.

아프리카에 와보니 목숨 걸고 다니는 사람은 딱 세 부류다. 돈을 벌기 위해 다니는 장사꾼, 하느님 사업하는 성직자, 그리고 나같이 정신 나간 여행객.

가는 길 중간의 마르사비트까지는 에티오피아에 플라스틱 통을 팔러 가는 대형 트럭을 얻어 탔다. 트럭에는 열다섯 명이나 되는 사람들이 그야말로 입추의 여지없이 플라스틱 통 위에 아슬아슬하게 올라앉았다.

트럭 조수들은 산더미같이 쌓아올린 플라스틱 통이 흩어지지 않게 묶어놓은 끈을 간신히 잡고 차체에 겨우 붙어 있고, 승객들은 재주껏 통 위에 앉거나 양옆 철봉에 엉덩이를 걸쳤다. 나도 가느다란 철봉 위에 겨우 비집고 앉아서 이렇게 하고 앞으로 어떻게 10시간이나 비포장도로를 달릴까 심란해진다.

도로에 들어서자마자 차가 덜컹거려서 그때마다 나도 덩달아 들썩이다 보니 30분도 못 가서 엉덩이가 아파 죽을 지경이다. 더구나 내 자리는 어깨 바로 위로 철봉이 여러 가닥 가로질러 마치 춘향이 큰칼 쓴 꼴로 철봉 사이로 목만 빠끔 내놓았으니 덜컹거릴 때마다 양 어깨가 철봉에 부딪혀 아파서 견딜 수가 없다. 좀 편해보려고 발을 조금 뻗을라치면 아래쪽에 앉은 사람이 발 치우라고 아우성이고.

반사막지대를 달리느라 먼지는 있는 대로 다 뒤집어쓰고 한낮의 태양을 직통으로 받고 앉았으니, 도대체 이게 무슨 생고생이란 말인가. 그러나 현지인들이 견딜 수 있다면 나도 견딜 수 있다는 각

오로 참았다.

가는 길에는 케냐 산을 비롯해 멋지게 생긴 산들이 즐비하고 반사막지대의 광활한 대지도 볼만하지만, 워낙 내 사정이 딱한지라 경치를 즐길 엄두도 내지 못했다.

오후 늦게 마르사비트에 도착했을 때는 내 몸은 초주검 상태, 양어깨는 시퍼렇게 피멍이 들어 까져 있고 엉덩이 꼬리뼈 부근의 살도 까져 피가 난다. 앉거나 걸을 수도 없다. 물어물어 여관을 찾아가 사정사정해서 물 한 통을 얻어 뒤집어쓰니 좀 살 것 같기는 한데 도대체 내 몸이 내 몸이 아니다.

저놈의 트럭을 타고 국경도시 모얄레까지 가다가는 국경에 도착하기 전에 하늘나라에 먼저 도착할 것 같아서 다른 차를 수배해보려고 했으나, 애초에 이 마을에는 움직이는 자동차라는 게 없다.

하는 수 없지, 일단 푹 자고 걱정은 아침에 일어나서 하자. 그러나 아침에 자명종 소리에 맞춰 깨어보니 온몸이 쑤셔서 도저히 몸을 일으킬 수가 없다.

'에라, 여기서 하루 푹 쉬고 내일 가는 차편을 알아보자.'

발가락 하나 꼼짝하지 못하고 누웠다가 늦은 아침을 먹고 비실비실 동네 시장에 기어 나와 우유와 나무 등속을 팔러 나온 온갖 부족들의 모습을 기웃거리고 있는데, 병원용 하얀 랜드로버 차가 마을 안으로 들어온다.

내일 아침 모얄레로 떠날 거란다. 이런 기회를 놓칠 수 있나. 한껏 고단한 표정으로 사정했더니 이미 정원은 넘었지만 할 수 없지 않느냐며 어렵지 않게 승낙한다. 편한 승용차를 타고 모얄레까지 가게 되었으니 한비야는 운도 좋다.

: 킴의 눈빛

그날 저녁 여관에 에티오피아로부터 넘어오는 여행객들이 들었다. 이들 중 하나가 나를 보더니 조심하라고 한다.
"이렇게 위험한 줄 알았으면 이쪽으로 안 왔을 거예요."
이들은 이집트에서 5인승 지프를 사서 육로로 남아프리카공화국까지 가는 중이란다.
"뭐가 제일 위험해요?"
"때도 없이 나타나는 무장 강도들이 빵 한 조각을 뺏기 위해 사람을 죽인대요."
오는 길에 강도를 당했다는 사람을 여러 명 만났단다.
'그래도 할 수 없지 뭐. 이미 들어선 길인데. 병원 차 타고 가는 거니까 괜찮을 거야.'
일행 중 노르웨이에서 왔다는 남자 대학생은 아무리 보아도 얼굴이 동양 사람이다. 아니나 다를까, 그는 한국에서 입양 간 아이로 이름도 킴이다. 전에 설악산에서 열렸던 국제잼버리대회에도 참가했다는 거다. 그때 한국 신문에 '노르웨이로 입양된 쌍둥이 형제가 생모를 찾는다'는 기사가 났던 사연의 주인공. 당시 우여곡절 끝에 생모를 만났지만 1년 후 다시 소식이 끊겨 이번 여행 중 한국에 가서 꼭 다시 찾아보겠다고 한다.
생긴 것도 듬직한 녀석이 행동거지도 의젓해서 꼭 막내 동생 같다. 킴과 많은 얘기를 나누었다. 킴은 한국 풍습과 사람들에 대해 알고 싶은 게 많았다. 생모와 고국을 그리워하는 그 마음이 오죽할까 싶어 성의를 다해 대답해주었다.
킴은 대부분의 한국 아이들처럼 자기도 어렸을 때는 노르웨이 친구들에게서 따돌림 당하는 건 물론, 매도 수없이 맞았다고 한다.

한국 아이들은 모두 학교에서 공부도 잘하고 집에서 말썽을 일으키지도 않는데, 외모가 다르다는 것 때문에 또래 아이들이 미워한다는 거다.

이제는 힘이 세져서 매를 맞는 일은 없지만 아무리 노르웨이말을 잘하고 노르웨이식 사고방식을 가지고 있다고 해도 겉모습 때문에 좋은 직장을 갖기는 힘들다고 한다.

노르웨이 인구가 고작 400만~500만인데 입양 간 한국인 아이들이 6000명 정도나 되니 노르웨이에서는 적지 않은 소수민족이란다. 더구나 이들은 노르웨이 아이들에 비해 어느 모로나 뛰어나다는데, 이런 점이 노르웨이 아이들 마음에 들지 않는지도 모르겠다.

남의 나라에서 어려움 속에서도 꿋꿋하게 자라준 킴과 같은 한국 아이들, 핏덩이인 자기를 버린 생모와 고국을 원망하지 않고 다시 찾고 싶어 하는 착한 한국의 끈끈한 핏줄, 불모의 땅 한가운데 초라한 여관의 희미한 불빛 아래서도 초롱초롱 빛나는 킴의 눈빛이 아프게 내 가슴을 찔렀다.

: 언니 같은 국경 병원 이탈리아 수녀

다음 날 아침 비가 억수로 쏟아졌지만 랜드로버는 트럭에 비하면 천국이다. 승객들도 모두 유쾌한 사람들이다.

대평원 저 멀리 낙타들이 한 줄로 유유히 걷는 게 보인다. 여기는 낙타 유목민들의 땅. 1시간이면 지을 수 있는 집을 낙타 등에 싣고 초지를 찾아다니며, 해가 지면 아무 데서나 집을 짓고 아침이면 집을 헐어 다시 떠나는 영원한 방랑자의 삶터다.

늦게 출발한 데다 비가 와서 길이 험한 탓에 모얄레까지 2시간 남았다는 솔롤로라는 곳에 오니 날이 저문다. 여기서부터는 위험해서 해가 진 다음에는 절대로 다닐 수 없다고 무장 군인이 길을 막는다. 경찰차가 호위를 하더라도 소용이 없단다.

이 차에는 백신을 싣고 있기 때문에 12시간 안에 백신을 냉장 보관하지 않으면 못 쓰게 된다고 운전사가 군인들에게 뇌물을 먹이며 사정해보지만 절대 통하지 않는다. 위험하긴 위험한 모양이다.

하는 수 없이 마을에서 조금 떨어진, 성당에서 운영하는 병원으로 향했다. 50대 중반의 체격이 자그마한 이탈리아 수녀님이 원장이다. 부드럽고 인자한 모습이 첫눈에도 천사 같다.

백신을 냉장고에 보관한 후 남자들에게는 돗자리를 내주고 내게는 산부인과 병동의 분만실 침대를 내준다. 그러면서 병동에 출산을 코앞에 둔 산모가 있어 그날 밤을 새워야 한다기에 졸릴 때까지 옆에서 얘기 친구를 해주겠다니까 얼굴을 활짝 펴고 좋아한다.

이 수녀님은 20대 초반 꽃 같은 나이에 아프리카에 와서 30년이 넘도록 의료 선교를 하고 있다고 한다. 수단과 에티오피아, 에리트레아 등지에도 있었는데, 전쟁 중인 나라에서 죽을 고비도 숱하게 넘기고 광신적인 이슬람교도들에게 잡혀 감옥에도 몇 년간 갇혀 있었다는 거다.

천사 같은 수녀님 얼굴을 가만히 보고 있자니 수녀가 될 뻔했던 작은언니 생각도 나고, 강원도 정선에서 고아원을 운영하고 있는 내 수녀 친구 얼굴을 닮은 것 같기도 해서 살가운 감정이 솟았다.

열심히 얘기를 하고 있는 수녀님을 꼭 껴안았더니 내 마음을 읽었는지 "그라체(고마워요)." 하며 조용히 웃는다. 눈물이 쏟아지려는 걸 억지로 참았다.

: 최소한의 것만으로 감사하며 살기

케냐의 마지막 국경 마을 모얄레에서는 꼭 가보고 싶은 곳이 있었다. 에티오피아 남서부와 케냐 북쪽에 걸쳐 살고 있는 이 지역의 최대 부족 보란족 동네다.

여기 오기 전에 두 사람을 소개받았다. 한 사람은 디다라는 현지인 의사이고, 또 한 사람은 모얄레 성당의 주임신부님. 원래 국경 마을에서는 출입국 수속만 끝나면 되도록 빨리 통과하는 게 보통이지만 마사이족과 며칠을 함께 지내면서 많은 것을 얻었던 나는 보란족과도 꼭 함께 생활해보고 싶었다.

마을 사람들은 모두 디다를 잘 알고 있었다. 젊은 사람이 아주 헌신적이라느니, 돈을 모르는 의사라느니 한결같이 칭찬한다. 디다를 직접 만나보니 그런 말들이 과찬이 아니었다.

나이는 서른서넛쯤 되었을까? 듣던 대로 의젓하고 겸손하고 친절하다. 내가 보란족 동네를 찾아가보고 싶다고 했더니 좀 의아한 표정으로 한번 생각해보잔다. 외국인 여자로서는 좀 위험한 시도라는 뜻이다.

이따가 다시 의논해보자고 해서 병원을 나와 신부님을 만나러 갔다. 포르투갈에서 오셨다는 동그란 얼굴의 이 50대 신부님은 말 그대로 '신부님, 우리 신부님' 같은 온화한 분이시다.

신부님께 내가 몇 년 동안 혼자 세계의 오지를 여행하고 있다고 하니 감탄하시며 보란족 마을을 가겠다는데도 "물이 부족해 생활이 아주 불편할 텐데." 하실 뿐 막지는 않으신다.

손수 커피를 타주시며 마침 다음 날이 일요일이라 성당 경비원이 사는 보란족 동네로 교구 순방을 나가게 되므로 그 경비원 집에 부탁해서 묵게 해주겠다고 하신다.

신부님과 오랫동안 알고 지낸 사이처럼 많은 얘기를 나누었다. 성당에 다닌 덕분인지 신부님 앞에 앉자 고해성사를 하듯 내 속에 들어 있는 말들이 막힘없이 쏟아져 나온다.

남들에게는 하나의 무용담 삼아 얘기했던 많은 일들 이면에는 나도 견디기 힘든 순간들이 있었음을, 부끄럽거나 연약한 감정을 감추지 않고 털어놓았다. 또 좋은 경험을 쌓게 해준 많은 사람들에게 내 의도와는 다르게 상처를 주지는 않았는지, 혹시 그런 일이 있었다면 하느님께 용서를 빈다고도 말했다.

그날 다다 의사네 집 저녁 식사에 초대되어 갔는데, 집에 들어서는 순간 깜짝 놀랐다. 좋은 교육을 받고, 이 동네에서 이름난 병원을 경영하는 원장집이라는 곳이 방 하나와 부엌, 거실이 딸린 아주 작은집이다. 집 안에는 꼭 필요한 최소한의 가구와 집기들밖에 없다.

"집이 참 검소하군요."

"저는 무엇이든지 꼭 필요한 것만 가진다는 생각으로 살고 있습니다."

자기는 미혼이라 혼자 사니까 몇 가지밖에 없는 옷을 넣을 튼튼한 옷장과 편안한 침대 그리고 글을 쓸 책상과 걸상, 책꽂이 정도만 있으면 되니 나머지는 짐만 되고 신경만 쓰인다는 것이다.

필요한 최소한의 것만 가지며, 그 최소한의 것을 쓸 때마다 고맙게 생각한다는 건 바로 내 삶의 모토 아닌가. 그 얘기를 듣고 나는 같은 인생관을 공유하는 사람이 가질 수 있는 친근감이 느껴져 저녁을 먹고 차를 마시면서 많은 얘기를 나누었다.

"의사가 되려고 돈과 시간과 노력을 많이 들여 공부했을 텐데, 왜 이런 시골에서 병원을 하세요?"

"저는 돈을 벌고 명예를 얻으려고 의학을 공부한 게 아닙니다. 내 고향 사람들을 도우려고 의사가 된 겁니다. 내가 태어난 이 모얄레 근처에는 예나 지금이나 말라리아나 콜레라같이 손쉽게 치료할 수 있는 병으로도 수많은 사람들이 죽어갑니다. 그들을 지키는 게 제 꿈입니다."

"대단하시군요."

"그렇지도 않습니다. 제가 나이로비에 있으면 저는 그저 여러 의사 중에 한 사람이겠지만 여기서는 아주 필요한 사람이라는 생각에 보람을 느낍니다. 나를 필요로 하는 사람들이 있는 곳에서 살고 있다는 게 얼마나 행복합니까?"

끝까지 겸손함과 진지함을 잃지 않는 흑인 의사 디다. 수도인 나이로비에서 대낮에 강도가 횡행해도 사람들이 눈도 깜짝 않는 케냐에 이런 사람이 있다니!

어느 나라에든 썩은 공무원에 돈에만 집착하는 사람들이 있게 마련이지만, 소수이긴 하지만 디다같이 살아 있는 양심이 있어 세상이 유지되는 게 아닐까.

내가 필요한 곳이 아니라 나를 필요로 하는 곳에서 살자는 것이나 '심플 라이프'론은 내가 오래전부터 가지고 있던 생각인데, 지구 반대편에도 나와 똑같은 생각을 하고 그걸 묵묵히 실천하고 있는 사람이 있었던 거다. 세계 구석구석에 내 스승이 있다.

: 내 룸메이트는 어린 송아지

　일요일 아침 미사가 끝나는 대로 신부님 차를 타고 산골 동네로 갔다. 소아레라는 작은 마을. 산꼭대기에 여덟, 아홉 채의 집들이 세 그룹으로 나뉘어 있다. 이 한 그룹을 미냐타라고 하는데 보통 모두 일가이거나 몇 대째 이웃해서 살아온 이웃사촌들이다.

　내가 묵을 경비원 집의 미냐타에는 여덟 채 중 다섯 채가 시집 장가간 딸아들 등 일가이고, 세 채가 이웃사촌이다. 이들은 산비탈을 개간해 옥수수와 콩 농사를 짓고 목축도 겸하고 있다.

　나무와 진흙, 짚으로 만든 우리나라 초가집 같은 열 평 남짓한 집은 마사이족의 집보다는 훨씬 넓고 천장도 높아 실내가 환하다. 집 안에 들어서면 왼쪽에 화덕이 있는 부엌이 있고, 그 옆에는 컵과 냄비가 몇 개 걸려 있다. 그 뒤에 나뭇가지로 칸을 막고 동물 가죽을 깔아 침실로 쓰고, 문 오른쪽에도 진흙으로 바닥보다 약간 높게 만들어 역시 동물 가죽을 깔고 잠을 잔다.

　집 중앙에 뒤쪽으로 통하는 문이 있는데 그 뒤 칸에 침대가 하나, 바로 내가 잘 잠자리다. 침대 바로 앞에는 2주일 전에 낳았다는 송아지가 살고 있다.

　저녁이 되자 남자 아이들이 가축을 몰고 오는데 그중에서 태어난 지 2년 미만된 소와 어린 염소, 양들은 집 안에서 잠을 잔다. 이놈들은 집 안에다 온통 오줌도 싸고 똥도 싼다. 게다가 하루 종일 풀밭에 있던 송아지들 몸에는 수십 마리의 진드기가 붙어 있다. 이것들이 사람에게 옮겨 붙어서, 다리가 근질근질해 바지를 걷어보면 영락없이 몇 마리의 진드기가 붙어 있다.

마사이족처럼 여기서도 아침과 저녁만 먹는데, 마사이족과는 달리 목축만 하는 게 아니라 농사도 짓고 있어서 우유뿐 아니라 곡식을 먹을 수 있어서 좀 안심이다.

집 안에 모인 동네 사람들에게 내 이름은 한국말로는 '비야'인데, 보란 말로는 '보카요'라고 소개하자, 모두 놀라면서 좋아한다. '보카요'는 비라는 뜻이다.

보란족은 비를 하늘이 내리는 축복으로 생각하고 있어서 남자 아이들에게 이 이름을 많이 지어준다는 것을 올 때 들어서 알고 있었다. 내가 묵는 나흘 동안 동네 어른이고 아이고 나만 보면 '보카요, 보카요' 노래를 부르고 다닌다.

마을에 온 첫날, 성당에서 운영하는 학교의 선생님인 큰아들 와리오와 함께 동네를 한 바퀴 돌았다. 동쪽에는 케냐 평원에 섬처럼 떠 있는 산들이 아름답고, 서쪽으로는 에티오피아의 높은 산들이 어깨를 맞대고 있는 모습이 그림 같다.

산꼭대기에서 모처럼 아름답게 지는 노을을 감상했다. 와리오가 내일은 좀 더 깊은 산골짜기로 가보자고 한다.

"학교는 어떻게 하고요?"

"신부님이 수요일까지는 비야 씨 도와주는 데만 전념하라고 하셔서 이미 다른 선생님한테 합반을 부탁해놓았어요."

고마우신 신부님, 우리 신부님.

저녁 식사 때 보니 근처에 살고 있는 외손자 여남은 명이 모두 이 집에 와서 밥을 먹는다. 주식은 안시르라고 하는, 삶은 옥수수와 삶은 콩을 섞어 만든 음식이다. 오로지 소금으로만 간을 했는데도 가족들은 너무나 맛있게 잘도 먹는다.

 하기야 아침부터 차 몇 잔과 우유 말고는 먹은 게 없으니 무엇이든지 꿀맛일 테지. 나도 한 그릇 받아 푹푹 퍼먹었다. 양이 안 차 한 그릇 더 먹고 싶었으나 먹는 입은 많은데 음식은 넉넉해 보이지 않아 차마 더 달라는 말을 못했다. 이제 내일 이맘때까지는 곡기 끝.

 여기서도 역시 물이 가장 문제다. 이 마을은 그래도 물 사정이 좋은 편이라는데, 여자들이 당나귀를 끌고 1시간 넘게 가서 물통 두 개는 당나귀 등에 지우고 한 개는 사람이 지고 온다.

 그런데 물이 마사이족의 물보다도 시뻘건 진흙탕이다. 가지고 다니는 휴대용 정수기로 몇 번을 여과시켜도 마찬가지라 물 대신 끓인 차만 연신 마셔댔더니 저녁에 잠이 잘 안 와 애를 먹었다.

 저녁이면 온 동네 사람들이 나를 보러 이 집에 모여든다. 엉덩이를 걸칠 수 있는 곳에는 모두 사람들이 앉아 빈틈이 없다. 게다가 송아지 세 마리와 새끼 염소까지 나를 쳐다본다. 질문을 던지는 사람은 주로 남자들이고 여자들은 듣기만 한다. 제일 먼저 묻는 말.

 "아이들은 어떻게 하고 여기 왔어요?"

 "저는 아직 결혼하지 않아서 아이가 없어요."

 "아니, 여자가 어떻게 남편과 아이들 없이 살 수 있단 말이오?"

 깜짝 놀란다. 한 50년쯤 전에 우리나라에 온 외국 여자들에게 시골 할아버지들이 물어봤음 직한 질문과 반응이다.

 이들이 또 하나 놀라는 건 우리나라는 모두 같은 부족이고 한 가지 말만 쓴다는 사실에 대해서다. 케냐만 하더라도 140개 부족에 또 그만큼의 언어가 있으므로 그들이 놀라는 것도 무리가 아니다. 또 우리나라에 이슬람교도가 거의 없다고 하면 믿을 수 없다는 듯 묻는다.

"그럼 하늘에 알라신 말고 누가 있다고 생각하는 거요?"

: 여자의 몸값은 소 다섯 마리

어느 날 저녁에는 여자들에 대한 얘기가 벌어졌다. 아프리카에서는 어느 부족이든 여자들이 남자들의 다섯 배 가까운 일을 한다. 내가 보기에 그건 너무 불공평하고 무리한 일이라고 하자 남자들이 항의를 한다.

"그건 당연한 거요. 남자들은 여자들이 하는 일을 다 할 수 있지만 여자들은 남자들이 하는 일을 다 할 수 없잖아. 장례식에 죽은 사람을 업고 간다거나, 다른 부족과 전쟁을 한다거나, 남자들은 여자들이 하지 못하는 중요한 일을 하기 때문에 평소에는 쉬어야 하는 거야."

웃기는 일이다. 매일 사람이 죽어 장례식을 치러야 하는 것도 아니고, 수십 년 동안 전쟁도 없었다는데 말이다. 남자들은 하루 종일 빈둥대고 여자들은 새벽부터 밤중까지 등이 휘도록 일만 한다. 그러고도 남자들 뒤편에서 찍소리도 못하고 입을 다물고 있어야 하는 걸 보니 괜히 내가 분하고 억울하다.

"그전처럼 가축이 많거나 다른 부족과 싸움이 잦을 때라면 몰라도 지금은 사정이 달라졌잖아요. 그러니까 이제는 남자들이 여자들을 도와주어야 한다고요. 한국에서도 옛날에는 여자들이 남자들에게 쥐여 살았지만 그때도 땔나무를 하거나 가축을 돌보거나 하는 힘든 일은 남자들이 다 했어요."

내가 말해주니까 '여자들이 등짐을 더 잘 진다'고 하면서 얼버무린다. 여자들을 돌아보니 내 말에 동의해야 할 그들도 남자들 말이 맞는다는 듯 고개를 끄덕거린다.

내가 이런 전근대적 가부장제 부족 집단에게 남녀평등을 부르짖다니. 여자들이 스스로 불평등을 인식하고 개선하려고 하는 의지가 없는 한 외부 사람이 아무리 무어라고 해봐야 쇠귀에 경 읽기가 아닌가?

가부장제 사회가 어디나 그렇듯 여기서도 남자가 여자를 다스리는 건 당연하다고 생각한다. 이곳 풍습으로는 결혼 때 남자가 소 다섯 마리를 주고 여자를 사 온다. 결혼 상대를 고르는 건 신부 측이 아니라 신랑 아버지다. 남자들은 소만 많으면 셋이든 넷이든 아내를 얻을 수 있으니 아내가 많다는 건 곧 재산이 많다는 뜻이다.

여자의 가치가 소 다섯 마리를 넘지 못하니 남자들은 아내 때리기를 밥 먹듯 한다. 마치 아내를 가축 정도의 소유물로 생각하는 것 같다. 보통 언제 부인을 때리느냐고 물어보니까 남자들은 득의만면해서 서로 다투어 한마디씩 한다.

"가축을 잘못 돌보았을 때."
"집에 물이 떨어졌을 때."
"말대꾸할 때."
"잠자리를 거부할 때."

: 앞니가 벌어져야 미인

먼 산골짜기 마을로 '원단 보란족'을 찾아가는 길에 낙타를 유목

하는 가브라족을 만났다. 이들은 어쩐 일인지 그 간단한 집도 짓지 않고 노숙을 하고 있다. 나무 밑에 낙타 가죽을 깔고 얇은 비닐을 덮고 잔다.

오십 명쯤 되는 대부대로 아홉 가족이라는데, 지금이 우기여서 여린 풀이 많은 곳으로 낙타들을 끌고 다닌다고 한다. 한곳에 오래 있지 않기 때문에 집을 짓지 않는 거란다.

그저 간단하게 밥이나 지어 먹을 뿐 집도 절도 없이 떠돌아다니는 유목민을 보고 있노라니 불현듯 내 자신을 되돌아보게 된다.

내가 이들과 다른 게 무언가. 가진 것이라곤 앞뒤로 멘 배낭 두 개뿐. 배낭 두 개로 세계 곳곳을 떠돌아다니는 내 모습은 바로 저 낙타 유목민의 모습이 아닌가.

어쩌면 나는 전생에 몽골 대륙을 누비던 유목민이 아니었을까. 지금도 그 피가 남아 이렇게 세계를 떠돌고 있는 건 아닐까?

좀 더 산골로 들어가니 보란족 여자들의 전형적인 헤어스타일을 볼 수 있다. 단발머리 길이 정도에 앞가르마를 타고 양옆으로 오십여 가닥씩 촘촘히 땋은 예쁜 머리. 이목구비가 뚜렷하고, 하얀 이를 가지런히 드러내고 웃는 모습이 아주 예쁘다.

보란족 미인의 조건은 새까만 머리에 마른 체격, 거무스름한 눈 주위의 그림자, 긴 코, 거무스름하고 두툼한 데다 윤곽이 뚜렷한 까만 입술에 하얀 이, 거기에 앞니가 벌어져 있으면 금상첨화란다. 그러나 이것저것 다 갖추지 않았더라도 이 동네 여자들은 대부분 대단한 미인들이다.

이들이 입고 있는 전통 의상은 너비 150센티미터에 길이 2미터 정도 되는 통천으로 몸을 둘둘 만 것인데, 목 부분에서 교차하는 두 가닥 천 조각이 아슬아슬하게 젖가슴을 가리고 있어서 조금만 움직여도 가슴이 삐져나온다. 젊은 여자들이 마른 체격에 가슴은 어떻게 저렇게 봉긋하고 탐스러울까. 부러운 마음에 자꾸만 눈길이 간다.

다음 날은 아랫마을에 있는, 성당에서 운영하는 초등학교에 가보았다. 전교생 100명 정도에 선생님이 세 분. 나는 밖에서 슬쩍 보고 가려고 했는데, 내가 나타나자 교실 문을 활짝 열고 오십여 명의 저학년 학생들이 일제히 일어나 박수를 친다.

별수 없이 교실에 끌려 들어가니 선생님 말이 아이들이 나를 위해 노래를 불러주겠다고 한다. 갑자기 북소리가 울리고 교실이 떠나가도록 아이들이 노래를 부른다. 한번 노래를 시작하자 아이들은 흥에 겨워 선생님이 그만하라고 말릴 때까지 돌림노래를 부른다.

초롱초롱 눈망울이 맑은 아이들이 부디 희망을 가지고 잘 자라서 보란 부족을 크게 일으키라는 뜻에서 답가로 '희망의 나라로'를 불러주었다.

배를 저어가자 험한 바다 물결 건너 저편 언덕에
……
자유, 평등, 평화, 행복 가득한 곳 희망의 나라로.

배낭을 지고 모얄레로 내려오는 길에 어느새 낯익은 동네 얼굴들을 많이 만났다.
"보카요, 바라(비야, 안녕)."
"예어, 바루투? 이졸렌 우루 고프투(예, 안녕하세요? 아이들도 잘 있지요)?"

"우루 고프투(예, 잘 있어요)."

학교를 지나올 때는 수업 시작 전인 아이들이 운동장에 나와 있다가 일제히 "보카요, 보카요." 외치며 손을 흔든다.

물이 귀한 산동네 마을에서 며칠 동안 씻지를 못해 몸에서는 쉰 옥수수 냄새가 난다. 모얄레 성당으로 직행해 염치 불구하고 수녀님께 부탁해 샤워를 했다.

'아, 하늘에서 물이 떨어진다. 넘치는 하느님의 은총.'

수도꼭지에서 깨끗한 물이 콸콸 쏟아지는 것을 보면서 엉뚱하게 이런 혼잣말이 튀어나온다. 흙탕물도 한 컵 마음대로 못 쓰고 사는 산꼭대기 보란 사람들이 생각나 이 깨끗한 물을 이렇게 함부로 막 써도 되나 하는 송구한 마음이 들었다.

나는 샤워를 끝내고 바로 에티오피아로 넘어갔다.

케냐와 에티오피아 국경은 모얄레 마을 가운데로 나 있다. 한 마을 안에 두 나라가 있는 거다.

같은 모얄레이지만 국경을 넘자 분위기가 사뭇 다르다. 케냐 쪽 모얄레는 90퍼센트가 모슬렘이라 반바지를 입고 나가면 사람들이 인상을 쓰며 손가락질을 할 만큼 엄격하고 답답한데, 에티오피아 쪽 모얄레는 기독교인이 훨씬 많아서인지 좀 더 활기차고 자유로운 느낌이다.

간판도 영어 글씨는 싹 사라져 '암하라어'라는 지렁이가 기어가는 듯한 에티오피아어로 바뀌고, 인사도 악수보다 서로 어깨를 잡고 세 번 부딪치는 특유의 어깨 인사를 한다.

에티오피아
에리트레아·이집트

에티오피아 남쪽 콘소 지방에서 독일 여대생들과
시장 구경을 갔다. 그런데 동물원에서 원숭이 구경하듯 우리를 보러
사람들이 모여들어 오히려 우리만 잔뜩 구경시키고 돌아왔다.

커피의 원산지가 어딘지 아시나요

: 에티오피아의 1년은 13개월

　에티오피아는 역사적으로나 문화적으로나 상당히 흥미로운 나라다. 우선 아프리카 대륙에서 수천 년 역사에 단 한 번도 다른 나라의 지배를 받지 않은 유일한 나라라는 긍지를 갖고 있다. 2차 대전 중에 이탈리아에 강점당한 적이 있으나 그때도 강점이 아니라 어디까지나 전쟁 중이었다는 것이 이 나라 사람들의 주장이다.
　백인들의 영향을 거의 받지 않은 덕분에 사람들이 친절하고도 당당하다. 오랜 식민지 시대를 거친 아프리카의 다른 나라 사람들은 외국인에게 친절하기는 하지만 왠지 주눅 들어 보이고 굽실거리는 것처럼 느껴졌는데 여기서는 외국인에게 거리를 두지도 않고 아첨하지도 않는 게 마음에 든다.
　시바의 여왕과 이스라엘 솔로몬 왕 사이에서 태어난 메넬리크 1세가 에티오피아 북쪽 악숨에 정착해 이 나라를 다스리기 시작한 이후, 1974년 셀라시에 왕이 군부 쿠데타로 하야할 때까지 한 왕조가 계속되었다고 한다.
　왕조 멸망 이후 무시무시한 군부 공산정권 때문에 나라가 피폐했다가 1991년, 악명 높은 독재자 멩기스투가 짐바브웨로 도망간 후 드디어 민주주의 정부가 들어서서 근대화의 길을 가고 있다.

시바의 여왕과 솔로몬 왕의 사랑 얘기가 재미있다. 여왕의 이스라엘 방문 마지막 날, 음흉한 마음을 먹은 솔로몬 왕이 여왕에게 자기 방에서 함께 지낼 것을 제안했다. 시바의 여왕은 방 한가운데에 금을 긋고 이 선을 넘지 않겠다고 약속하면 그렇게 하겠다고 했다. 그때 이미 둘은 눈이 맞았던 모양이다.

워낙 머리가 잘 돌아가는 솔로몬 왕인지라 그럼 대신 자기 허락 없이 선 이쪽에 있는 물건을 만지면 안 된다고 조건을 달았다. 그러고는 그날 만찬을 아주 짜게 만들어 여왕에게 먹였다. 여왕은 짜디짠 저녁을 먹고 잠자리에 들었으니 물을 켤 수밖에. 갈증을 참지 못하고 중앙선 너머에 있는 주전자를 들어 물을 마시고 말았다.

"당신이 먼저 약속을 깼으니 나도 선을 넘겠소."

노리고 있던 솔로몬 왕은 선을 넘어가 에티오피아의 시조를 만들었다고 한다. 그래서 지금도 특히 북쪽 지방 사람들은 자신들이 솔로몬의 후예임을 커다란 자랑으로 알고 있다.

에티오피아 여행은 모든 게 생소하다. 우선 하루가 24시간이 아니라 12시간이며 그 시작은 우리의 아침 6시, 이들이 0시라고 하면 그것은 아침 6시를 말하는 거다. 나도 처음에는 잘 몰라서 버스를 여러 번 놓쳤다.

달력도 국제적인 그레고리력을 쓰는 게 아니라 율리우스 카이사르 때부터 써온 율리우스력을 쓰고 있어서 1년이 13개월, 1개월은 30일 그리고 맨 마지막 달은 5일이나 6일이다. 서양력과 마찬가지로 예수의 탄생을 기점으로 삼았으나 그 탄생 연도를 달리 잡고 있어서 연도도 다르다. 예를 들면 이 글을 쓰고 있는 1996년 6월 5일이 에티오피아 달력으로 1988년 9월 13일이다. 한국 달력이라면 88올림픽이 한창인 셈이다.

또 강대국의 지배를 받은 적이 있는 다른 동아프리카 나라에서는 영어가 통하고 비교적 자세한 여행안내서도 있는 데 비해, 여기는 20여 년간의 군부독재 시절에 외국인의 출입을 사실상 금했기 때문에 영어를 아는 사람을 보기 힘들어 여행 다니기가 만만치 않다.

에티오피아에 대한 나의 상식은 한국전쟁 때 한국을 도운 참전국이라는 것, 북한과 혈맹이었다는 것, 맨발의 마라토너 아베베의 나라라는 것 그리고 80년대에 이 나라를 할퀴고 간 극심한 기근으로 수많은 사람들이 굶어 죽었다는 것 등이 고작이다.

이런 미답의 나라에 들어와 다닐 생각을 하니 고생은 걱정도 안 되고 미지의 세계에 대한 호기심으로 가슴이 울렁이며 흥분된다. 이 나라에서는 또 무엇이 나를 기다리고 있을까.

: 눈에 띄는 밀수 작전, 눈감아주는 검문 작전

모얄레에서 북쪽으로 들어가는 길은 케냐로부터 들어오는 밀수를 막기 위해 검문검색이 심하다. 두세 명의 세관 직원이 올라와 버스에 실린 산더미 같은 짐을 샅샅이 뒤지느라고 몇 십 분씩 걸린다. 그런 검문검색을 거의 매시간 한 번씩 하느라고 8시간이면 갈 수 있는 거리가 13시간이나 걸렸다. 5시간은 검문하는 데 소비한 거다.

그렇다고 밀수를 막지도 못하는 것 같다. 내가 탄 버스에 밀수꾼 아줌마 둘이 타고 있었다. 버스가 모얄레 검문소를 통과한 다음 어둠 속에서 버스에 오르니 아줌마들은 수백 벌도 더 되는 남방셔츠와 티셔츠를 수십 개의 작은 보따리로 포장해 얼굴도 모르는 승객들에게 무조건 하나씩 안긴다.

그러고도 남은 보따리를 풀어 티셔츠를 꺼내 승객들에게 두세 벌씩 껴입게 했다. 물론 선물이 아니다. 입고 있는 옷은 세관 검색 대상에서 제외되기 때문에 가는 동안만 입고 있어 달라는 뜻이다.

그런데 놀랍게도 승객들은 아무도 불평을 하지 않는다. 그 더위에 두꺼운 남방셔츠와 티셔츠를 두세 벌씩 껴입고 구슬땀을 뻘뻘 흘리면서도 별말이 없을 뿐 아니라 검색을 할 때마다 점퍼나 숄 속에 보따리를 숨기고 차 바깥에 나가 있다가 다시 올라온다.

승객과 아줌마들 사이에 내가 모르는 다른 뒷거래가 있는지는 몰라도 내가 보는 동안에는 무슨 약속이 오가는 것 같지도 않았다. 그런데도 여자고 남자고 늙은이고 젊은이고 밀수꾼들이 준 똑같은 티셔츠에 똑같은 남방셔츠, 고동색 바탕에 까만 줄무늬가 있는 옷을 껴입고 진지하게 앉아 있는 모습이 우습기도 하고 신기하기도 하다.

세관 직원들이 과연 이런 밀수 작전을 모르고 있을까? 승객들의 옷을 보면 금방 눈에 드러나는 속임수인데? 서로 짜고 치는 고스톱인지도 모르겠다.

차를 타고 가면서 웃지 못 할 일이 있었다. 식사 시간이 되어 같이 타고 가던 아저씨 세 명과 함께 점심을 먹었다. 그 아저씨들이 짧은 영어로 어디서 왔느냐고 묻기에 한국에서 왔다고 했더니 세 명 모두 숨을 짧게 들이쉬며 놀라는 표정이다.

'아니 한국에서 왔다니까 왜 저렇게 놀라는 거야? 한때는 북한과 맹방이었으니 의외란 말인가?'

그런 생각에 다시 친절하게 설명했다.
"그렇게 놀랄 것 없어요. 우리나라하고도 정식으로 국교가 수립되었거든요."
이어 아저씨들이 내 이름을 묻기에 비야라고 대답했더니 또 모두 숨을 들이쉬며 깜짝 놀란다.
'아, 내 이름이 이 나라 말로는 무슨 심오한 뜻이 있어 이렇게 놀라나 보다.'
그런데 나중에 알고 보니 숨을 한 번 짧게 들이켜는 건 우리나라에서 생각하는 것처럼 놀라는 몸짓이 아니라 알겠다는 동의의 표시였다.

이 나라에서 커피는 차 이상의 의미가 있다. 집집마다 하루에 적어도 두 차례 이상 커피를 끓인다. 때마다 커피콩을 잘 씻어 볶아 집 안에 커피 냄새를 배게 하고, 그 볶은 커피콩을 조그만 절구에 빻아 가루로 만들어 커피를 끓여낸다.
작은 잔에 설탕을 듬뿍 치고 마시는 한 잔의 커피. 시골에 가면 커피 주전자를 신주 단지 모시듯 하고, 도시에서는 일이 잘 안 풀리면 '내가 오늘 아침 커피를 마셨던가?'부터 생각해본다고 한다. 커피가 나쁜 일로부터 자신들을 보호한다고 믿는 거다.
우리가 매일 마시는 커피의 원산지가 에티오피아 카파 지방이란 사실을 아시는지?

: 말라리아 예방약 때문에 황달 걸리다

에티오피아 문화권은 크게 남쪽의 '아프리카 중의 아프리카'라는 원시 문화권과 북쪽의 세련된 초기 기독교 문화권으로 나뉜다. 나는 이 두 문화권을 포함해 전혀 생소한 이 나라를 될수록 천천히 그러면서도 꼼꼼히 보고 싶었다.

케냐 국경에서 버스로 10시간 거리에 있는 아르바민치는 아프리카에서도 가장 원시적인 부족들이 수천 년 전 조상들의 모습 그대로 살고 있는 지역으로 가는 베이스캠프다.

아프리카 사진첩에 단골로 등장하는, 아랫입술이 튀어나올수록 미인인 하마족을 비롯해 실오라기 하나 걸치지 않은 나체 부족, 거기에 한술 더 떠 나체에 옷을 입은 것처럼 흰 칠을 하고 다니는 부족들을 만날 수 있는 곳이다.

에티오피아의 오지 탐험은 여기서 시작되었다. 나는 수도인 아디스아바바에 갔다가 이내 그곳으로 떠났다.

아르바민치는 아바이 호수와 차모 호수 중간에 있는 경치가 매우 좋은 작은 도시다. 아르바민치는 사십 개의 호수라는 뜻이니 무엇보다 싱싱한 생선을 실컷 먹을 수 있을 것 같다.

숙소에서 만난 독일 여자 아이 둘이 미리 물색해놓은, 이 지방에서 생선국을 제일 맛있게 끓인다는 집에 가서 먹음직스러워 보이는 생선찌개를 2인분 시켰다. 그런데 첫술을 입에 넣는 순간 속이 메스꺼워 욱 하고 토해내고 말았다.

'또 시작이군.'

에티오피아에 오자마자 나타나기 시작한 증상이다. 증상은 이것뿐만이 아니다. 매일 아침 머리를 빗을 때면 머리카락이 한 움큼씩 빠진다. 뭐든지 가리지 않고 잘 먹는 식성인데 요즈음은 이 나라 고유 음식인 수수로 만든 얇은 빈대떡 같은 인젤라는 물론 감자나 달걀 등 평소에 잘 먹던 음식도 먹지를 못한다.

원래 많이 먹어야 유지되는 체력인데 이렇게 못 먹으니 힘이 없을 수밖에. 밤이고 낮이고 그저 나른하기만 하다. 어느 날 오랜만에 들여다본 눈동자가 노랗다 못해 황토색이다. 말라리아 예방약의 부작용이다. 전에 인도와 남미 아마존에서도 경험했던 바로 그 증상이 또 나타난 거다.

생각해보니 이번에는 예방약을 너무 오래 먹었다. 지난 12월부터 먹었으니 벌써 5개월째다. 게다가 아직도 말라리아 창궐 지역을 다니고 있어서 앞으로 적어도 한 달은 더 복용해야 하니 정말 걱정이다.

사실 이 약이 무진장 독하다는 건 나도 안다. 특히 간에 아주 나쁘다던가. 서울을 떠날 때 의사가 제일 약한 약으로 먹되 절대로 3개월 이상은 복용하지 말라고 했지만, 같이 다니던 여행자들이 일주일이 멀다 하고 말라리아에 걸려 고생하는 걸 보니 그 말을 따를 수 없었다.

나는 혼자이기도 하거니와 관광지가 아닌 오지를 다니기 때문에 걸렸다 하면 돌봐줄 사람은커녕 찾아갈 치료소도 없어 치명적일 수도 있다고 생각했기 때문이다. 그래도 부작용이 이렇게 심할 줄 알았으면 애초에 달리 생각했을 텐데, 지금 와서 무를 수도 없고 괴롭기 짝이 없다.

젖가슴 예쁜 콘소 마을 처녀들

다행히 잉가와 잉글레트라고 하는 이 귀여운 독일 여대생들과 남쪽지방 여행을 함께하기로 했다. 이튿날 사람과 짐과 가축이 뒤엉킨 소형 트럭을 얻어 타고 콘소에 도착한 후, 유일한 여관인 트럭 운전사들이 묵는 숙소에 짐을 풀었다.

　숙소에서 맥주병으로 딱 한 병 주는 물로 세수를 하고, 손발도 씻고, 손수건까지 빨았다. 나는 아프리카 여행을 하면서 도저히 어림도 없을 것 같은 적은 물로 얼마나 많은 일을 할 수 있는지 늘 놀란다. 사람의 적응력이란 거의 무한에 가깝다는 말을 깊이 체험하고 있다.

　이 지방의 콘소족은 큰 도시들과 그리 멀리 떨어져 있지 않으면서도 아주 독특한 생활을 한다. 이 부족은 삼사십 가족이 한 마을을 형성하고 있다. 집은 역시 풀로 지었는데, 아프리카의 다른 부족들이 원룸 시스템인 것과는 달리 조그만 초가를 여러 채 지어 침실과 부엌, 곳간이 따로따로다.

　마을 입구에는 일종의 공동묘지라고 할 목각비 군집이 있다. 마을에서 살았던 중요한 사람들의 업적을 기리는 1미터 정도의 목각비들이 우리나라의 작은 장승처럼 나란히 서 있다.

　이 목각들은 주인공의 일생을 얘기해준다. 중앙에 제일 크게 자리 잡고 있는 게 주인인 남자이고, 그 오른쪽에는 첫째 부인, 왼쪽으로는 둘째, 셋째, 넷째 부인들이 차례로 서 있다.

　이 목각으로 보아 같은 부인이라도 둘째 이하는 첫 부인과는 대우가 상당히 다른 걸 알 수 있다. 조강지처를 우대하는 건 우리나 그들이나 별로 다르지 않나 보다. 주인의 목각 앞에 서 있는, 모자를 안 쓴 남자 목각은 주인이 생전에 죽인 적들이고, 발밑의 사자나 야생 짐승들은 그가 죽인 맹수들이다.

　'와카'라고 부르는, 조상 대대로 내려온 이 목각비들을 요즘 밤에 도굴꾼들이 파헤쳐 유럽 등지로 내다 팔고 있어서 마을 청년들이 돌아가면서 보초를 선다고 한다. 실제로 내가 이 와카의 사진을 찍으려 하자 한 할머니와 총각이 돌아가라고 몽둥이를 휘두르며 소리를 질렀다. 나중에 알고 보니, 그 총각의 할아버지 산소의 목각 비들이 관광객이 사진을 찍고 난 후 없어졌다는 거다.

콘소족이 보리로 빚은 토속 맥주 딸라는 고소하기로 유명하다. 또 유명한 꿀 생산지인 이곳 꿀로 만든 노란 술 떼취도 여간 맛이 좋은 게 아니다. 평소 간을 보호해야 한다고 술을 마시지 않던 나도 꿀로 만들었다는 말에 솔깃해져서 영양 보충 차원에서 매일 한두 병씩 마셨다.

콘소에 있는 몇 군데 마을을 방문하는 동안 우리도 동네 사람들을 구경하지만 동네 꼬마들도 우리를 구경하느라고 수십 명씩 떼를 지어 따라다니며 "유(you), 유." 하고 부른다.

산골로 들어갈수록 아랫도리는 하얀 겹치마를 입었지만 윗도리는 아무것도 입지 않은 여자들이 많다. 처녀 아이들의 작지도 크지도 않은 봉긋한 젖가슴이 탐스럽고 예쁘다. 사진을 찍으려고 카메라를 꺼내면 모두 소리를 지르며 혼비백산 달아나는 통에 사진을 찍을 수 없어 아쉽다.

콘소의 식당 주인들은 모두 에티오피아 정교회 교인들이라 부활절 전 54일간의 금육 기간을 철저히 지킨다. 그 기간에는 고기는커녕 달걀이나 우유도 없다.

며칠 동안 말라리아 예방약 부작용으로 망고와 오이로 연명하던 나는 뭐라도 영양가 있는 것을 먹어야 기운을 차리겠다 싶어 걱정이었다. 그러던 차에 트럭을 타고 징카로 가는 길에 동네 아이들이 살아 있는 닭을 팔고 있는 게 눈에 확 들어온다.

'그래, 저 닭을 사다가 잡아먹자.'

며칠 굶다시피 했더니 눈에 보이는 게 없다. 독일 아이들에게 의사를 물으니 산 닭을 어떻게 잡아먹느냐고 망설인다.

"너희는 구경만 해. 닭 모가지도 내가 비틀고, 털도 이 언니가 뜯을 테니 너희는 먹기나 하라고."

닭 한 마리에 7비르, 약 750원에 샀다. 산 닭을 트럭 뒷자리에 풀어놓으니 금방 죽을 운명인 것도 모르고 꼬꼬댁 꼬꼬댁 뛰어다니며 좋아한다. 산 닭을 잡아먹겠다고 사놓다니, 우리는 어이가 없기도 하고 재미있기도 해서 징카까지 내내 깔깔거리며 갔다.

: 닭 잡는다고 식칼 들고 설쳐

징카까지 가는 길은 황무지와 산길을 오르락내리락했다. 수천 년 전 조상이 하던 방법 그대로 꼬챙이로 땅에 구멍을 뚫고 씨를 뿌리는 사람들도 지나치고 완전히 벌거벗고 사는 원시인의 마을도 지나쳤다.

나체촌을 지나갈 때 우리가 손을 마구 흔들자, 동네 사람들은 어른 아이 할 것 없이 젖가슴이며 고추가 달랑거리도록 온몸을 흔들며 반가워한다. 저런 나체촌에서 며칠 묵어봐야 하는 건데.

징카 관광 사무소장을 찾아가 이 지방 안내를 부탁하니 두말없이 오케이다. 다음 날 마침 이곳에 장이 서서 몇 십 리 떨어진 산골에서부터 여러 부족들이 오니까 특히 아리족과 바나족을 충분히 볼 수 있을 거라고 한다.

장은 오후에 피크를 이루므로 나중에 보자고 하고, 오전에는 우선 산중에 있는 마을을 가자고 했다.

다니엘이라는 소장은 다음 날 우리를 산골로 안내했다. 어느 마을을 지나려니까 마침 그 동네 어느 집에서 집을 다 지어 오늘 술과 노래와 춤이 있을 거라고 한다.

시원한 나무 그늘에 주저앉았더니 곧 수수로 만든 우리나라 막걸리같이 걸쭉한 술이 나오고, 동네 사람들이 가사는 없고 리듬만 있는 노래를 목청 높여 부른다. 흥에 겨운 사람들은 대나무 같은 것으로 만든 여섯 개의 피리를 여섯 명이 각각 나누어 높낮이를 달리해 신나게 분다. 그러자 남녀가 짝을 지어 발을 구르며 엉덩이를 초고속으로 흔드는 춤을 춘다.

예전에 남미의 온두라스 가리푸나에서 본 흑인 노예 후예의 '푼타'라는 춤과 너무나 흡사해 깜짝 놀랐다. 혹시 남미로 팔려온 그 흑인들과 이곳 징카족이 어떤 연관이 있는 건 아닐까?

이곳은 인사법도 특이하다. 남자고 여자고 가릴 것 없이 입술을 대여섯 번 가볍게 맞추고는 주먹으로 가슴을 번갈아 치며 반가움을 표시한다.

우리가 동물 가죽을 깔고 나무 그늘에 앉아 있으려니 여러 명의 남자, 여자가 지나가다가 우리를 포함해 앉아 있는 사람들 하나하나에게 입을 맞춘다. 나이든 여자끼리는 짧게 입 맞추는 속도가 어찌나 빠른지 마치 새들이 모이를 쪼는 것 같다.

오후 늦게 시장 구경을 갔다. 커다란 장터에는 지나다니기 어려울 정도로 사람들이 붐빈다. 가장 많이 눈에 띄는 부족은 바나족인데 남자들은 여자처럼 머리를 촘촘히 땋아 귀밑까지 내리고 귀고리를 했다.

너 나 할 것 없이 긴 나무 막대와 브르코타라는, 나무로 만든 조그만 의자를 가지고 다닌다. 간혹 이마 부근에 붉은 칠을 한 사람이 보여 물어보니 사자나 표범 등 맹수를 죽였다는 표시란다.

여자들은 머리를 수백 가닥으로 갈라 나사 모양으로 둥글게 만들어 진흙으로 염색을 하고, 그 위에 버터를 발라 황토색으로 번들번들하게 만든 다음 그 머리 위에 바가지를 써서 햇볕이나 비에 머리가 상하지 않도록 몹시 신경을 쓴다. 여자들의 옷은 염소 가죽으로 만들었는데 가장자리에 수없이 많은 조개껍데기를 달아 패셔너블하기 이를 데 없다.

장날에만 나타난다는 징카 근처의 아리족도 눈에 띄는데, 나무껍질로 만든, 허벅지만 겨우 가리는 바르초아라는 통치마를 입고 있어서 여태까지 보아온 사람들과 좀 다르다.

장에 나온 사람들은 바나나, 오렌지, 망고 등의 과일과 토마토, 양파, 감자 등의 채소, 기름이나 버터, 꿀 등 모두 집에서 거둔 것들을 가지고 나왔다. 그러나 양이 얼마나 적은지 다 팔아봐야 우리 돈 500원 정도인 5비르도 안 된다. 그걸 팔려고 수십 리 길을 이고 지고 걸어왔구나 생각하니 측은한 마음이 들었다.

그래서 오랜만에 보는 과일을 달라는 대로 돈을 주고 들고 올 수 있을 만큼 잔뜩 샀다. 장에서는 또 아줌마들이 미숫가루와 보릿가루를 팔고 있는데 한 입 얻어먹어 보니 우리나라 미숫가루 바로 그 맛이다.

이제 숙소에 돌아와 닭을 잡을 차례. 지배인에게 부탁해 부엌을 쓰기로 하고 칼까지 빌렸다. 목마른 사람이 우물 판다고 약속대로 내가 닭을 들고 마당으로 나갔다.

닭을 잡아본 적은 한 번도 없으나 못할 것도 없다. 칼을 숫돌에 잘 갈아서 고통을 줄여주려고 예리한 칼끝으로 단번에 목을 땄다. 뜨거운 물에 한 번 담갔다가 결 따라 깃털을 벗기자 술술 잘 벗겨진다. 탄자니아의 잊지 못할 친구 비다가 닭 잡는 것을 눈여겨보아두었던 덕을 보는 셈이다.

　우리가 닭 잡는다는 소리를 어디서 들었는지 동네 사람들이 모두 모여들어 구경을 한다. 그러거나 말거나 나는 먹고 보아야 하니까, 털을 뽑고 배를 갈라 내장을 들어내고 다리와 날개, 몸통을 자르니 너무나 쉽게 튀김용 닭고기 토막이 된다.

　이 닭고기를 살짝 데쳐 기름에 튀긴 다음 마늘과 생강 등을 듬뿍 다져 넣고 소스를 만들어놓으니 훌륭한 닭요리가 되었다.

　거기에 토마토와 양파와 레몬즙으로 간을 해 샐러드를 만들고, 감자를 얇게 썰어 양파와 함께 볶은 감자요리까지 곁들이니 멋진 정찬이 만들어졌다. 그날 저녁, 말라리아 약 부작용 때문에 먹은 것을 다 토해내지만 않았다면 그 닭고기가 고스란히 피가 되고 살이 되었을 텐데.

　이런 맛있는 닭고기를 숙소 종업원들이나 가이드에게 권했는데 모두 극구 사양이다. 금육 기간이기도 했지만 나중에 알고 보니 이곳 풍습으로는 닭이든 염소든 여자는 절대로 도살을 하지 않으며, 여자가 도살한 짐승의 고기는 남자는 물론 같은 여자라도 절대 먹지 않는다는 거다. 그런 판에 외국 여자가 대낮에 닭 잡는다고 그 넓은 숙소 마당과 부엌에서 식칼 들고 설쳤으니 이들에게는 얼마나 큰 구경거리였겠는가.

: 벌거벗고 근무하는 누드 경찰서장

　다음 날은 좀 멀리 떨어진 끄이코라는 곳으로 시골 장을 구경하러 갔다. 새벽에 트럭을 얻어 타고 가자 너무 일찍 도착했는지 아직 장이 설 기미가 보이지 않는다.

남의 집 처마 밑에 멍청하게 앉아 있으려니까 말도 안 했는데 그 집 여주인이 커피를 끓여다 준다. 이렇게 어느 나라나 시골 인심은 그만이라니까.

따끈한 커피가 맛있긴 한데 빈속에 진한 커피를 마신 탓에 오전 내내 손발이 무당 칼춤 추듯 떨렸다. 내가 지독한 카페인 과민반응 체질인 데다 그동안 제대로 먹지 못해 체력이 떨어졌기 때문이다.

어느덧 장이 서자 조그만 장터가 사람들로 꽉 찬다. 시골이라서 보이는 사람마다 한결같이 신석기 시대를 배경으로 한 영화 속에서 튀어나온 것 같다. 물건 부대를 이고 지고 나르는데, 천으로 만든 부대가 아니라 염소 가죽을 꿰맨 부대이고, 물통이나 기름통도 큰 호리병 모양의 칼리바시다.

얇은 천으로 아랫도리만 살짝 가린 남자가 시장에서 볼일을 보고는 시장을 조금 벗어나자마자 아랫도리를 가렸던 천을 홱 벗어 머리에 두르고 완전 나체로 덜렁거리며 돌아가는 모습도 볼 수 있었다. '팬티라는 걸 왜 입어? 답답하게 어떻게 고추를 가리고 다녀?'라고 말하는 듯.

장터 가운데 있는 나무 그늘에 쪼그리고 앉아 느긋하게 구경을 하려 했더니 오히려 우리를 신기하게 여기는 구경꾼이 어른이고 아이고 할 것 없이 겹겹이 둘러싼다. 아이들은 나무 위에까지 올라갔다.

그들은 동물원에서 원숭이 구경하듯 우리의 일거수일투족을 놓치지 않는다. 그중에 좀 용기 있는 아이는 원숭이에게 손 내밀듯 악수를 청하기도 하고, 알아듣지 못할 저희들 말로 무엇인가 묻기도 한다.

용감한 여자들은 우리 머리와 신발을 만져보면서 신기해한다. 우리는 완전히 시골 장터 약장수 꼴. 시골 장터 구경 갔다가 오히려 우리 구경만 잔뜩 시키고 돌아왔다.

징카에서 2시간 정도 떨어진 곳도 이런데 오모 강 안쪽으로 더 들어가면 얼마나 진기한 부족이 많이 살까. 제발 그곳으로 가는 차편을 구할 수 있어야 할 텐데.

여자가 입술이 두꺼울수록 미인으로 간주되어 남자가 지참금을 더 많이 내야 한다는 하마족, 경찰서장도 벌거벗고 사무를 본다는 모시족, 다른 부족 남자를 죽여 노획물로 성기를 잘라 지니고 다녀야 결혼 자격이 인정되기 때문에 지금도 인간 사냥을 다닌다는 부족, 벌거벗은 몸에 성기까지 온통 흰 칠을 하고 산다는 부족.

온갖 인간 군상을 만나보려고 셋이서 임무를 나누어 며칠 동안 차를 구하느라 총력전을 폈으나 장마철이 시작되는 때라 길이 끊겨 그 쪽으로 가는 차편을 구하는 것이 불가능하다. 눈물을 머금고 기약도 없이 돌아서야 했다.

말라리아보다 무서운 라면 결핍증

: 만나는 사람마다 모두 내 가족

다시 아르바민치로 돌아오자 말라리아 예방약의 부작용이 더욱 기승을 부린다. 이제는 한술 더 떠서 앞에서 말한 여러 가지 증상에다 햇빛 아래에서 눈을 뜨면 눈에 최루가루가 들어간 것처럼 따갑고 시도 때도 없이 눈물이 줄줄 흐른다. 힘이 없고 괴로우니 마음까지 약해진다.

금강산도 식후경이라는데 먹지도 못하고 돌아다니자니 기가 막힐 노릇이다. 이렇게 먹지 못하다가는 큰일 날 것 같아서 킬리만자로 등정 때 준비한 비상용 포도당 가루를 물에 타서 틈틈이 마셨다. 세계 일주 여행을 시작한 지 꼬박 3년 만에 이렇게 힘든 경우는 처음이다.

아르바민치에서 혼자 하루를 푹 쉬고 아디스아바바로 돌아가는데 버스가 영 가지를 못한다. 새벽에 떠나면 해 지기 전에는 도착할 수 있는 거리라는데, 운전사를 비롯한 승객 전원이 기회가 있을 때마다 차를 세우고 닭을 사는 바람에 늦어지는 거다.

이 나라에서는 부활절에는 반드시 닭고기를 먹는 풍습이 있는데,

시골 닭이 도시 닭보다 싸고 맛있기 때문에 이틀 후로 다가온 부활절에 대비, 모두들 시골에서 닭을 사 가지고 가려는 거다.

결국 아디스아바바를 60킬로미터 남겨놓고 하루를 묵어야 했다. 에티오피아 시외버스는 새벽에 출발하고, 해가 지면 절대로 다니지 않는다. 그래서 도로변에는 버스 승객들이 묵어갈 수 있도록 방에 침대 하나만 달랑 놓인 싸구려 숙소가 얼마든지 있다.

아침에 떠나는데 운전사는 어디에선가 양을 두 마리 사서 지붕위에 올려놓았고, 차 안에는 사람보다 닭이 더 많아서 마치 닭장속에 사람이 앉아 있는 것 같다.

아디스아바바로 돌아오니 시믈렛 아줌마네 가족들이 내가 올 때가 되었는데 오지 않아서 걱정했다면서 반갑게 맞는다. 45살의 이 아줌마는 농림부 소속 국가공무원인데 에티오피아에 온 지 이틀째 되는 날 국경 근처 아와사라는 도시에서 만났다.

출장 강의차 이 도시에 왔다가 돌아가는 그녀의 차를 얻어 탄 인연으로 아디스아바바에 있는 그녀의 집에 머물게 된 거다. 혼자 돌아다니면서 세계 도처에서 신세도 많이 지고 다닌다. 이 은혜의 빚을 언제 다 갚나.

이 집에는 시믈렛의 친정어머니와 딸, 아들, 남동생과 그의 두 딸 그리고 에리트레아에서 장기간 놀러와 있는 사촌동생 파울라 등 대식구가 살고 있다. 시믈렛이 이곳 수준으로는 꽤 높은 봉급을 받는데도 아주 검소한 생활을 한다.

내가 돌아온 날이 부활절 하루 전인데, 가족들마다 성 금요일 표시로 억새풀 같은 풀을 머리에 두르고 있었다. 집에 들어가자 할머니가 얼른 내 머리에도 풀을 둘러주신다. 마당에는 양 두 마리와 닭 세 마리가 바로 코앞에 닥친 자신들의 운명도 모른 채 무심히 놀고 있다.

저녁이 되자 남자들은 닭을 잡고, 여자들은 그 닭으로 찜을 만들고, 아이들은 집 안 구석구석을 깨끗이 치우고, 그런 다음에는 온 가족이 정성 들여 머리 손질을 하며 부활절 준비를 하느라고 야단이다.

나는 어머니날도 다가오고 해서 할머니에게 고유 의상인 삼바를 한 벌 사드리고 싶었다. 한사코 사양하는 할머니를 억지로 떠밀다시피 해서 시장에 갔다.

예상보다 비싸서 내 보름치 체류비가 몽땅 들어갔지만 고마운 어른에게 멋진 옷 한 벌 사드렸다는 기쁨은 참으로 크다. 탄자니아의 맘바 마을 로즈 엄마가 나를 딸로 생각하는 거나 에티오피아의 할머니를 내가 엄마로 여기는 거나 결국은 같은 마음일 거다.

마음을 열고 세계를 여행하는 동안 나는 지구가 내 집이고, 만나는 사람들이 모두 내 가족이라고 여기는 코스모폴리탄이 되어가고 있다.

: 아디스아바바에서 보낸 부활절

부활절 새벽 3시가 되니 공식적으로 금육 기간을 마감하는 종이 울린다. 그러자 꼭두새벽에 온 가족이 모여 앉아 54일 만에 처음으로 고기를 먹으며 즐거워한다. 그렇게 한밤중에 배가 터지도록 고기를 먹고 보리술 딸라를 실컷 마신 후, 새벽 6시에야 겨우 잠자리에 들었다.

부활절 아침에는 양을 잡고 쇠고기를 부위별로 잔뜩 사왔다. 특히 육식을 좋아하는 에티오피아 사람들이 그동안 고기를 못 먹었으니 오죽하겠는가. 해마다 부활절에는 50만 마리 정도의 양을 잡는단다.

생고기의 뼈를 발라내고 큰 두부처럼 자른 것을 고춧가루에 찍어 먹기도 하고, 생고기를 잘게 다져 버터와 고춧가루를 섞어 만든 '굿포'라는 것을 옆 사람 입에도 막무가내로 집어넣는다.

생고기를 잔뜩 먹는 것으로 시작되는 부활절에는 아침에 자기가 가장 아끼는 옷을 입고 교회를 가거나 친척 집을 방문한다. 나도 시믈렛의 전통 의상을 빌려 입고 그녀의 친척 집에 따라갔다. 거리는 온통 민속 의상인 하얀 삼바를 입은 사람들로 활기가 넘친다.

그런데 아디스아바바에 와서도 내 몸 상태는 별로 나아지지 않는다. 예방약은 더 이상 먹지 않았지만 겁이 더럭 났다.

'이거, 단순히 말라리아 약 때문이 아니라 다른 큰 병이 난 건 아닌가? 이름 모를 풍토병이라도?'

혼자 여행을 다니면서 제일 힘든 때는 아플 때다. 그런데 지금은 혼자가 아니고 임시 가족인 시믈렛네 가족들과 함께 있어서 얼마나 다행인지 모른다. 시믈렛은 일주일이고 한 달이고 몸이 나을 때까지 자기 집에서 푹 쉬라고 하고, 할머니는 아침저녁 정성 들여 끓인 커피를 갖다 주며 걱정을 해주신다.

그러나 이분들의 염려에도 아랑곳없이 나는 병석에 눕고 말았다. 움직이기만 해도 토할 것 같고, 몸살이 난 것처럼 온몸이 쑤시고, 열이 나고, 하루 종일 졸린다. 병원에서는 잘 쉬라는 말뿐이다.

'이렇게 쇠약한 몸으로 어떻게 중동 여행을 할 수 있겠어? 이렇

게 빌빌거리며 여러 사람한테 폐를 끼치느니 차라리 한국으로 돌아가야 하는 게 아닌가?'

그날따라 하루 종일 비가 오는데 기분이 우울하고 마음이 약해진다. 생각해보니 일주일째 사이다만 마시며 지내고 있다.

'지금 따끈한 라면 한 그릇에 김치가 있다면 얼마나 좋을까?'

생각이 여기에 미치자 자리에서 벌떡 일어나, 여권 때문에 한 번 찾아간 일이 있는 한국 대사관의 최홍기 서기관에게 전화를 했다. 다짜고짜 어디 가면 한국 라면을 살 수 있냐고 물었더니 웃으며 하는 대답이 에티오피아에서는 한국 라면 사기가 하늘의 별 따기라는 거다. 그러면서 모레 시간이 있으면 라면 한 끼 대접할 테니 집으로 오라고 한다.

"아, 라면을 먹을 수만 있다면 억지로라도 시간을 만들어야죠."

약속한 날 대사관을 찾아가니 공선섭 대사님과 네 명의 직원 전원이 반갑게 맞아주었다. 우리나라에도 이런 용감한 여성이 있었냐며 대사님은 연신 웃음을 감추지 못하신다.

그날 점심은 최 서기관 집에 차려놓은 진수성찬을 위가 허락하는 만큼 많이 먹었다. 그러고는 그의 부인과 부담 없이 수다를 떨다가 오후 늦게 배가 꺼지기를 기다려 약속한 라면까지 잘 먹고 돌아왔다.

그런데 이게 웬일? 시믈렛네 집으로 돌아오는 길에 벌써 메슥거리던 증세도 덜하고 골치도 훨씬 덜 아프다. 그리고 그다음 날은 멀쩡하게 일어나 시장에 갈 수 있을 만큼 기운을 되찾았다.

열흘이나 꼼짝 않고 누워 있어 병이 나을 때가 된 건지도 모르지만 아무리 생각해도 라면 덕분인 것 같다. 그러니 내가 앓던 병은 말라리아 약 부작용이 아니라, 라면 결핍증이었나 보다.

: 오, 블루나일!

　에티오피아 북부 지방의 정교회 유적지 가운데 꼭 가보아야 할 곳은 네 군데. 비하르다르, 곤다르, 랄리벨라 그리고 이름도 찬란한 악숨이다. 이 가운데 세 곳은 버스를 타고 갈 수 있지만 랄리벨라는 비행기를 이용하는 것이 경비와 시간을 크게 절약할 수 있다.

　버스로는 왕복 일주일이나 걸리고, 가는 길에 볼만한 경치가 있는 것도 아니며, 일주일 동안 차로 여행하는 경비가 비행기 삯보다 훨씬 비싸기 때문이다. 그리고 북쪽에서 또 하나 놓치지 말아야 할 곳은 아프리카의 금강산이라고 할 수 있는 시멘 산이다.

　북부 지방 여행의 첫 행선지는 아디스아바바에서 버스로 하루 반을 가야 하는 비하르다르. 이곳은 타나 호수 안의 섬에 세워진 여러 개의 수도원과 나일 강 원류인 블루나일 폭포를 보기 위해 들르는 곳이다.

　버스에서 내려 섬으로 가는 배편을 알아보았더니 너무 비싸서 무면허로 섬을 드나드는 배를 구했다. 뱃삯은 반으로 줄였지만 배 안에는 안전장치가 전혀 없고, 경비정을 피해 움직여야 하니 불편한 점이 한두 가지가 아니다.

　여러 수도원 중에서도 하이라이트는 여자는 물론 동물도 암컷은 마당에도 들어온 적이 없었다는 엄격한 남성 독신 수도원인 베트라 마리암 수도원과 에티오피아 관광 엽서에 단골로 나오는 교회 벽화로 유명한 아와 코다르 뮤라트 수도원이다.

　이 수도원들은 200년간의 공사로 400년 전에 완성되었다는데, 그 안에는 수많은 성경 얘기와 예수, 성모 마리아, 천사들이 마치 몇 년 전에 그린 것처럼 선명한 빛을 발하고 있었다. 햇빛이 들어오지 않는 건물의 구조 때문이기도 하지만 벽화에 쓴 염료들이 독초에서 뽑은 것이어서 세월이 흘러도 변함이 없다고 꼬마 수사가 똘똘하게 설명해준다.

흥미로운 것은 벽화의 인물들이 다른 기독교 나라에서 볼 수 있는 유럽풍 얼굴이 아니라 동그란 얼굴에 동그란 눈, 굽실굽실한 머리칼에 동그란 머리 모양 등 거리에 나가면 지금도 얼마든지 볼 수 있는 전형적인 에티오피아 사람 모습이라는 점이다.

돌아오는 길에 무면허 배가 말썽을 일으켰다. 원래 배 자체가 돛대도 삿대도 없이 부실했는데, 거기에 가이드란 놈은 항구로 들어가는 뱃길도 잘 모른다. 설상가상으로 경비정을 피하려고 어둑해진 후에 움직이기 시작했는데, 때마침 불어오는 비바람을 못 이기고 바위에 올라앉아 모터가 꺼지고 말았다.

배가 기우뚱거릴 때마다 당장이라도 물속에 빠질 것 같아 가슴이 조마조마했다. 배 안에는 구명조끼도 없고 사방이 깜깜해서 배가 뒤집히면 어느 방향으로 수영을 해야 할지도 모르겠다. 같이 간 독일인 남녀는 배의 균형을 잡느라고 있는 힘을 다하지만 배가 흔들릴 때마다 함께 탄 아이가 자지러지게 울었다. 나도 무서워서 입술 사이로 새어나오는 비명을 간신히 참았다.

몇 번의 시도 끝에 꺼졌던 모터에 다시 시동이 걸렸다. 비바람은 여전히 세찬데 다행히도 배는 더 이상 암초에 걸리지 않고 물길을 헤쳐 나가다가 파피루스 배에 탄 밤낚시꾼의 도움으로 겨우 항구에 닿을 수 있었다. 몇 시간 동안 저승과 이승을 오락가락했으니, 10년 감수까지는 아니라도 최소한 5년은 감수한 것 같다.

다음 날은 수도원에 같이 갔던 프레드릭과 블루나일 폭포에 갔다. 30대 후반의 이 프랑스 기상학자는 인물도 못생기고 말도 더듬어서 처음에는 별로라고 생각했는데, 며칠 지내고 보니 심성이 착하고 성실한 사람 같다. 다방면으로 지식이 많을 뿐 아니라 여행을 많이 하고 얻어들은 것도 많아 화제가 풍부하다. 무엇보다도 어떤 문제에 대해서나 주관이 뚜렷하면서도 그것을 상대에게 강요하지 않는 태도가 좋다.

그는 나일 강의 근원지에서부터 종착지인 지중해 연안까지 걸어서 가보는 게 어릴 때부터의 꿈이어서, 그 꿈을 구체적으로 실현시키려고 준비 중이라고 한다. 에티오피아어로 '연기 나는 물'이라는 뜻인 디스이트, 이 블루나일 폭포를 몇 년 전부터 와보려고 별렀다는데, 나는 여기 와서야 겨우 이 폭포가 나일 강의 근원이라는 걸 알았다.

버스에서 내려 뙤약볕 아래 1시간 넘게 걸어가니 저 멀리 폭포가 보인다. 7, 8월 장마철에는 400미터 폭에 50미터 높이로 나이아가라나 빅토리아에 못지않은 위용을 자랑한다지만 지금은 건기의 끝이라 수량이 적어 별로 볼품이 없다. 그래도 여기가 그 유명한 나일 강의 발원지라 하지 않는가.

폭포 밑의 소(沼)에 도착하자 프레드릭은 감격한 목소리로 기도하듯 '오, 블루나일!'을 몇 번이나 부르짖으며 물을 소중히 떠서 무슨 의식이라도 치르는 양 머리에 끼얹고, 가지고 간 병에도 정성스레 담는다.

나는 우선 더위에 지쳐 물가 바위에 걸터앉았다. 폭포의 물보라가 시원하게 얼굴을 적신다. 신발과 양말을 벗고 발목까지 물에 담그니 참 시원하다. 종아리까지 넣어보니 더 시원하다.

시원한 물로 세수를 하고 머리를 적시는 것만으로는 감질이 나서 '에라, 모르겠다.' 옷을 입은 채 풍덩. 수직으로 서서 발끝부터 머리끝까지 물속에 들어갔다. 프레드릭은 수면으로 머리가 오르락내리락하는 내 모습이 블루나일에서 침례를 받는 것 같다면서 계속해서 사진을 찍어댄다.

내가 몸을 담근 이 물이 흘러, 흘러 이집트로 간다고 하니 이집트에 도착해 나일 강을 유람할 즈음에는 이 물 역시 그곳을 흐르고 있지 않을까.

우울한 사람은 시멘 산으로 가라

: 랄리벨라의 교회는 천사들이 만들었다네

비행기를 타고 돌산을 깎아 만든 교회들로 유명한 랄리벨라에 도착해 거리에 나서니, 아이들이며 청년들 십수 명이 또 악착같이 따라붙는다. 자칭 가이드들이다. 화를 내고 무시를 해도 따라붙는 이들이 귀찮기는 했지만 관광을 하려면 어차피 가이드가 필요할 것 같아서 달라붙는 무리 중에서 얌전한 아이를 하나 골랐다.

제일 조그만 아이가 큰 눈을 굴리며 생긋이 웃는다. 너도 가이드냐고 물어보니 고개를 끄덕거린다. 그 아이만 남겨놓고 다들 돌아가라고 했는데도 모두 죽자 하고 따라온다. 하는 수 없이 아이를 데리고 경비가 지키고 있는, 동네에서 제일 좋은 호텔 커피숍으로 들어갔다.

아이의 이름은 게타초, 13살짜리 가이드다. 가정 형편상 학교를 중퇴했다는데, 영리해서 영어를 얼마나 잘하는지. 하루 비용을 얼마나 받느냐니까 알아서 달라고 한다. 자기는 며칠 후 엄마 생일에 닭 한 마리만 사면 된다고 한다. 꼬마가 효자이기까지 하다.

내일 만나기로 하고 아이를 보내고 일어서려는데, 아침에 공항에서 만났던 외국 여자가 나를 보고 반긴다. 국제적십자사의 일원으로 이 나라에 와서 2년 남짓 근무하고 있다는 멋쟁이 프랑스인 간호사다. 그날 저녁은 그 간호사와 함께 호텔에서 오랜만에 풀코스 만찬을 즐겼다.

이 마릴린이라는 간호사는 처음 볼 때부터 호감이 갔는데, 얘기를 해보니 더욱 마음에 든다. 자기도 이번 여름에 근무 계약이 만료되니까 그 후에는 나처럼 세계를 여행하고 싶다며 내 여행담을 귀담아듣는다. 나이도 나와 비슷한 37살 미혼이어서 결혼, 직장 등 다른 이들보다 공통 화제가 많았다.

마릴린의 고급 숙소에서 더운 물로 샤워까지 하고 내 싸구려 숙소로 돌아가려고 호텔을 나서니 동네 청년 한 녀석이 집적거린다.

"헬로, 외국 사람. 오늘 나랑 하룻밤 어때?"

유명한 관광지의 청년들은 대부분 이 모양이다. 호신용으로 가지고 다니는 최루 가스총이 주머니 안에 있었더라면 맵게 한 방 쏴버리고 싶은 심정이다.

랄리벨라의 돌덩어리 교회는 '감춰진 세계 불가사의 중 하나'라는 수식어에 걸맞게 굉장한 볼거리다. 한 개의 돌을 깎아 내려가며 만든 교회는 악숨 왕국이 망한 12세기에 랄리벨라라는 왕이 이스라엘의 예루살렘 대신 이곳을 성지로 만들 것을 결심하고 천사들의 도움으로 24시간 만에 완성했다고 한다.

인도에서 보았던 엘로라 사원과 비슷한 느낌인데 엘로라 사원은 큰 돌산을 겉에서부터 파 들어간 데 비해 여기는 돌산 겉은 그대로 두고 중앙을 파 내려가 한 덩어리의 돌로 된 교회를 만들었다. 교회 바깥벽에 온갖 무늬가 양각되어 있고 정교하게 디자인된 교회 안 실내장식은 참으로 놀랍다.

손바닥만 한 마을에 교회가 열한 개. 다행히 내가 그 교회들을 둘러볼 때는 다른 관광객들이 없어서 시간을 가지고 차분히 볼 수 있었다.

마침 다음 날이 성인(聖人) 중 한 분의 생일이라 교회에서는 행사 준비를 하고 있었다. 사오십 명 정도의 수사와 예비 수사들이 까만 가운이나 흰 삼바에 테두리가 쳐진 정장을 하고 북소리에 맞춰 기도를 한다. 기도가 끝나자 쇠로 만든 네모난 캐스터네츠 같은 악기를 앞뒤로 천천히 흔들며 노래를 부른다.

마을 한가운데 있는 내 숙소에서 방문을 열면 그 돌덩어리 교회들이 정면으로 보이는데, 교회에서는 행사 준비를 하느라고 밤새도록 불이 켜져 있고, 마이크를 통해 성직자들의 노랫소리가 끊임없이 들려왔다.

이튿날 새벽 꼬마 가이드를 데리고 행사장에 가보니 검은 정장 수사복을 입은 이 지역 최고 성직자들이 밤새도록 기도를 해 진이 다 빠졌는지 단 위에서 꾸벅꾸벅 졸고 있어서, 교회 마당에 모인 동네 사람들이 열심히 기도하는 것과 큰 대조를 이루었다.

: 서서히 드러나는 '영국 히피'의 정체

같은 날 아디스아바바로 돌아가는 마릴린과 함께 경비행기를 타고 곤다르로 갔다. 이 비행기는 듣던 대로 시멘 산 근처를 지날 때 기체가 심하게 흔들리며 계곡 사이를 누빈다. 야호! 마치 청룡 열차를 탄 느낌이다.

나와 마릴린은 재미있어서 환호를 지르는데, 내 뒤에 앉은 미국인 관광객들은 토하기 시작했다. 미안한 말이지만 편한 생활에 길든 미국 사람들은 조금만 불편해도 이렇게 촌티를 낸다.

에티오피아의 자랑인 곤다르는 참으로 아름다운 도시다. 1632년부터 1868년까지 이 나라의 수도였음을 대변하듯 중세풍의 멋진 건축물들이 수두룩하다. 수많은 왕들이 살았던 성과 벽화로 유명한 언덕 위의 수도원, 전망대에서 바라보는 곤다르의 전경은 특히 아름답다.

에티오피아에서 가장 아름다운 성이라는 바실리니 성은 한 왕의 성이 아니라 230년의 통치 동안 여러 왕들이 경쟁하듯 지은 갖가지 양식이 어우러져 다양한 아름다움을 뽐내고 있다.

유럽풍과 모로코풍, 사우디풍을 절묘하게 조합해놓은 바실리니 성의 꼭대기에 올라가 혼자 마음껏 감상하고 내려오는데, 아까 빵가게에서 만난 30대 초반의 히피 녀석이 아는 체를 한다.

나는 이런 히피들은 되도록 피하는 편이다. 머리가 길고, 몸에 문신이 있고, 눈동자에 힘이 없는 이런 행색의 아이들은 대마초나 마약을 하기가 십중팔구. 눈에 띄지 않기를 바랐지만 내 자리까지 와 인사를 하는데 어떻게 모른 척할 수가 있나.

그 사람을 여기서 또 만난 거다. 내키지 않지만 얼렁뚱땅 인사를 하고 돌아서서는 곤다르에 오면 꼭 보아야 한다는, 천장의 천사들 그림으로 유명한 데브레 비르한 시라시에 수도원으로 갔다.

언덕 꼭대기에 있는 수도원은 생각보다 작은 규모지만 사실적으로 그려진 성경 그림이 참 재미있다. 에티오피아인의 동그란 얼굴을 한 천사 수백 명이 천장에서 눈을 동그랗게 뜨고 내려다보고 있는데, 보존 상태가 훌륭하다.

과거에 이슬람 군대가 쳐들어와 곤다르에 있는 마흔네 개 교회 중

마흔세 개를 때려 부수고, 여기도 부수려고 할 때 어디선가 흰 벌 떼가 날아와 이슬람 군대를 물리쳐 이 교회 하나만 살아남았다고 한다.

재미있게 보고 돌아서려는데 또 그 히피가 저쪽에서 나타난다. 이그, 내가 못 살아. 이렇게 자주 만나는 걸 보면 인연이 있기는 있는 것 같아서 그날 저녁 식사를 같이했다. 같이 있어 보니 이 사람, 말수가 적어서 그렇지 피할 만큼 나쁜 사람은 아닌 것 같다. 그렇다고 딱히 마음에 드는 것도 아니지만.

내가 곧 시멘 산에 간다니까 자기도 가고 싶었다며 같이 가잔다.

'앗, 나의 실수! 근데 이 사람, 조금 전까지만 해도 남쪽으로 간다더니.'

이미 한 말이라 주워 담을 수도 없다. 그래도 시멘 산 등반은 비용이 많이 들기 때문에 네 명 정도 그룹을 짜서 가야 한다는 말을 들었으므로, 썩 내키지는 않지만 단둘이 가지는 않겠지 생각하고 그러기로 했다.

그러나 온 곤다르를 눈을 씻고 찾아봐도 영국인 히피밖에는 다른 여행객이 없었다. 시멘 산 입구인 데바르크에 가서도 산에 간다는 사람을 찾지 못해, 결국 울며 겨자 먹기로 마음에 들지도 않는 히피와 둘이서 4박 5일 등반을 떠나게 되었다.

: 그리스 신들의 체스 놀이판

그리스 시인 호머가 '그리스의 신들은 휴가를 시멘 산에서, 산봉우리들을 말 삼아 체스를 하며 보낸다'고 했던 해발 4600미터의 시멘 산은 호머의 말대로 불규칙한 화산활동으로 평지에 봉우리들이 우뚝우뚝 솟은 형상이다.

이 산에 오르려면 최소한 영어를 할 줄 아는 가이드와 총을 가지고 다니며 들짐승과 불한당으로부터 등반객을 지켜주는 스카우트와 스카우트의 말 그리고 짐말과 마부가 필요하다. 그러니 자연히 준비가 어마어마할 수밖에. 국립공원 사무실에 등록을 하고 입장료를 내니 스카우트와 짐말을 소개해준다.

준비는 다 끝났는데 걱정은 두 가지. 하나는 지금은 우기가 아닌데도 거의 매일같이 비가 온다는 거다. 내 슬리핑백이나 여행 장비는 방수가 안 되고, 비가 오면 길이 미끄러워 애를 먹을 게 분명한데. 또 하나는 같이 가는 영국 히피 브라이언. 이 무표정한 영국 청년은 별로 즐거워하는 기색도 없고, 무엇 하나 제가 나서서 알아보지도 않으며, 그저 하자는 대로 따라 하기나 할 뿐 말이 없다. 저렇게 시큰둥한 태도로 도대체 여행은 왜 다니나 의심스러울 정도다. 아름다운 산을 몇 날 며칠 오를 때는 유쾌한 사람들과 재미있는 시간을 가지는 게 등반 이상의 즐거움인데, 그에게서 그런 즐거움을 기대하기는 아예 틀린 일이다.

첫날은 해발 3230미터에 있는 상카바르라는 첫 번째 캠프까지 갔다. 황무지인 들판과 야산을 번갈아가며 넘는 굉장히 지루한 길이다. 겨우 한 가지 재미있는 일이 있다면 그날이 데바라크 장날이라 근처 마을에서 물건을 이고 지고 장에 가는 '사람 구경'을 하는 거다. 여기만 해도 벌써 하얀 터번을 두른 모슬렘들이 보이기 시작하는데, 이들은 만나면 서로 뺨과 머리를 맞대며 요란스럽게 인사를 한다.

보리술 파는 집 처마 밑에서 간단하게 점심 요기를 하고, 쉬는 시간도 없이 부지런히 걸어 오후 4시쯤 상카바르 캠프 전망대에 도착했다. 파노라마처럼 펼쳐지는 시멘 산의 전경이 한눈에 내려다보인다.

미국의 그랜드캐넌과 한국의 설악산을 섞어놓은 형세라고나 할까. 옅은 안개가 끼어 시야가 그리 깨끗하지는 않지만 그 전경을 처음 보는 순간 8시간 넘는 지루했던 등반의 피로가 눈 녹듯 녹아내리는 것 같았다.

캠프에는 오토바이를 타고 아프리카 일주를 한다는 덴마크 아이 세 명이 미리 텐트를 치고 있다. 준비해 간 쌀로 밥을 하고, 참치 통조림을 따서 양파와 마늘을 듬뿍 넣고 생선찌개를 끓이고, 거기에 지난번 최 서기관 집에서 싸 준 고추장을 넣어 벅벅 비벼 먹으니 밥맛이 절로 난다.

브라이언은 자기는 채식주의자라며 맨밥에 고추장만 비벼 먹는다. 자기가 고기를 안 먹으면 그렇다고 말을 하든지 아니면 따로 해 먹든지 할 것이지 왜 저렇게 궁상을 떨고 있나 얄미운 생각이 든다. 그 고추장이 얼마나 귀한 건지도 모르고.

저녁을 먹은 후 브라이언은 일찌감치 텐트로 들어가고 나는 모닥불을 지펴놓고 덴마크 아이들이랑 늦도록 놀았다. 하늘에는 보름에서 하루 모자라는 달이 두둥실 떠올라 우리 모두의 얼굴을 부드럽게 비춰주었다.

둘째 날 아침, 모닥불을 지펴 차를 끓여 마신 나는 무슨 신이 났는지 새벽부터 감자를 깎고 양파와 마늘을 넣어 감자볶음을 해 먹었다. 브라이언은 손도 까딱하지 않고 있다가 음식이 다 되니 얼른 먼저 냄비에 있는 음식의 반을 자기 그릇에 덜어간다.

이놈은 참 이상한 녀석이다. 식사 준비를 하지 않는 것은 물론이고, 자기 것은 딱 꼬불쳐놓고 아무와도 나누어 먹지 않는다. 내가 가지고 간 버터와 건포도와 빵으로는 큼직한 샌드위치를 만들어 먹으면서도 자기가 가지고 온 땅콩버터는 먹어보란 소리도 안한다. 먹는 것 갖고 치사하게 구는 게 아주 밉상이다.

이날의 목표는 해발 3600미터에 있는 기치 마을. 거기에 우리 마부 집이 있어서 이틀 밤을 그 집에서 묵기로 했다. 이 길은 전날보다 훨씬 재미있다. 계곡도 멋있고, 눈 아래로 내려다보이는 시멘 산의 전경이 그림 같다. 좌우의 경치를 정신없이 감상하면서 쉽게 마을에 도착했다.

마부 파래치네 집에 짐을 풀고 부인이 끓여주는 커피를 한 잔씩 마셨다. 동네 사람들은 모두 모슬렘이라는데 이 집 아저씨도 내가 집에 들어가자 딸을 불러내 얼른 발 씻을 물을 떠다 주라고 성화다. 여기는 발 씻을 물은커녕 이 닦을 물도 귀한데 말이다. 성화에 못 이겨 밖에 나가 손발을 씻고 들어가니 '관조, 관조(예쁘다, 예쁘다).' 하면서 좋아한다. 이런 게 말로만 듣던 모슬렘식 친절인가 보다.

이 집도 전형적인 산골 마을 초가로 다른 아프리카 집들과 비슷하다. 중앙에 화덕이 있어 부엌 겸 사랑방 구실을 하고, 한쪽 구석에서 양가죽이나 쇠가죽을 깔고 잠을 잔다. 다른 구석에는 가축들의 축사가 있다.

한 가지 다른 점은 그 축사 위에 단단한 나무로 잠자는 시렁을 만들었다는 거다. 그러니까 사람 집에 가축이 들어오는 게 아니라 가축우리 위에서 사람들이 잠을 자는 꼴이다. 점입가경으로 여태까지 겪어본 목축 마을에서는 어린 가축만 집에 들어오는데, 여기서는 저녁이 되니 큰 말 두 마리, 황소 한 마리, 양 열다섯 마리에 닭들까지 몽땅 들어와 집 안에서 잠을 잔다.

나와 브라이언은 손님이라고 화덕 옆에 잠자리를 마련해주었다. 쇠가죽 밑에 잘 마른 풀을 깔아 푹신하게 해주는데, 빈대와 벼룩은 이 집도 예외가 아니다.

동물원에서 잠을 자니 안 그럴 수 있나. 손목이며 발목이며 수없이 물렸는데, 물린 건 그렇다 치더라도 침낭 안에 침대 벼룩이 들어갔을까 봐 그게 더 걱정이다. 침대 벼룩이 침낭에 한번 들어가면 그 안에서 진을 치고 살기 때문에 침낭을 바짝 말리거나, 빨아도 좀처럼 없애기 힘들다.

: 이그, 진작에 얘기를 하지

셋째 날은 전망대 세 군데를 돌아보고 다시 기치 마을로 돌아오는 일정이다. 이 날의 하이라이트는 시멘 산 최대의 전망대인 미에트고트와 기드게르고트. 거의 모든 산들이 발아래 있는데, 2~3시간 정도를 1000미터도 넘는 낭떠러지의 가장자리를 걷는 아슬아슬한 길이다.

한참 가니 문처럼 생긴 커다란 구멍이 나오고 구멍 사이로 천국 같은 경치가 펼쳐진다. 세상에! 갖가지 모양의 크고 작은 산봉우리들이 발아래 죽 늘어서서 우리를 부르는 게 아닌가. 카메라를 마구 눌러대자 가이드가 지금부터 3~4시간은 모두 이런 경치이니 흥분하지 말라고 한다.

이날 나는 천국을 헤매는 천사가 되었다. 눈 가는 데까지 온통 수백수천 가지 모양의 바위산들이다. 자세히 뜯어보면 하나하나가 모두 잘생겼고, 합쳐놓고 보면 또 장엄한 아름다움을 뿜어낸다.

바로 앞에 우뚝 솟은 두 바위산은 마치 페루 마추픽추의 산들과 비슷하고, 그 뒤의 산들은 영암 월출산 같고, 그 옆의 산은 사진으로만 본 중국의 구이린(桂林) 형상이고, 또 그 옆의 것은 미국 모뉴

멘트 밸리에서 본 산들을 닮았고…… 마치 전 세계의 산들을 모두 모아놓은 것 같다. 참으로 아름다운 시멘 산, 금강산 일만이천봉이 이런 모습일까.

감격에 젖은 채 기치 마을로 돌아와 이른 저녁을 먹고, 말도 안 통하는 파래치네 가족들과 밤늦도록 놀았다. 파래치는 부인과 아들 셋, 딸 하나가 있는 자상한 아저씨다. 누추한 곳에 손님을 모셨다고 미안해하며 우리가 불편을 느끼지 않도록 최대한 신경을 쓰신다. 그러나 여기서도 브라이언은 화난 사람처럼 묻는 말에나 겨우 대답한다.

'정말 웃기는 놈이군.'

어두운 방 안에서 눈이 아프도록 그를 째려보았다.

넷째 날은 둘째 날의 그 멋진 경치를 더듬어 내려가는 길. 스카우트 할아버지가 말을 빌려주어서 말 등에 앉아 눈 아래 펼쳐지는 경치를 감상했다.

브라이언은 이제 완전히 입을 봉해버렸다. 앞으로 누구와 어떤 말도 하지 않겠다는 결심이라도 한 것 같다. 이러니 아무리 좋게 지내려고 해도 내 말투와 태도에 가시와 짜증이 섞일 수밖에. 이 사람은 정신적으로 문제가 있는 게 틀림없다.

경치로만 보면 만족한 트레킹을 마치고 데바르크에 도착했다. 산에서 내려온다는 아쉬움도 있지만 이 망할 놈의 브라이언과 더 이상 같이 다니지 않아도 된다고 생각하니 속이 시원하다.

브라이언에게 작별 인사를 했더니 잠깐 자기와 얘기를 할 수 있냐고 청한다. 그동안 다른 사람들이 아무리 말을 붙여도 대답도 없던 사람이 무슨 얘기가 있을까 궁금해서 숙소 마당에 자리를 잡고 앉았다.

"그동안 여러 가지로 미안하고 고마웠어요."

대뜸 정중하게 인사를 한다.

"뭐가 미안하고 뭐가 고마웠는데요?"
얄미운 생각에 쌀쌀하게 물어보았다.
"사실 저는 지금 우울증을 앓고 있어요."
'아, 그랬었구나.'
"저는 원래 곡예사예요. 몇 년 동안 마리화나, 코카인, 헤로인 등 안 해본 마약이 없어요. 결국 마약중독자 재활원에 들어가 치료를 받고 나왔는데, 런던에 있으면 또 손을 댈까 봐 여행을 다니는 겁니다."
석 달 전에 영국을 떠났는데, 지금 마약 금단현상으로 지독한 우울증에 걸려서 누구하고 말도 하기 싫다는 거다.
"비야 씨 등반길을 즐겁게 해드리지 못한 것 같아 미안해요. 그렇지만 나에게는 비야 씨의 밝은 분위기가 전염되었는지 기분이 많이 좋아졌어요. 아프리카 여행 중에도 여러 번 자살 충동을 느꼈었는데, 앞으로는 그런 일 없을 것 같네요. 고마워요, 비야 씨."
에이, 바보 같으니라고. 그런 사연이 있었으면 진작 얘기를 하지. 그랬으면 나도 좀 더 상냥하게 대했을 텐데. 몇 날 며칠 속으로 욕하고 다닌 것이 괜히 미안해진다. 브라이언이 꼭 재활에 성공하기를 진심으로 빈다.

에리트레아, 들어는 보셨나요

ː악, 하고 숨 막히는 '악숨' 가는 길

데바르크에서 악숨으로 가는 길은 소문대로 '세상에서 가장 스릴 있고 아름다운 길'이다. 아침 내내 주유소 앞에서 '악숨'이라고 쓴 도화지 피켓을 들고 앉았다가 얻어 탄 트럭 운전사 옆자리에서 차가 발동을 걸자마자 '악' 소리를 질렀다.

닷새 동안 등반을 해야만 볼 수 있는 줄로만 알았던 아름다운 시멘 산이 악숨으로 가는 트럭에서도 보였기 때문이다. 트럭이 낑낑거리며 오르막을 올라가자 갑자기 시야가 탁 트이면서 '일만이천봉' 시멘 산의 전경이 한눈에 들어온다.

아슬아슬한 능선을 따라 달리는 찻길은 오른쪽을 보면 900길 낭떠러지, 왼쪽을 보면 천 길 낭떠러지다. 게다가 커브가 많기로는 미시령 넘는 것보다 더 꼬불거리고, 경치가 멋지기로는 한계령 넘는 것보다 더 아름다운 절경이 몇 시간이고 이어진다.

'악' 하고 '숨'이 막힌다고 해서 '악숨'인가. 악숨으로 가는 길은 아름다운 경치 때문에 '악' 소리가 나오고, 스릴 만점의 길 때문에 '숨'이 막힌다.

여태껏 세계를 다니면서 경치 좋은 길도 많이 가보았고 아슬아슬한 길도 많이 다녀보았다. 필리핀 북쪽 산악 지대, 볼리비아 라파스에서 아마존 정글 입구까지, 타이완 중부 지방 옥산 근처 지옥길 등등. 그러나 여기처럼 몇 시간 동안 바이킹을 타고 있는 것 같은 느낌은 처음이다.

군데군데 길이 무너져서 차로 그 길을 가는 것은 위험하니 비행기로 가라는 관광국 직원의 말을 들었더라면 돌이킬 수 없는 손해를 볼 뻔했다.

악숨은 이 나라에서 가장 오래된 도시이자 성지다. 전설 속 시바의 여왕 무덤이 있고, 솔로몬과 시바의 아들인 메넬리크 1세가 이스라엘에서 직접 가져왔다는 모세의 성궤가 여기 교회에 모셔져 있다. 또 1세기에서 6세기에 걸쳐 중동 일대를 지배하면서 홍해를 중심으로 한 무역을 장악했던 빛나는 악숨 제국의 수도였다.

그러나 지금은 그 찬란했던 옛날의 영화는 찾을 길 없고, 에리트레아와의 30년 전쟁을 치른 후유증만 심하게 앓고 있다. 전쟁 통에 옛날 건물들은 거의 다 부서졌고 그 자리에 특징 없는 시멘트 건물들이 들어서 있다. 전통 있는 고도의 퀴퀴하면서도 그윽한 냄새는 어디 가서도 맡을 수 없다.

관광청 사무소장의 도움으로 숙소를 잡고 배낭 가득 밀린 빨래를 몽땅 해치웠다. 여기는 우물을 깊게 파면 지하수가 나오기 때문에 에티오피아에서 물을 가장 마음대로 쓸 수 있는 곳이라고 한다.

오후에 관광소장의 안내로 구경을 나갔다. 처음 가본 곳은 기원전에 세워진, 돌 하나로 만든 기념탑들이 모인 곳. 무게가 500톤 정도 나간다는 이 탑들은 어떤 것은 거센 풍파에 쓰러져 누워 있고,

어떤 것은 풍파를 이기고 당당하게 서 있다.

우뚝 솟은 높이가 27미터로 이 탑들 앞이 바로 모세의 성궤가 모셔져 있다는 성 마리아 시온 교회다. 에티오피아에서 가장 중요한 교회인데 옛 전통에 따라 억울하게도 여자들은 출입 금지다.

악숨은 고고학자들의 천국으로, 도처에 아직 발굴되지 않은 중요한 고대 유적들이 널려 있다. 현재도 수십 명의 세계적인 고고학자들이 악숨에서 발굴 작업을 하고 있는데 성과가 대단하단다.

몇 년 전에도 전설로만 내려오던 시바 여왕의 조각과 궁전 터를 발굴하는 쾌거를 올렸다고 한다. 돌담이 무덤처럼 무너져 있는 숱한 유적지들. 이런 '고고학의 보물상'을 뒤로한 채 배낭 가득 밀리고 밀렸던 빨래를 개운하게 해치운 후, 그 빨래가 보송보송 마르자 두 달 간의 에티오피아 여행을 마치고 에리트레아로 떠난다.

"차오 에티오피아, 아마사 그날로 에티오피아(안녕 에티오피아, 고맙다 에티오피아)!"

: 30년을 싸운 작은 거인

내가 에리트레아에 가는 이유는 딱 한 가지, 배를 타기 위해서다. 에티오피아에서 육로로 북상하려면 수단을 거쳐야 하는데, 수단 남부가 치열한 내전 중이라 비자 발급이 중단되었다.

백방으로 알아보았지만 밀입국하기 전에는 불가능이란다. 그러던 중 마사와라는 에리트레아 항구에 가면 이집트로 가는 배를 찾을 수 있을지도 모른다는 얘기를 시믈렛 가족들에게 들은 거다.

에리트레아의 수도 아스마라라는 곳은 여러 가지로 놀라운 도시다. 아프리카라고는 도저히 믿을 수 없을 만큼 도시 전체가 티끌 하나 없이 깨끗하고, 겨우 4년 전에 전쟁이 끝났다고는 상상이 안 될 만큼 겉으로 보기에는 전쟁의 상처가 말끔히 가셨다. 길거리에 거지나 귀찮게 따라붙는 사람도 없다. 승전국 국민답게 이 나라 사람들의 사기와 긍지가 하늘을 찌를 듯하다.

마침 내가 도착한 이틀 후가 이 나라 종전 4주년 기념일이어서 도시는 온통 축제 분위기다.

'종전 4주년 기념, 자유 에리트레아 만세!'

가게마다 현수막이 걸려 있고, 집집이 국기를 내다 걸었다. 시내에는 반짝이는 빛깔 전등이 달려 있고 군데군데 기념 아치가 세워져 있다.

에리트레아는 1890년부터 1941년까지 51년간 이탈리아 식민지와 영국의 신탁통치를 거쳐 1952년 유엔의 결정으로 에티오피아연방에 합류, 1961년 하일레 셀라시에 황제에 의해 강제로 에티오피아의 열두 번째 주로 편입되었다. 이에 반발해 1961년부터 1991년까지 에리트레아 인민해방전선을 중심으로 에티오피아와 30년간 무력 투쟁을 벌였다.

외부의 아무 지원도 없이 맨주먹으로, 러시아와 북한의 지원을 받는 에티오피아와 싸운 것은 성경에 나오는 다윗과 골리앗의 싸움으로 자주 비유되는데, 성경 얘기처럼 에리트레아는 거인 에티오피아를 물리치고 1991년 독립을 쟁취한 것이다.

그 후 99퍼센트라는 엄청난 참가율의 국민투표에 의해 정식으로 독립국가로서의 첫발을 내딛게 되는데, 오랜 전쟁을 겪은 이 나라 국민들의 애국심은 우리가 상상할 수 없을 정도란다. 지금도 해외에 흩어져 있는 100만 에리트레아 사람들이 수입의 20~30퍼센트

에리트리아가 전쟁에서 노획한 탱크들.

이 중에는 북한제도 상당수 있다. 외부 지원이 전혀 없었던 에리트리아는 러시아와 북한의 막강한 지원을 받은 에티오피아에 맞서 30년 전쟁 끝에 마침내 독립을 이루었다. 이 나라 국민들의 애국심은 우리의 상상을 초월한다.

를 자진해서 조국 건설비로 내고 있어, 이 나라 재정에 큰 몫을 차지한다는 거다.

시믈렛의 이모가 아스마라에 살고 있어 그 집에 여장을 풀었다. 집은 작지만 이 집 엄마가 아주 좋은 사람이고, 동네에서 유일하게 텔레비전이 있어서 텔레비전이 방영되는 월, 수, 금요일엔 이 집이 동네 사랑방이 된다. 내가 가자 동네 사람들이 무더기로 찾아와 외국인 손님을 구경한다.

바로 이웃집에 20살 정도 된 정신박약 청년이 사는데, 나를 보는 순간 "베타 마리암(성모 마리아)!"이라고 탄성을 질렀다. 그러더니 그날부터 계속 나를 보기만 하면 진지한 표정을 지으며 두 손을 모으고 기도하는 자세를 취하거나, 내 손을 잡으려고 해 우습기도 하고 곤혹스럽기도 하다.

아프리카를 돌아다니는 동안 새까맣게 타서 그들보다 더 하얗게 보일 리도 없고, 내 성격에 우아하게 앉아 있는 것도 아니어서 모습이 성스러워 보이지도 않았을 텐데 말이다.

기를 쓰고 따라다니는 것이 약간 귀찮아서 피해 다니다가 물차가 와서 우리 집 딸들과 함께 물을 받다가 직통으로 마주쳤다. 이 총각, 나를 보더니 얼른 무릎을 꿇으며 손을 잡고, 손등에 입을 맞추려고 하면서 감격해 떨리는 목소리가 된다.

"돌아오셨군요, 성모 마리아."

'그래, 네 눈에 내가 성모 마리아로 보인다면 기꺼이 그 역할을 잠깐 해주지. 네 마음의 평화를 위해서라면.'

그를 쫓으려고 하는 딸들을 말리고 그 '총각 신도'의 손을 잡아주었다. 살신성인 아닌 살수성인(殺手成仁).

이튿날 초대권을 구해 종전 기념식에 참석했다. 여기서 이 나라 대통령의 인기를 피부로 느낄 수 있었다. 50대 초반의 이사이아스 아프웨르키 대통령은 용기와 애국심만을 무기로 맨주먹으로 싸운 최전선 군인 출신이다.

그런데도 군 출신답지 않게 박식한 인텔리며 미래에 대한 비전이 뚜렷하다고 한다. 게다가 키 큰 미남에 춤도 잘 추고 유머가 넘치는 사람이라 국민들은 그를 에리트레아 국보 1호라고 칭송하며 대통령에 대한 자랑이 대단하다.

손수 운전을 하며, 캐주얼 차림으로 거리 축제에 나와 격의 없이 시민들과 신나게 춤을 추는가 하면, 유창한 영어 실력과 외교술을 갖춰 외국인에게도 인기가 대단하단다. 그날도 직접 차를 몰고 와서 연설을 시작하자 참석자들은 기립박수를 하며 환호한다. 우리 집 가족들에게도 대통령에 대해 물어보니 '정말 좋은 사람이고 우리의 자랑'이라고 입에 침이 마르게 칭찬한다.

이런 인기 만점 대통령이 끝까지 국민들의 기대와 사랑을 저버리지 않고 명예로운 대통령으로 남기를 바라는 마음 간절하다.

: 군더더기 없는 삶의 아름다움

에리트레아가 내 아프리카 여행의 종착지다. 아프리카 대륙의 오십 개도 넘는 나라 중에 내가 발로 걸으며 몸으로 체험한 나라는 겨우 다섯 나라에 불과하지만 반년 동안 아프리카를 돌아다니다 보니 이 대륙이 뼛속 깊이 각인되어 아프리카가 내 몸의 일부가 되어버린 느낌이다.

인류의 발상지인 아프리카 대륙. 현대 문명이라는 거대한 파도에도 휩쓸리지 않고 자연에 순응하며 수천 년 전 모습 그대로 살아가고 있는 이 사람들에게서 나는 앞으로 어떻게 살아야겠다는 큰 원칙을 발견했다.

아프리카에서 만난 사람들에게 당신이 가장 절실하게 원하는 게 무엇이냐고 물으면 그들은 한결같이 '물'이라고 대답한다. 그들의 대답을 들으며 나는 우리가 살아가는 데 꼭 필요한 것이 무엇인가 곰곰 생각해보았다.

이거야말로 꼭 필요하다고 머릿속에 떠올린 것들을 하나하나 따져보면 그것이 정말로 반드시 필요한 것은 아니었다. 그런데 우리는 이 반드시 필요하지도 않은 것들을 위해 얼마나 많은 시간과 노력을 허비하고 있는가.

아프리카의 오지를 다니면서 간단하고 군더더기 없는 삶이 얼마나 아름다운가를 알게 되었다. 아프리카는 내게 최소한의 것만 가지고도 얼마든지 풍요롭고 행복하게 살 수 있다는 무소유의 철학을 가르쳐준 거다.

사실 아프리카의 미래는 불투명하다. 언제나 불안한 정치 상황, 거기에서 비롯되는 끊임없는 내전, 반복되는 기아 현상, 창궐하는 에이즈, 무능한 정부, 식민지 유산에서 벗어나지 못하는 국민들, 아무리 열심히 일해도 끼니를 잇기 힘든 절대 빈곤. 이런 관점에서 보면 아프리카의 미래는 어두운 듯하다.

그러나 다른 잣대로 보면 탄자니아의 로즈 엄마, 마사이족의 올레파리, 케냐 시골 마을 의사 디다, 보란족 아저씨들, 에티오피아의 시믈렛 가족 등이 있는 따뜻한 아프리카는 분명 밝은 미래를 가지고 있다. 이들의 고운 마음은 사람들이 살아가는 데 물처럼 꼭 필요한 햇빛 역할을 하기 때문이다.

이제부터는 이집트와 요르단, 이스라엘, 시리아, 터키를 거치는 중동 여행이 시작된다. 이집트는 지리적으로는 아프리카 대륙에 있지만 문화적으로는 중동권에 속한다. 아프리카가 인류의 발상지라면 이제부터는 문명의 발상지를 가는 거다. 그곳에서는 또 어떤 일과 사람들이 나를 기다리고 있을까.

이런 생각만으로도 돛단배의 돛처럼 가슴이 잔뜩 부풀어 오른다.

아프리카와 중동의 교차점 이집트

∶ 카이로는 45℃

비행기를 타면 빨리 간다는 이점밖에 없다. 그러나 육로나 해로를 이용하면 서서히 변해가는 경치와 사람들이 살아가는 모습을 가까이 볼 수 있다. 게다가 한 나라에서 다른 나라로 넘어가는 느낌을 확실하게 느낄 수 있다. 국경선에 세워진 '우리나라에 온 것을 환영합니다'라는 간판 앞에서 짜릿한 성취감을 맛보는 건 육로 여행자만의 커다란 즐거움이다. 그래서 나는 육로 여행을 원칙으로 한다.

그러나 아쉽게도 에리트레아에서 이집트까지는 부득이하게 이 원칙을 지킬 수 없었다. 2주일에 한 번씩 수에즈로 가는 정기 여객선이 인원 미달을 이유로 취소되는 경우가 출항하는 경우보다 더 많기 때문이다.

며칠 후 출항 예정이던 배가 역시나 취소되고 말았다. 무작정 갈지 안 갈지도 모르는 다음 배를 기다릴 수도 없는 노릇이라 울며 겨자 먹기로 비행기를 탈 수 밖에 없었다.

카이로 공항을 나서자마자 뜨거운 바람과 햇빛에 눈을 뜰 수가 없다. 해발 1700미터로 서늘한 아스마라에 있다가 이 사막의 바람을 받으니 공항을 나간 지 1분도 안 되어 가슴 사이로 나일 강이 흐르기 시작한다.

한여름의 카이로는 지독히 덥다. 낮에는 볼펜이 녹아내릴 정도로 뜨겁고, 밤이 되어도 좀처럼 그 열이 식을 줄 모른다. 바람 한 점 없는 도시의 섭씨 45도 기후는 그야말로 건식 한증막이다. 너무 더워 그런지 여행객을 찾아보기 힘들다. 가이드북마다 꽤 쓸 만한 숙소로 추천하고 있는 여관에서도 내가 유일한 투숙객이다.

무더위 때문이기도 하지만, 외국 여자가 지나가면 윙크를 하거나 악수를 청하는 등 필요 이상의 친절을 보이는 게 성가셔서 약간 짜증을 내며 걷고 있는데 뒤에서 "헬로." 하는 남자 목소리가 들린다.

'또 시작이군.'

못 들은 척하고 뒤도 돌아보지 않았다. 그런데 그 목소리가 이렇게 알려준다.

"아가씨 배낭이 열렸어요."

깜짝 놀라 등에 멘 배낭을 보니, 정말 안에 있는 물건이 나올 정도로 반쯤 열렸다.

"어머, 말해줘서 고마워요."

분명히 꼭 채운 배낭이 어떻게 해서 열렸지? 소매치기가 건드렸나?

그 말을 해준 사람은 27살의 초등학교 선생님 아슈라프. 이게 인연이 되어 근처의 아슈라프네 집에서 대대로 하고 있다는 향수 가게에 들어가 시원한 에어컨 앞에서 차와 지독히 단 이집트 과자를 먹으며 더위를 식혔다.

얘기 끝에 전형적인 시골집에서 한 일주일 정도 민박을 하면서 진짜 이집트를 경험하고 싶다고 했더니 아슈라프가 반색을 한다. 마침 자기도 내일 알렉산드리아 근처에 있는 시골집에 놀러 가려고 하는데, 함께 가면 어떻겠냐는 거다. 이런 걸 보고 속담에 '되는 집에는 가지 나무에 수박 열린다'고 하던가?

∷ 3시간 만에 백 년 전으로

아슈라프의 친척 집은 카이로에서 버스로 3시간쯤 떨어져 있다. 그러나 우리가 타고 간 낡은 도요타 마이크로버스는 버스가 아니라 타임머신이라도 되는 양, 몇 시간 만에 우리를 적어도 백 년은 더 전의 옛날로 데려다준다.

그곳은 너무나 보수적이고도 전통적인 모슬렘 마을이다. 남자들은 긴 소매에 발목까지 내려오는 '갈라비야'라는 하얀 가운을 입고, 여자들 역시 긴 치마와 긴 소매 원피스에 머리를 스카프로 가리고 다닌다. 더 보수적인 여자들은 온몸은 물론 얼굴까지 온통 까만 천으로 감쌌다.

이 작은 동네에 아슈라프의 삼촌이 세 분이 살고 있는데, 나는 큰 삼촌인 함디네 집에 묵었다. 함디는 건장한 체격에 미국 영화배우 톰 셀릭같이 잘생긴 미남이다.

이 동네도 부인이 두세 사람 있는 게 보통이지만 함디는 부인 하나에 3살부터 26살까지 아이가 열하나나 된다. 이 집에는 장가든 큰아들 내외와 6개월짜리 손자까지 모두 열다섯이나 되는 대식구가 살고 있었다. 게다가 언제나 먼 곳에서 온 친척이 서너 명 묵고 있어서 늘 시끌벅적, 사람 사는 냄새가 나는 곳이라 단번에 마음에 든다.

배낭을 내려놓자마자 22살 된 큰딸 아파프가 얼른 나를 자기 방으로 데리고 간다. 자기들이 입는, 목까지 단추를 채워야 하는 긴팔,

긴치마 원피스와 나일론 속치마를 주면서 갈아입으라는 거다. 내 반바지 밑으로 드러난 종아리를 가리키며 검지를 세워 좌우로 흔든다.
"해다 모슬렘, 라라(여기는 모슬렘 동네, 안 돼요, 안 돼)."
머리까지 수건으로 가리라고 하지 않는 게 다행이다.
오십여 가구가 사는 이 동네는 모두 문을 열어놓고 한 가족처럼 지낸다. 우리 집 가장 함디는 마을 사람들이 어려운 일이 있을 때마다 조언을 청하는 촌장 같은 인물이라 동네 사람들이 어른 아이 할 것 없이 모두 존경하는 빛이다.
함디가 나를 데리고 다니며 한국에서 온 우리 마을의 귀한 손님이라고 인사를 시키자 모두 반갑게 맞이해서 한나절도 안 되어 온 동네 사람들과 터놓고 지내게 되었다. 시골에서 농사짓는 사람들의 포근함과 따뜻함은 어느 나라를 가든 다를 게 없다. 가난할수록 인정이 깊은 것도 꼭 닮았다.
그날 생전 처음 먹어보는 이집트 음식을 맛있게 먹었다. 아랍 음식은 무엇이 다를까 잔뜩 기대했는데, 오이지 비슷한 오이절임에 풋고추볶음, 어린 가지를 반으로 갈라 마늘을 넣고 볶은 것 등은 우리 음식과 크게 다르지 않다.
김치처럼 끼니때마다 먹는 토마토와 오이를 작은 깍두기 모양으로 썰어 레몬즙으로 간을 한 샐러드도 그렇다. 시금치 비슷한 채소로 갈아 만든 채소 수프, 작은 마카로니를 넣어 볶은 밥도 있다. 주식은 큰 피자 크기의 납작한 밀가루 빵인데, 빵을 뜯어 반찬을 싸서 먹는다.
식사는 큰 방에서 남자들끼리 둥글게 모여 앉아 먹고, 여자와 아이들은 따로 상을 차린다. 나는 손님이라 특별히 남자들 사이에 끼어 먹는데, 밥을 먹는 동안 여자 가족 중 하나가 열심히 시중을 든다.
내가 손으로 빵을 뜯어 반찬을 싸서 맛있게 먹으니까 "꼬리 구와 이스(한국 사람 좋다)." 하며 모두들 좋아한다. 오이지와 가지 반찬을 가리키며 한국 음식과 똑같다고 하자 "꼬리 무슬리 사디크(한국 사람과 이집트 사람은 친구니까)."라며 싱글벙글이다.

즐겁게 밥을 먹는 것은 여기서도 예외가 아니어서 밥 먹는 동안 가족들끼리 농담을 주고받으며 웃음이 끊이지 않는다. 셋째 아들 무스타파 이마에 밥알 하나가 붙은 걸 보고 가족들마다 그 아이 이마를 가리키며 한 10분은 배꼽을 잡고 웃는다. 이마에 붙은 밥알 한 톨에도 이 사람들은 이렇게 즐거워한다. 정이 많아서 그렇겠지. 아니, 서로 사랑하기 때문이겠지.

식사 후에 차를 주는데 그 차가 얼마나 진하고 단지 무엇이든 잘 먹는 나로서도 도저히 마실 수 없다. 작은 찻잔에 설탕을 서너 숟갈이나 넣는데, 단것은 질색이라 설탕을 넣지 말라고 해도 손님이라고 더 넣으면 더 넣었지 내 사정을 봐주려고 하지 않는다.

내가 이집트 여행 내내 어려웠던 것은 무더위와 바로 이 쓸 정도로 다디단 이집트 차다. 그러나 어딜 가나 따라놓고 열심히 권하는 차를 입맛에 맞지 않는다고 안 마실 수도 없는 노릇이라 진짜로 죽을 맛이다.

⋮ 남편 앞에서만 허락되는 춤 솜씨

함디는 마을에서 제일 큰 밭을 가지고 있다. 마침 그때가 토마토와 오이의 수확 철이라 일손이 바빴다. 나도 밥값을 해야겠다고 매일 아침 가족들을 따라 당나귀 마차를 타고 밭에 일하러 갔다.

셋째 아들 무스타파와 짝이 되어 토마토를 따는데 고랑마다 달려 있는 잘 익은 토마토가 어찌나 사랑스러운지, 파란 이파리 밑에 수줍게 숨어 있는 붉은 토마토 하나하나가 보석인 양 귀하고 예쁘다.

열심히 토마토를 따고 있으면 집안 여자들이 점심을 날라 온다. 대충 손발을 씻고 그늘에 앉아 꿀맛 같은 식사를 하고는 적당한 곳에 누워 늘어지게 다디단 낮잠을 잤다. 땀 흘려 노동한 사람만이 느끼는 달콤한 휴식이다. 한여름 뙤약볕에서 일하면서도 웃음을 잃지 않는 농민들은 우리나 이집트나 그 모습이 다르지 않아 신기하다.

오후에는 나만 일을 안 하고 10살짜리 딸 헤바와 당나귀를 탔다. 안장 없는 당나귀가 약간 불편하기는 하지만 여간 재미있는 게 아니다. 타박타박 걷던 당나귀 옆구리를 발로 살짝 치면 따그락 따그락, 그 작은 체구를 열심히 움직이며 달린다.

집에 들어와 샤워를 하고 나면 남자들은 집 앞에 멍석을 깔아놓고 물담배를 피우며 농사 얘기에 이런저런 얘기를 하고, 여자들은 집 안에 모여 살림이나 아이들 얘기를 나눈다. 텔레비전이나 라디오가 없는 마을에서는 이렇게 사람끼리 모여 얘기를 하는 게 저녁 시간의 큰 즐거움이다.

어느 날 저녁에는 남자들이 모두 출타한 틈을 타서 나이 든 딸들과 며느리까지 거실에 모아놓고, 반바지를 입고 다리를 번쩍번쩍 들어 올리며 미용체조 특강을 하다가 카세트를 틀어놓고 디스코 춤판을 벌였다.

모두들 너무나 신이 났다. 나중에는 꼬맹이 딸들과 이 집 오천 평 뚱보 엄마까지 합세해 모두 몸을 이리저리 흔들며 어찌나 춤을 재미있게 추는지, 몇 시간을 웃느라고 눈물이 찔끔찔끔 나고 뱃가죽이 당길 지경이었다.

이집트 여자들은 경련이 난 것같이 엉덩이를 흔드는 엉덩이춤을 얼마나 잘 추는지 모른다. 머릿수건을 풀어 긴 머리채를 늘어뜨리고 그 수건으로 엉덩이를 붙들어 매 엉덩이 놀림이 잘 보이게 해놓고 신나게 춤을 춘다. 알고 보니 여기 처녀들은 틈만 나면 음악을 틀어놓고 춤 연습을 한다는데, 유감스럽게도 그 춤 솜씨는 결혼 후 침실에서 남편에게만 보여줄 수 있다고 한다.

어느 날은 이 집 큰딸들이 자꾸만 내 손을 잡아끌었다. 이 아이들은 영어를 모르고 나는 아랍어를 모르므로 중요한 때는 아슈라프의 도움을 받기는 하지만 대부분 순전히 손짓 발짓으로, 또는 눈치로만 의사소통을 한다.

이 딸들을 따라 한참을 걸어 시장 근처에 있는 사진관에 갔다. 기념사진을 찍자는 거다. 우리 옛날 시골처럼 사진관에 가서 사진을 찍는 게 이들로서는 크고 즐거운 행사란다.

전에 찍은 사진을 보니 평상시에는 도저히 용서받지 못할 차림이다. 머리를 길게 풀어헤치고, 청바지에 딱 달라붙는 티셔츠를 입고, 화장까지 한 모습이다. 종교와 관습 때문에 자주는 못 하지만 예쁘게 꾸미고 자기의 아름다움을 과시하고 싶어 하는 건 세계의 어느 나라 여성이나 다름이 없다.

이 마을에 있는 동안 동네 사람들의 저녁 식사 초대와 차 초대가 잇따랐다. 우리 집 딸들의 친구들은 자기 집에 꼭 방문해달라고 딸들을 통해 은근히 압력을 넣고, 친척들은 또 함디를 통해 그 '꼬리(한국 사람)'가 꼭 자기 집에도 와서 식사를 해야 한다고 청한다.

일주일만 묵으려던 이 집에서 열흘을 묵게 된 건 순전히 가장 함디와 딸들의 발목 잡기 작전 때문이다. 떠나려는 날 아침, 딸들이 모두 내 방으로 몰려와 내 바지며 윗도리를 빼앗아갔다.

"비야 나흐다르, 라. 보크라, 보크라(비야 언니, 안 돼. 내일, 내일)!"

며느리는 아예 내 신발을 자기 방에다 감추어놓았다. 마음이 약해지는데 집주인 함디가 아침에 기도하러 사원에 가서 들어오지를 않는다. 보통 기도만 끝나면 곧 돌아오던 함디가 10시나 되어서야 들어오는 거다. 이 시간쯤 되면 길을 떠나기에는 너무 더워서 내일로 미룰 수밖에 없다. 신세 진 집주인에게 인사도 없이 떠날 수는 없는 노릇이니 말이다.

그런데 그다음 날도, 그다음 날도 마찬가지. 함디는 나를 못 떠나게 하려고 일부러 늦게 돌아오는 것이 분명했다. 결국 예정보다 사흘을 더 머물고야 '겨우' 떠날 수 있었다. 낯선 외국인을 하루라도 더 붙들려고 하는 인정에 가슴이 뭉클해진다.

내가 떠나는 날 온 집안이 울음바다가 되었다. 내가 여자들과 아이들을 일일이 껴안아주자 아이들은 아예 소리 내어 울고, 여자들은 연방 몰래 눈물을 훔친다. 이것을 바라보던 남자들도 나를 제대로 쳐다보지 못한다. 모두에게 작별 인사를 하고 돌아서려는데, 참았던 눈물이 볼을 타고 주르륵 흘러내린다.

"비야, 마살라마. 마살라마(비야, 안녕, 잘 가요. 안녕, 잘 가요)!"

그 집 가족들이 소리를 지르는데 눈물을 들킬까 봐 제대로 손도 못 흔들어주고 차에 올랐다.

'마살라마(안녕), 아름다운 사람들. 정다운 내 이집트 가족들!'

: 사랑 잃은 남자의 마음 다지기 여행

카이로에 돌아와 숙소에서 만난 독일 아이 두 명과 휴가 중인 아슈라프와 넷이 한 그룹이 되어 리비아 사막 오아시스 마을 근방에 있는 백사막으로 사막 여행을 떠났다.

사막 한가운데에 온갖 형상의 바위가 끝없이 펼쳐져 있는 백사막은 아슈라프도 몇 년 동안 벼르던 곳이라고 해서, 순전히 백사막을 보기 위해 이집트에 왔다는 독일 아이들과 함께 나선 거다.

나일 강 서쪽 리비아 사막을 자동차로 6시간 정도 가로지르니 끝없는 사막에 거짓말처럼 야자수 우거진 오아시스 마을이 나타났다. 이곳이 바로 이 사막 여행의 베이스캠프인 바위티. 생각보다는 제법 규모가 크고 철저한 모슬렘 마을이다.

백사막까지 가는 길에 가장 큰 마을이라 해서 군것질거리라도 사려고 버스에서 내리려 하자 운전사가 고개를 절레절레 흔든다. 그런 차림으로는 절대 바깥에 나갈 수 없다는 거다. 긴 면바지에 반팔 티셔츠인데? 하얀 천으로 머리와 윗몸을 가리겠다고 해도 안 된다며 얼굴까지 몽땅 가려야 한단다. 정말로 거리에는 아주 어린 여자 아이들까지 머리에 수건을 쓰고 긴소매에 긴치마를 입고 있다.

하여간 타고 오던 미니버스가 중간에 고장이 나는 바람에 6시간 거리가 12시간이나 걸렸다. 그렇지 않아도 늦었는데 새벽 4시 반이 되자 가던 길을 멈추고 운전사와 승객들이 모두 내려 하루의 첫 기도를 한다.

캠프에 도착하니 아침 8시, 벌써 사막 쪽에서 뜨거운 바람이 불어온다. 마치 수만 개의 헤어드라이어를 한꺼번에 틀어놓은 것처럼 아주 아주 뜨겁고 건조한 바람이다.

백사막 여행 경비는 듣던 것과는 딴판으로 비쌌다. 랜드로버를 타고 가는 3박 4일에 175달러를 내란다. 그것도 할 테면 하고 말 테면 말라는 식으로 배짱이다. 결국 독일 아이들은 주머니 사정 때문에 포기하고 아슈라프와 나만 남게 되었다.

아슈라프는 3주일 후면 자기 사촌 여동생과 결혼을 한단다. 이집트에서는 사촌끼리 결혼하는 건 보통이다. 왜 약혼자와 휴가를 함께 보내지 않느냐니까 이 결혼은 자기 의사와는 아무 관계없이 어릴 때부터 집안끼리 정한 강제 결혼이며 자기는 약혼자를 조금도 사랑하지 않는다는 충격 고백을 한다.

자기가 좋아하는 여자가 따로 있으나 이 정혼 때문에 말도 못하고 수년간 벙어리 냉가슴 앓듯 혼자 사랑을 키워왔단다. 그 여자도 아슈라프를 마음에 두고 있는 게 분명해서 어느 날 용기를 내어 부모님께 그 여자와 결혼하고 싶다는 뜻을 비쳤더니 어찌 된 영문인지 한 달도 못 되어 그 여자가 다른 데로 시집을 가버렸다는 거다.

아슈라프는 그 여자와 한 동네에 살면서도 영원히 다시는 얼굴을 보지 못하게 되어버렸다. 아슈라프의 시골 동네는 여자가 시집을 가면 평생을 남편과 집안 가족 이외에는 얼굴을 볼 수 없게 몽땅 가리고 살기 때문이다.

자기가 사랑하는 여자는 다른 남자에게 보내고 전혀 사랑하지도 않는 어린 사촌 동생과 결혼을 하려고 하니 죽고 싶은 마음뿐이지만 어쩔 수 없다면서 처연한 표정을 짓는다. 그리고 이번 여행은 현실에 순응하기 위한 '마음 다지기 여행'이라면서 큰 눈에 눈물까지 글썽인다.

: 사막에는 태고의 정적이 남아 있다

낮에는 자동차 엔진이 달아올라 사막을 달릴 수 없으므로 해가 지기를 기다리며 전에 가본 사막들을 떠올려본다.

내가 처음으로 사막 여행을 한 건 미국 유타 주에서 공부하고 있을 때다. 학기가 시작하고 첫 주말이 되었는데 내 미국 가족들이 남쪽 사막으로 주말여행을 가자고 했다.

'아니, 미국에 처음 와서 다른 볼거리도 많은데 웬 사막?'

의아해하는 내게 사막은 참으로 아름답다고 미국 엄마가 설명해주었다. 유타 남부의 사막은 생텍쥐페리의 어린 왕자와 여우가 사는 허허벌판 모래사막이 아니라 선인장 같은 식물이 군데군데 자라는 건조기후 사막이다. 어디를 둘러보아도 거친 광야, 아름다운 것과는 거리가 멀었다.

그러나 해가 지자 내 생각이 180도 달라졌다. 그날 밤 나는 이 세상에 태어나 가본 곳 중에 가장 조용한 곳에 앉아서 침묵의 소리까지 들을 수 있었다. 달 없는 하늘에 빈자리 없이 박혀 있던 수많은 별들과 세상천지에 우리밖에 없다는 완전한 고립감, 그래서 생기는 진한 연대감.

그뿐만이 아니었다. 우리가 평소에 필사적으로 추구하던 온갖 물질적 풍요가 아무 구실도 하지 못하는 물질 무풍지대였다. 세상을 살면서 우리에게 정말 필요한 것은 무엇인지를 깊게 되돌아보게 되었다.

이 새롭고도 놀라운 경험! 그 후 열광적인 사막 팬이 되어 여러 사막을 가보았다. 유타 주와 네바다 주의 사막, 인도 서쪽 파키스탄 국경지대의 라자스탄 사막, 칠레 북부와 볼리비아 남부에 걸쳐 있는 우유니 사막 등 모두 아름다웠다.

날이 저물어 사륜 구동 도요타 지프에 식량과 물, 텐트와 침구를 싣고 운전사 겸 가이드와 조수, 요리사, 아슈라프와 함께 길을 떠났다. 밤 10시가 되었는데도 사막의 열기는 식을 줄 모른다.

2시간쯤 캄캄한 사막을 달려 잠잘 지점에 닿았다. 다른 사람들은 가지고 간 작은 북 장단에 맞춰 노래를 부르고 춤을 추며 야영을 즐기는데, 나는 몹시 피곤했던지 담요를 깔고 그 위에 그냥 꼬꾸라져 잠이 들었다.

  얼마나 지났을까. 살갗에 뜨거운 불똥이 튀는 것 같이 따가워서 벌떡 일어났다. 겨우 샛눈을 뜨자 짧은 순간에 눈으로, 코로, 입으로 바람에 섞인 모래가 마구 들어오고 담요와 식기들이 낙엽처럼 바람에 굴러다닌다. 그 유명한 모래 열풍, 말 그대로 모래가 섞인 뜨거운 바람이다. 반바지에 짧은 티셔츠를 입었더니 쏜살같은 모래바람에 팔다리가 수천 대의 벌침을 맞은 것처럼 따끔거린다.

  모래 바람을 정통으로 맞으며 아침에 모래언덕에 올라가니 사막을 오렌지빛으로 물들이며 멀리 동쪽에서 해가 뜨고 있었다. 눈이 닿는 곳 지평선 끝까지 펼쳐진 사막에서 느끼는 태고의 정적과 혼자라는 고립감 그리고 막 솟아오르는 태양에 대한 경외감, 이런 것이 합쳐져 신앙심 없는 나도 저절로 경건한 기도가 나온다. 사막은 이렇게 사람의 감정을 정화시키는 능력이 있나 보다.

  아침을 대충 먹고 한참을 달리니 운동장처럼 평평하던 사막에 크고 작은 구릉이 생기면서 모래 표면이 연탄 가루를 뿌려놓은 듯 새까만 사막이 나타난다. 흑사막이다.

: 흑사막 오아시스의 꿀수박

  정오가 다 되어 작은 오아시스 마을에 들어갔다. 여기서 점심을 먹고 해가 지기를 기다리잔다. 운전사 마하무드가 마을 사람들과 친하게 지내는지 우리 일행이 들어가자 모두 반갑게 맞아주었다. 반바지와 짧은 팔 티셔츠인데도 내 차림에 아무도 신경을 쓰지 않아서 좋다.

마을 사람들이 오아시스 수박을 내놓는다. 한국에서 나는 큰 수박보다 한 배 반은 됨 직한 특대 수박이다. 칼로 쩍 자르니 밝은 빨강으로 잘 익은 과육과 빨간색을 더욱 돋보이게 하는 새까만 수박씨가 드러난다. 물이 뚝뚝 흐르는 수박 한 조각을 입에 넣자 입 안 가득 퍼지는 싱그러운 향기와 다디단 과육! 이 세상의 그 어떤 수박보다 맛있다.

나는 평소에도 수박을 아주 좋아한다. 잘 안 익어서 가족들이 반 조각 이상 손도 안 대는 수박도 맛있다고 몽땅 먹어치우는 수박 대장이다. 이런 사람에게 이 오아시스 수박은 하늘이 내려주신 천과(天果)가 아닐 수 없다.

여기 오아시스에서는 수박 농사가 별로 힘이 안 든다고 한다. 모래땅에 씨를 뿌리고 물을 딱 한 번만 충분히 준 후 그 위에 비둘기 똥을 덮어놓으면 저절로 싹이 트고 자란단다. 뿌리가 지하수 있는 데까지 찾아가 필요한 수분을 빨아올려서 이토록 달고 시원한 자이언트 수박을 익혀놓는다는 거다.

이 수박은 더위에 지친 내 사막 여행에서 구세주가 되었다. 한 덩이에 우리 돈으로 1000원 내외. 아침밥 대신, 물 대신, 간식 대신 먹고 끼니마다 후식으로 먹으니, 사람들은 나를 더 이상 '꼬리'라 부르지 않고 '바띠에(수박)'라고 부른다.

"에디아 바띠에 부수라, 부수라(빨리 빨리 수박 아가씨에게 수박 갖다 줘)!"

더위에 지쳐 멍청히 있거나 피곤해 보이면 사람들이 나를 보고 이렇게 놀린다.

늦은 오후 백사막으로 떠났다. 백사막은 지형적인 영향으로 하얀 석회질 퇴적물이 생겨 금강산 만물상을 연상케 하는 온갖 봉우리들을 만들어놓은 곳이다. 저녁 해 질 무렵 백사막에 도착해보니 황혼이 하얀 모래에 반사되면서 더할 수 없는 아름다움을 연출해낸다.

넋을 잃고 해가 지는 걸 보고 있는데, 바로 코앞에 야생 낙타 한 마리가 유유히 지나간다. 세상에, 사막 한가운데 붉게 지는 일몰을 배경으로 유유히 걸어가는 야생 낙타의 검은 실루엣이라니! 그건 정녕 한 폭의 그림이자 황홀한 시이고, 가슴을 흔드는 노래다. 영원히 기억될 아름다운 사막의 한 광경이다.

아침에 다시 본 백사막은 과연 기암괴석의 집합장이다. 수만 개의 무덤처럼 봉긋한 돔 사이에 수천 년에 걸쳐 바람이 조금씩 깎아놓은 여왕 상, 사자 상, 램프 상 등이 갖가지 크기와 모양으로 시야를 압도한다. 차를 타고 그사이를 누비고, 때로는 언덕에 올라가 감탄을 하면서 3박 4일 백사막 여행의 하이라이트를 즐겼다.

그런데 또 하나의 하이라이트가 남아 있을 줄이야. 그건 예상치 않았던 오아시스 마을의 냉천 수영이다. 조그만 산 전체가 수정으로 되어 있는 수정 산을 보고 저녁 늦게 바위티로 돌아오는데, 그동안 친해진 운전사 마하무드가 마을에서 1시간 정도 떨어진 사막 가운데로 가서 찬물이 펑펑 쏟아지는 냉천에서 수영을 하고 가자고 한다. 뜨거운 사막에 냉천이라니. 지치긴 했지만 안 갈 수 있나.

도착한 곳은 정말 차가운 지하수를 끌어올려 만든 냉천 수영장이다. 뜨거운 사막이어서 더 시원하게 여겨지겠지만 소름이 끼칠 정도로 물이 차다.

 밤하늘에는 이제 겨우 모습을 드러낸 손톱 같은 초승달이 떠 있는데, 나는 사막 가운데 야자수 늘어진 오아시스에서 차가운 물에 수영을 했다. 이게 다름 아닌 파라다이스 그 자체다. 한 차례 수영을 하고 나오자 이 미남 운전사가 언제 준비했는지 싱그러운 냄새가 나는 오아시스 수박을 내놓는다.

 금상첨화란 이런 경우가 아닌가. 달밤에 차가운 물에서 수영을 하고 싱그러운 수박으로 목을 축이는 내가 바로 아라비아의 여왕! 아라비안나이트에 나오는 여왕이나 귀부인들은 반드시 오아시스의 달빛 아래에서 목욕을 했고 그 옆에는 언제나 풍성한 과일이 차려져 있었는데, 내가 지금 그걸 재연하고 있는 거다.

푸른 나일 강 달빛 여행

ː과일 칵테일 같은 도시 카이로

 이집트 수도 카이로는 과일 칵테일 같은 도시다. 원래의 술맛들이 섞여 전혀 다른 맛을 내는 술 칵테일이 아니라 아무리 여러 종류가 섞여 있어도 각각의 맛을 잃지 않는 과일 칵테일.
 지금은 인구 1800만의 거대 도시가 되었지만 옛날에는 신이자 최고 권력자인 파라오들만의 무대였고, 고대 기독교 도시이자 또한 이슬람의 중심지였다. 그뿐인가. 그리스, 로마, 아랍, 터키 그리고 프랑스와 영국이 왔다 간 흔적을 남긴 곳이다.
 카이로는 수십 개의 얼굴을 가지고 각기 다른 맛으로 이방인을 맞는다. 피라미드와 스핑크스의 고대 왕조 유물, 고대 기독교의 체취가 짙게 배어 있는 올드 카이로, 이슬람 사원들이 참으로 아름다운 이슬라믹 카이로, 시끌벅적한 하릴리 시장, 그리고 나일 강 동쪽의 자동차 소음으로 가득한 현대 도시 안에 의젓이 버티고 있는 영국풍 석조 건물들.
 그러나 이런 여러 얼굴들이 감탄스럽기는 하지만 이미 책에서 볼 대로 보고 들을 대로 들은 탓에 낯설다는 느낌이 적어 그다지 큰

감흥은 일지 않았다.

카이로에서 룩소르로 가는 밤 기차는 관광 열차라는 이름에 걸맞게 에어컨이 시원하고 의자도 푹신푹신했으나 너무 강한 냉방 덕분에 아침에 룩소르에 내리니 몸이 으슬으슬 떨리고 땅속으로 가라앉는 것 같았다.

'이크, 감기에 걸렸구나!'

기차에서 내리자마자 처음 눈에 띄는 호텔로 가서 쓰러져버렸다. 땀을 어찌나 흘렸던지 화장실 가려고 일어나 보니 티셔츠는 물론 침대 시트까지 흥건하게 젖었다.

여러 번 말했지만 혼자 여행 다니면서 가장 괴로운 때가 아플 때다. 나는 비교적 단단한 체질이라 그리 심하게 아픈 적은 없지만, 내 몸이 주인을 잘못 만나 엄청나게 혹사당하고 나서는 이제는 제발 좀 쉬어 가자고 경고를 보내는 때가 더러 있다.

몸살이 나면 비자가 만료되어 큰 벌금을 물어야 하는 등의 급박한 경우가 아니면 쉬어 가게 마련. 보통 아프면 그 김에 여독을 확 풀고 간다. 그래야 가뿐하다.

: 룩소르에서 파라오의 욕망을 만나다

이집트 최대의 관광지 룩소르는 나일 강을 중심으로 동쪽에는 웅대하고 아름답기 그지없는 카르나크 신전과 룩소르 신전이 있고, 서쪽에는 왕들의 영원한 안식처인 그 유명한 '왕들의 골짜기'가 있다.

4000년 전 테베라는 이름으로 시작된 이 도시는 구왕조가 멸망

하면서 중앙 권력이 무너졌을 때 남부 이집트의 근거지가 되어 중왕조의 문을 열게 된다.

기원전 1570년에서 1090년 사이에 번영했던 신왕조의 왕들이 나일 강 서쪽 사막 골짜기에 어마어마하게 크고도 찬란한 자신들의 유택을 마련한 것이 바로 왕들의 골짜기다.

그러나 고요히 잠을 자려는 왕들의 염원은 깨어져 대부분의 무덤이 도굴을 당했다. 다행히 다른 무덤들 사이에 끼어 있던 그 유명한 투탕카멘의 무덤만은 도굴을 면하고 고고학자에 의해 발굴되어 옛 왕들의 영화를 엿볼 수 있게 되었다. 이 왕은 18살에 요절해 다른 무덤에 비해 비교적 작고 간소했기 때문에 도굴을 면할 수 있었다고 한다.

그러나 그 간소하다는 무덤에서 나온 부장품들이 지금 카이로 박물관의 2층 대부분을 메우고 있으며, 미소년 왕의 황금 가면 등이 그 숫자나 화려함으로 보는 이들의 감탄을 자아내고 있다. 그러니 람세스 2세, 3세 등 강력했던 왕들의 무덤은 어느 정도였을까. 한번 상상해보시라!

이집트의 신전 가운데 카르나크 신전이 제일 아름답다는 데에는 이견이 있을 수 없다. 과시욕이 강한 람세스 2세와 3세를 비롯한 역대 파라오들이 1500년에 걸쳐 권력과 정성을 총동원한 것이니 오죽하겠는가.

작은 스핑크스들이 열병해 있는 입구 '참배의 길'을 지나면 본격적으로 신전이 시작된다. 이집트 그림엽서에 단골로 나오는 '파라오 중의 파라오' 람세스 2세의 거대한 동상이 그 동상 중앙에 새겨진 부인 네페르타리 상과 함께 당당히 솟아 있다.

조금 더 올라가면 역시 세계의 찬사를 받는 대열주선이 나온다.

높이 23미터에 둘레가 어른 다섯 아름쯤 되는 134개의 기둥이 줄지어 있는데, 그 하나하나에 정교하고도 아름다운 문양과 상형문자가 빈틈없이 새겨 있다. 군데군데 남아 있는 빛깔들이 수천 년 전의 것이라고는 도저히 믿기지 않을 정도로 선명하다.

카르나크 신전의 부속 신전이었던 룩소르 신전은 입구에 있는 두 개의 오벨리스크 중 하나를 나폴레옹이 약탈해 파리의 콩코르드 광장에 갖다 놓은 것으로도 유명하다.

다음 날은 아스완으로 가서 나일 강 유역의 최상류 유적지 아부심벨 신전을 보았다. 1960년 아스완 댐 공사가 시작되어 이 신전이 물에 잠길 위기에 놓이자 유네스코에서 4000만 달러라는 천문학적인 돈을 들여 이 어마어마한 규모의 돌 신전을 60미터 위로 옮겨놓았다. 이집트의 1파운드짜리 지폐에도 나오는 이 신전은 람세스 2세와 그 부인을 위한 신전이다.

나세르 호수와 마주한 20미터 높이의 좌상 네 개를 보고 있자니 나일 강 최상류, 아무것도 없는 허허벌판 사막 한가운데에 이런 엄청난 규모의 공사를 주도한 파라오의 권력과 재력과 과시욕이 그저 놀라울 뿐이다.

·

: 돛단배 타고 3박 4일 흐르고 흘러

이런 관광지도 좋지만 '이집트' 하면 우선 나일 강인데, 가장 기대되는 건 보름달 아래 돛단배를 타고 3박 4일을 흘러가는 나일 강 항해다.

플루카라는, 순전히 바람의 힘만으로 가는 이 돛단배 여행은 3박

4일 식사까지 포함해 우리 돈으로 겨우 1만 5000원이다. 싸기도 하거니와 여유 있게 강 위를 떠다니며 나일 강을 충분히 즐길 수 있는 최고의 여행이다.

마침 내일이 보름이라 오늘 여행을 시작한다는 배가 있어 뒤늦게 그 배에 합류했다. 나무로 만든 작은 배 안에는 선장 격인 하니, 요리사 살라, 조수 모하메드 이렇게 선원 셋에 영국인 셋, 뉴질랜드인 부부, 스코틀랜드인과 캐나다인 그리고 나. 정원이 열세 명이라는데 열한 명이 탔는데도 약간 좁은 듯하다.

배에 들어서니 모두들 이리저리 누워 뒹굴뒹굴 잠을 자거나 책을 읽으면서 일광욕을 하고 있다. 간단하게 통성명을 하고 자리를 비집고 들어가 그늘에 드러누웠다. 잔잔한 강물에 몸을 맡기자 시원한 강바람이 얼굴을 스치며 10분도 안 되어 잠 속으로 빠져든다.

얼마나 잤을까. 눈을 떠보니 나일 강의 대추야자 사이로 붉은 태양이 아름답게 지며 동녘에는 벌써 노란 보름달이 둥실 떠올라, 그 달이 푸른 나일 강에 한줄기 금빛 길을 내고 있었다. 평화스럽고 사랑스런 나일 강 뱃길 여행, 달빛 여행이 시작된 거다.

저녁을 먹고 강변에 내려서 모래밭에 누워 달빛을 받으며 잠을 청했다. 부드러운 달빛이 마치 비 오는 오후에 얇은 담요를 덮고 자는 것처럼 포근한데도 낮에 잤기 때문일까, 정신이 맑아오며 그리운 얼굴들이 차례로 떠오른다. 내 귀여운 조카와 가족들, 친구들, 내가 아끼는 사람들, 또 나를 아껴주는 사람들. 그날 밤엔 나일 강변의 달빛 아래서 오랜만에 가족들 꿈을 꾸었다. 아주 반가웠다, 꿈속이지만.

선장이 깨우는 바람에 새벽에 눈을 떠 배로 들어가니 전날 저녁과는 반대로 동쪽 하늘이 오렌지색으로 동이 터오는데 서쪽 하늘에는 미처 여행을 다 끝내지 못한 둥근달이 하얗게 떠 있다.

나일 강은 유유히 흐르고 바람을 받아 잔뜩 부푼 돛은 우리 배를 강 아래로, 강 아래로 밀어 보낸다. 새벽 나일 강은 아름답다. 아니, 나일 강변이 아름답다고 해야 맞나. 그것도 아니면 나일 강 위에서 모든 것을 바람에 맡기고 가는 돛단배 여행의 여유가 아름답다고 할까.

배 위에 앉아 아침이 오는 강변을 찬찬히 살펴본다. 키 큰 갈대가 연이어 바람에 흔들리며 몸을 비벼 소리를 내고, 물새가 푸드덕거리고, 야자수와 대추야자가 손을 흔든다. 미남 요리사인 살라가 일어나 나일 강물을 떠 차 끓일 물을 준비하면서 우리 배의 여유로운 아침이 시작되었다.

이 플루카 여행은 어찌 보면 단조롭다. 바람을 타고 떠다니다가 때가 되면 식사를 하고, 화장실 가느라 강둑에 멈추어 서고, 또 바람을 뒤로하고 떠내려 가다가 해가 지면 텐트 칠 만한 곳을 찾아 정박하고, 모두 한가하고 게으르다.

대부분의 시간을 누워서 보내는데, 한번 누우면 될 수 있는 대로 배 바닥에서 몸을 안 떼려고 갖은 애를 다 쓴다. 얘기도 누워서 하고, 책도 누워서 읽고, 여행 정보도 누워서 나누고. 어떤 이는 일어나기가 싫어 끼니를 건너뛸 정도다. 모처럼 여유를 가지고 넉넉하게 쉬는 거다.

저녁에는 이 정 많은 아프리카 누비안 뱃사람들이 북을 두드리면서 춤과 노래로 흥을 돋운다. 승객들에게도 간단한 노랫말과 후렴을 가르쳐주며 무조건 따라 하라다. 단순하지만 신이 나는 아프리카 리듬에 맞춰 누비안 춤 스텝도 배워, 좁은 배 안에서 열한 명이 어울려 배 바닥이 무너져라 열심히 발을 구르며 한바탕 신나게 놀았다.

나일 강 위에서, 둥근 보름달 아래 나흘간의 나일 강 달빛 여행은, 그렇게 흘러갔다.

요르단·시리아

요르단 여행에서 5일간 함께했던 사막의 영웅 베두인 가족의 아버지와,
그들이 일생 동안 함께하는 양 떼. 명예를 목숨보다
소중히 여기는 베두인족은 자기 집에 들른 손님을 목숨을 걸고 지켜준다.

천 년을 묻혀 있던 로즈 시티, 페트라

: 다하브는 배낭족의 파라다이스

나일 강 유역의 이집트가 아프리카 대륙에 붙어 있어 문화적으로는 중동이면서도 지형적으로는 아프리카에 속한다면, 본격적인 중동의 시작은 시나이 반도다. 이곳은 아프리카와 아시아 대륙이 만나는 곳일 뿐 아니라 수에즈 운하가 유럽과 아프리카를 이어주고 있으니 세 대륙이 만나는 교차로라 할 수 있다.

이집트가 1967년의 전쟁으로 이스라엘에 빼앗겼던 땅을 1982년에 반환받은 곳이라 그런지 수에즈 운하를 넘자마자 경계가 삼엄해지고 무장 경찰들이 수시로 버스에 올라와 신분증을 검사한다.

모세가 하느님으로부터 십계명을 받았다는 시나이 산을 비롯해 시나이 전체가 사막으로 되어 있는데, 이를 보상이라도 하듯 반도의 주위가 아름다운 홍해(紅海)에 둘러싸여 있다. 사막의 산들이 물에 비쳐 붉게 보인다고 '붉은 바다'라는 이름이 붙었으나 맑고 깨끗한 홍해는 푸르기만 하다.

시나이 반도에서는 배낭족의 파라다이스라고 불리는 다하브에 숙소를 잡았다. 이스라엘과 요르단 국경 근처, 아라비아 반도가 수영으로 건너갈 수 있을 것처럼 가까이 바라보이는 곳이다. 이곳은 홍해 최대의 산호초 지역으로 물안경과 물갈퀴만을 끼고 하는 스노클링과 스킨 스쿠버 장소들이 흩어져 있고, 그 밖에 온갖 종류의 수상 스포츠를 즐길 수 있다. 해변도 물론 아름답다.

여름철 한창때라서 다하브는 유럽에서 온 학생들과 젊은이들로 만원이다. 나도 이 휴양지에서 좀 천천히 쉬면서 중동 여행을 위해 재충전을 하기로 했다.

다하브 근처 바다는 전체가 산호 동산인데. 그중에서도 특히 아름다운 곳이 블루홀과 라군이다. 바다 속이 가장 아름답게 보인다는 오후, 해가 넘어가기 1~2시간 전에 바다에 들어가 보면 형형색색의 산호초와 기기묘묘한 고기들이 어울려 놀랄 만한 수중 궁궐을 만들어낸다.

온갖 꽃들이 만발한 용궁을 인어공주가 되어 구경하는 것 같다. 특히 산호초가 끝나는 산호 절벽에서 보는 경치는 어떤 말로도 표현하기 어려운 아름다움이다. 이 경치에 취해 정신없이 다니다 보면 어느덧 해가 넘어가 버린다.

유럽 젊은이들이 모이는 다하브는 이집트로서는 상상할 수 없을 정도로 자유롭고 개방적이다. 성적으로 문란하다고까지 할 수 있다. 해변이나 식당 어디에서고 대담한 사랑 행위가 펼쳐지며 싱글들은 이성을 찾는 데 아주 적극적이다. 이들은 보통 디스코장이나 식당, 숙소에서 짝을 이루는데, 진도가 어찌나 빠른지 눈 깜짝할 사이에 서로를 마스터하고 다시 새로운 파트너를 찾는다.

숙소에서 도미니카라는 칠레 여대생을 만났다. 자그마한 체구에 상냥하기 이를 데 없는 사랑스러운 아이인데 영어가 서툴러 스페인어를 할 줄 아는 나와 어울리게 되었다. 이 도미니카가 다이빙을 하다가 프랑스 청년을 만나 좋게 지내더니 며칠도 안 되어 침대가 두 개 있는 더블 룸으로 옮겨 함께 지내기 시작한다.

둘이서 좋아하는가 보다 여기고 있는데, 이틀도 지나지 않아 도미니카는 다시 이스라엘 청년, 그 프랑스 청년은 숙소에서 만난 독일 학생과 새로운 짝이 되어 누가 보거나 말거나 대담한 사랑 표현을 한다.

어처구니없기도 하고 함부로 몸을 굴리는 아이들이 밉기도 했지만 무엇보다 이 아이들이 무슨 생각으로 그러는지 궁금해서 물었다.

"도미니카, 너희는 어떻게 방금 헤어진 사람 앞에서 다른 사람과 그런 진한 사랑 표현을 할 수 있니?"

"우리는 휴가 중이잖아요? 우리는 서로 애초부터 사랑하는 사이가 아니라는 걸 알아요. 여기서 누가 사랑이라는 감정을 가져요? 우리는 그저 섹스하고 싶은 만큼만 서로에게 끌리면 되는 거예요."

다른 말로 하면 섹스는 사랑의 표현이나 확인이 아니라 즉흥적인 오락이고 휴가 중의 유희에 불과하다는 뜻이다. 좋아하는 사람이 생기면 속으로만 애를 태우다가, 데이트를 시작하면 수많은 전화와 편지로 사랑을 키워나가는 아날로그 방식은 여기서는 절대 사절.

즉석 사랑이 판치는 다하브에서 '공들여 키워가는 사랑'을 논하는 내가 그들 눈으로는 그야말로 '한물간 세대'로 보이겠지만, 내 눈에는 이 아이들이야말로 소중한 것이 결핍된 '인스턴트 세대'로만 보인다.

: 아라비아의 로렌스가 마신 샘물

시나이 반도 서쪽 누웨이바 항에서 요르단 최남단 아카바 항까지

가는 배 안에서 만난 스페인 젊은이 네 명은 명랑하고도 재미있는 친구들이다. 여자 둘, 남자 둘 일행이 같은 의과대학의 3학년 학생이라는데, 모두 밝고 유머러스해서 이들과 함께 다닌 일주일이 참 즐거웠다.

이들은 여행 경비가 빠듯해서 잠은 호텔 옥상에서 자고, 식사는 매끼 슈퍼마켓에서 산 정어리 통조림과 토마토로 만든 샌드위치를 먹으면서도 하루 종일 우스운 얘기를 찾아내 웃으며 다니고, 몸 고생을 재미 삼아 하고 있는 모습들이 너무나 예쁘다.

이중에 스페인 남부 시골 출신인 미남자 페드로는 밤마다 기타를 치면서 낭만적인 노래를 부르고, 하루 한 장씩 고향의 애인에게 연애편지를 쓰는 요즘 시대에 보기 드문 청년이다.

이들은 돈만 빠듯한 게 아니라 시간도 빠듯해서 내가 10년 전 유럽 여행을 할 때처럼 한 달에 서너 나라를 돌며 주요 장면만 거쳐 가는 여행을 한다. 나는 되도록이면 관광지로만 돌아다니는 여행은 하지 않지만 이 학생들이 마음에 들어 요르단의 주요 관광지를 그들과 함께 훑어보기로 했다. 같이 다니기로 결정한 곳은 와디룸과 페트라, 사해 그리고 제라시.

첫 번째로 간 곳도 유명한 가이드북마다 지구 위의 사막 중에서 가장 아름다운 사막이라고 적혀 있는 와디룸. 사막지대에 만들어 놓은 대규모 천연 일본식 정원이라고 할까. 갖가지 색으로 우뚝우뚝 솟은 크고 작은 아름다운 돌산들이 간결하고도 아기자기한 풍경을 만들었다. 햇빛의 각도에 따라 모양과 빛깔이 달라지는 모래 돌산들이 시야를 황홀하게 한다.

빌려 탄 지프 운전사가 어떤 샘물을 가리키며 '아라비아의 로렌스 샘물'이라고 가르쳐준다. 영화 《아라비아의 로렌스》에서 로렌스와 그의 길 안내를 맡은 베두인인이 물을 마신 곳이란다.

오스만투르크 지배하에 있던 아랍 연맹이 독립전쟁을 일으키자 영국이 응원군을 보냈다. 이때 영국군의 로렌스 장군이 아랍 연맹 군대를 이끌고 터키와 맞서 싸우던 곳이 바로 이 와디룸이라고 한다. 사막 유목민으로 이루어진 아랍의 베두인 군대는 사막전에 강했는데, 여기 와디룸은 물도 많을 뿐 아니라 바위산들로 이루어져 게릴라전을 하기에 유리했다. 전설적인 인물 아라비아의 로렌스는 불같은 신념과 와디룸의 지형적 이점을 바탕으로 결국 전쟁에 이기고 아랍의 독립을 이끌어냈다.

다시 사막 길을 달리는데 경치가 그야말로 점입가경. 함께 간 스페인 아이들의 환호가 그칠 줄 모른다.

"야! 와! 으아! 오! 디오스 미오(나의 하느님)."

사막 전갈이 나올지 모른다는 운전사의 경고에도 아랑곳 않고 우리 다섯 명은 침낭 하나씩만 깔고 별들의 잔치가 벌어진 하늘 아래 누웠다. 시골 출신 페드로만 빼고 모두 은하수를 처음 본다고 흥분한다.

이 녀석들이 한참 깔깔거리더니 느닷없이 내게 몇 살이고 직업은 뭐냐고 묻는다. 37살이고 현재 직업은 스페인 아이들 넷을 돌보는 베이비시터라고 했더니, 또 깔깔거리며 '베이비 1, 2, 3, 4' 하고 자기들끼리 나이순으로 번호를 매긴다. 그리고 내게는 '라 캉구로 케 노스 구스타(우리가 좋아하는 베이비시터)'라는 이름을 붙여준다. 그 후 헤어질 때까지 우리는 서로를 이렇게 불렀다. 귀여운 것들.

아침 햇살이 사막 전체를 핑크빛으로 물들이는 걸 느긋이 감상하고 나서 근처에 사는 베두인 유목민 가족에게 따끈한 차를 얻어 마시고 두 번째 행선지인 페트라로 향했다.

: 놀라움에 젖어 해가 지다

페트라!

요르단, 아니 전 중동 지역에서 최고, 최대, 최상의 유적지. 눈물 나도록 아름다운 곳. 영화《인디아나 존스: 성궤를 찾아서》촬영지가 바로 페트라다.

중동 지방을 여행하는 사람이면 누구나 페트라에 대한 질문을 주고받는다. 페트라를 보기 전에는 "페트라가 정말 좋냐?"이고, 보고 나서는 "페트라는 정말 좋더라."이다.

이렇게 화려한 명성을 자랑하는 페트라는 로마 시대 이전부터 요르단 지역을 지배하던 아랍 부족의 하나인 나바테아족의 수도였다. 이 왕국의 전성기에는 다마스쿠스에서 아라비아에 이르는 향료와 비단, 노예의 무역로를 장악해 엄청난 부를 누렸다.

아름다운 건축물이 수없이 많던 도시가 4세기 무렵 큰 지진으로 땅속에 묻혀 천 년 이상 잊혀 있다가 1812년 스위스 탐험가에 의해 발굴되기 시작해 1958년에야 전체 모습이 드러났다.

페트라는 또 모세가 이스라엘 백성을 이끌고 이집트에서 맨 처음 요르단으로 입국한 곳이기도 하다. 이 페트라 안의 와디무사라는 곳에는 '모세의 샘'이 있다. 모세가 지팡이로 바위를 쳐 물이 나오게 했다는 바로 그 샘으로 지금까지도 이 마을 주민들의 중요한 식수원이 되고 있다.

페트라는 적어도 이틀, 넉넉히는 사흘은 보아야 한다는 말을 들었기에 시간과 돈이 없어서 하루만 보려는 아이들을 간신히 꼬드겨 이틀간의 입장료로 거금 35달러를 내고 구경에 나섰다.

섭씨 35도가 넘고 바람도 없는 더운 날씨에 어떻게 사막 가운데 있는 유적지를 잘 볼 수 있을까 걱정했는데, 막상 가보니 그게 아니다. 아랍어로 시크라고 부르는 유적지 입구 계곡은 30층 높이의 빌딩 숲을 걸어가는 느낌으로 시원한 그늘이 져 있다.

이 멋있는 돌 계곡을 2킬로미터쯤 걸어가자 계곡의 바위 틈 사이로 놀랍게도 핑크빛 신전이 모습을 드러낸다. 페트라의 백미 카즈네 신전이다. 큰 바위산을 깎아 만든 화려한 장식의 웅장한 신전이 한눈에 들어오면서 입이 저절로 벌어지고 숨이 막힌다. 여기서 한번 벌어진 입은 페트라를 구경하는 이틀 내내 다물어지지 않는다.

카즈네 신전을 지나면 8000석의 원형극장과 절벽을 깎아 만든 나바테아의 궁전들, 왕족과 귀족들의 무덤들이다. 조금 더 들어가니 예전의 장터가 있고 로마 시대에 만든 돌기둥 길 그리고 나바테아의 공중목욕탕이 나온다. 여기까지 정신없이 걸으며 놀라움과 감탄에 젖다 보니 어느덧 해가 기울었다.

황혼이 되자 분홍색의 사암으로 만들어진 페트라 전체가 핑크빛으로 물들어 환상적인 경치가 펼쳐진다. 왜 페트라를 '로즈 시티'라고 했는지 알 것 같다.

그날 밤 근처 호텔 옥상에서 곯아떨어졌다가 삐삐삐삐, 딩동댕딩동댕, 따르릉따르릉, 아침 6시에 맞춰 놓은 제각각의 자명종 소리에 잠이 깨 모두 겨우 이만 닦고 다시 페트라로 달려갔다.

전날 오후에 한 번 본 유적지가 아침 햇빛의 각도에 따라 달라지는 그 모습이 전혀 새롭게 느껴진다. 관광객도 없는 이른 아침에 조용히 거대한 돌의 도시 페트라를 거니는 기분이라니. 평소 웃음과 말이 많은 베이비 1, 2, 3, 4도 분위기에 압도되어 숨소리도 크게 내지 못한다.

그날의 하이라이트는 남쪽 산꼭대기 신전에서 본 일몰이다. 해가 기울면서 시시각각으로 변해가는 돌산 건축물의 빛깔, 빛깔들. 진한 노란빛에서 분홍빛으로, 또 오렌지빛으로, 다시 옅은 갈색으로, 진한 갈색으로.

변하는 건 빛깔만이 아니다. 뚜렷해졌다 흐려졌다 하는 건축물의 명암과 그 위에 드리워지는 산 그림자. 눈이 아프게 빛깔과 명암과 그림자를 보고 또 보아도 시간이 좀 더 있었으면 하는 아쉬움이 남았다.

: 사해에 누워서 정말 책을 읽을 수 있을까?

요르단 수도 암만으로 와 로마 시대의 전형적인 도시 전체가 고스란히 남아 있다는 암만 근처 제라시를 돌아보고 소금의 바다 사해(死海)로 갔다.

해발 마이너스 300미터, 지구상에서 제일 낮은 지대라는 사해는 정말 신기하다. 바닷물이 뜨거운데 그 바다에 들어가니 몸이 무중력 상태처럼 둥둥 뜬다. 소금의 농도가 40퍼센트라서 돌덩어리가 아니고 사람이라면 도저히 물에 가라앉을 수가 없다.

물 위에 누워 책을 읽는다는 거짓말 같은 소문을 확인하려고 페드로와 실제로 물 위에 떠서 신문을 읽어보려고 했는데, 바람만 없다면 정말 신문을 읽을 수 있을 것 같다.

한 가지 문제는 이 짠 바닷물이 눈에 들어가면 직통으로 최루탄을 맞은 것처럼 눈이 따갑다는 거다. 아니나 다를까. 나와 페드로의 눈에 물이 들어가서 모니카가 장님 둘을 50미터쯤 떨어진 수돗가로 끌고 가 눈을 씻겨주어야 했다.

또 한 가지는 몸에 조금만 상처가 있어도 그 자리가 벌에 쏘인 듯 따가운 거다. 나도 왼쪽 다리가 자꾸만 따가워 살펴보니 눈에 보이지도 않는 조그만 상처가 나 있었다.

그래도 우리는 소금에 절인 짠지처럼 온몸이 쪼글쪼글해질 때까지 몇 시간을 어린아이들처럼 놀았다. 그 주위에 온몸을 검은 천으로 감싸고 눈만 빼꼼 내놓은 모슬렘 부인들이 남편들 뒤를 조용히 따르며 구경을 하고 있다.

얼마나 더울까? 해발 마이너스 300미터인 여기까지 와서 물에도 못 들어가 보고. 이건 모슬렘 남자들이 수영복 입은 외국 여자들을 실컷 보려고 온 것임이 분명하다.

이스라엘로 들어가는 스페인 아이들과 헤어져 혼자 암만으로 돌아와서 오랜만에 일기를 쓰려는데 잘 써지지 않는다. 왜 그런지 곰곰 생각해보았더니 스페인 아이들과 함께한 요르단의 관광지에서는 구경은 했지만 그것을 충분히 느낄 만한 시간도, 정신적 여유도 없었던 거다. 그러니 요르단에 대해 쓰는 글에 감상이 없을 수밖에.

역시 여럿이 그룹을 이루어 관광지만 다니는 그런 여행은 나하고는 맞지 않는다는 생각이 든다. 스페인 아이들과 보낸 시간은 정말로 즐거웠지만 말이다.

시리아 비자 때문에 한국 대사관에 갔다가 거기서 알게 된 대사관 직원 황정미 씨가 고맙게도 저녁 식사에 초대해주었다. 그 저녁 식사 자리에서 암만에서 여행사를 하고 있는 손종희 씨를 만났다.
 그녀는 시리아 국경 근처 베두인족 마을에서 반년 동안 산 적이 있다고 한다. 이게 웬 떡이냐! 그녀를 통해 베두인족 마을을 방문하기로 예약하고 이스라엘로 넘어간다.

베두인족은 목숨은 내놔도 손님은 내주지 않는다

: 여권에 이스라엘 흔적을 남기지 마라

　요르단을 여행하다가 느닷없이 이스라엘로 넘어가는 데에는 그럴 만한 이유가 있다. 아랍 국가들에 둘러싸인 이스라엘에 일단 발을 들여놓으면 이스라엘 입국 도장이 찍힌 같은 여권을 가지고는 다른 중동 국가에 들어갈 수 없다는 건 중동 여행의 상식이다.

　그러므로 이스라엘을 문제없이 갔다 오려면 요르단에서 암만 근처에 있는 킹 후세인 다리를 건너 팔레스타인으로 입국해야 한다. 내용인즉, 이스라엘이 장악하고 있는 팔레스타인 지역, 이른바 웨스트뱅크는 내가 여행하던 당시는 공식적으로 아직도 요르단 영향 아래 있으므로 요르단에서는 출국 도장을 찍지 않았다.

　국경을 넘어 이스라엘 출입국 직원에게 여권에 도장을 찍지 말고 별도의 종이에 찍어달라고 하면 군말 없이 그렇게 해준다. 그러므로 실제로 여권에는 이스라엘을 다녀왔다는 아무 증거도 남지 않는다. 요르단으로 돌아올 때도 공식적으로는 출국을 안 한 거니까 재입국 도장이 필요치 않다.

　암만에서 차로 1시간 거리에 있는 킹 후세인 다리는 이름만 거창

하지 사실은 길이 20미터도 안 되는 동네 시냇물 다리다. 그 다리를 넘으면 팔레스타인 지역. 마침 바로 전날 예루살렘에서 큰 테러 사건이 터져 총을 든 군인들이 삼엄하게 지키고 있는 국경에는 전운이 감도는 느낌이다.

국경에서 예루살렘으로 가려면 여리고라는, 성경에 나오는 유명한 마을에 가서 버스를 타야 한다. 여리고는 팔레스타인 자치령이다. 버스 검표원이 팔레스타인 국기를 흔들며 "웰컴 투 팔레스타인." 하고 인사를 한다.

주위에 총을 메고 다니는 남녀 군인들은 모두 유대인이고 거리에 보이는 동네 사람들은 모두 머리에 두건을 두른 아랍인인 게 신기하다. 유대인과 아랍인들이 끊임없이 공존과 분쟁을 거듭해오고 있는 바로 그 현장에 왔다는 느낌이 뚜렷해진다.

출퇴근 버스처럼 붐비는 아랍 버스에 끼어 타고 예루살렘에 도착하니 코앞에 옛 시가지로 들어가는 일곱 문 중 하나인 다마스쿠스 문이 눈에 들어온다. 고풍스러운 돌문 주위에 아랍 상인들이 좌판에 과일과 채소, 잡화를 늘어놓고 분주하게 팔고 있는 게 인상적이다.

: 그들 모두의 예루살렘

예루살렘은 이상한 매력을 지닌 도시다. 우리나라 사람들에게는 기독교의 영향력이 크기 때문에 기독교 성지로만 알려져 있는데, 사실은 예루살렘 구시가지의 4분의 3은 아랍인 지역이다. 그뿐인가. 예루살렘의 상징인 황금 지붕은 모슬렘들의 최고 성지인 이슬람 사원이라는 사실을 아시는지.

예루살렘은 이 지역 모든 종교의 성지이자 모든 민족의 고향이다. 기원전 10세기경 다윗이 이곳을 유대인의 수도로 정하고 그 아들 솔로몬이 화려한 신전을 지었다. 이것이 기원후 70년 로마군에 의해 파괴되어 지금은 그 북쪽 벽만 남아 유명한 '통곡의 벽'이라는 이름으로 유대교의 성지가 되었다.

기독교 쪽에서 보면 예루살렘은 예수가 당나귀를 타고 입성해서 십자가를 지고 길을 걸어 골고다 언덕에서 처형된 기독교의 성지이지만 이슬람 쪽에서 보면 또 그들의 가장 중요한 성지다. 마호메트가 천사 가브리엘의 도움으로 하룻밤에 메카에서 날아와 모든 예언자들을 만나고 신의 계시를 받았다는 성지 엘아크 사원이 있기 때문이다.

예루살렘 구시가지에는 온갖 문화와 종교, 역사의 시간대가 널려 있다. 아랍인 지역의 꼬불꼬불한 길을 따라 다닥다닥 붙어 있는 작은 가게들에서는 이들에겐 일상용품이지만 내게는 신기하기만 한 물건들을 팔고 있었다.

새벽에 이슬람 사원에서 울리는 북소리에 잠을 깨면 이어서 교회 종소리가 들리고 유대인들의 안식일에는 집집마다 노랫소리가 흘러나온다. 이런 종교와 문화가 있기 때문에 예루살렘에는 마치 오래된 수도원이나 고승이 거처하는 절과 같은 경건한 느낌이 배어 있다. 수천 년 동안 유대인과 이슬람교도, 기독교도들이 진심으로 하늘에 바친 기도 덕일 거다.

유대교와 이슬람교와 기독교는 뿌리가 하나라고 한다. 이슬람에서 믿는 알라신은 유대교나 기독교에서 믿는 하느님과 같은 신이다. 이슬람의 코란에 나오는 아담부터 마호메트까지 선지자 스물

여덟 명 가운데 스물한 명은 성경에 나오는 선지자와 똑같다.

유대교는 '토라'라는 구약을 성전으로 삼으며, 기독교는 이 구약에 신약을 더해 성전으로 삼고, 이슬람은 이 구약에다 마지막 예언자 마호메트가 하늘의 계시를 받아서 썼다는 코란을 성전으로 삼는다. 그러니까 세 종교 모두 구약으로부터 출발한 셈이다.

'한 손에는 칼, 한 손에는 코란'이라고 해서 도발적이고 침략적인 이미지로 우리에게 소개된 이슬람의 원리는 사실은 친이스라엘 서방 측이 왜곡한 악선전이다.

이것은 이슬람교도의 의무 중 성전의 의무를 잘못 해석한 것이다. 어느 종교나 그렇듯 믿지 않는 자를 개종하려는 의무도 포함되어 있지만 자신의 욕망과 나쁜 마음을 다스리라는 의미가 더 큰 말이라고 한다. 나는 물론 이슬람교도는 아니지만 하나의 훌륭한 종교가 무지와 편견 때문에 형편없이 잘못 전해지는 것은 정말 옳지 않은 일이다.

잠깐만 있으려던 예루살렘에서 예상외로 열흘이나 묵었다. 갈릴리 호수, 골란 고원, 에티오피아에서 만난 친구가 있는 키부츠 등지를 다니다가 다시 예루살렘에서 일주일을 더 있었으니 이스라엘에서 보름 넘게 머문 셈이다. 예루살렘은 오래 있으면 있을수록 점점 볼거리가 많아지는 이상한 도시다.

구시가지에 있는 교회와 사원과 시장 안을 어슬렁거리다가 힘이 들면 찻집에 앉아 이웃 가게의 아랍 상인들과 잡담을 나누고, 어떤 날은 구시가지가 한눈에 내려다보이는 올리브 산 꼭대기에 느긋하게 앉아 신비로운 도시의 해 지는 경치도 보곤 했다.

어느 날 저녁 늦게 숙소에 돌아오니 텔레비전에서 완전 성인영화를 방영하고 있다. 주말이라 그런가? 실오라기 하나 걸치지 않은 남녀가 갖가지 장면을 연출한다. 여러 종교의 성지 중의 성지인 예루살렘에서 공개적으로 보는 진한 포르노 영화, 어딘가 아귀가 맞지 않는 것 같다. 그런들 어떠랴. 히브리어로 나와서 알아들을 수는 없지만 말이 없어도 알 만한 내용의 포르노 한 편을 밤늦게까지 잘 보고 잤다.

내가 묵은 숙소는 구시가지 안의 아랍인 지역 중심에 있는데, 일본 가이드북에 좋게 소개되어서인지 투숙객의 3분의 1 정도가 일본 사람들이다. 이 호텔 매니저가 나도 일본 사람으로 알았는지 여덟 명이 쓰게 되어 있는 방의 투숙객 전부가 일본인인 기숙사에 나를 배치해주었다. 꿩 대신 닭이라던가, 같은 동양인이라는 것만으로도 유대감이 생겨 우리 방 친구들은 며칠 동안 참 잘 지냈다.

: 양 몇 마리면 돼요?

다시 요르단으로 건너와 드디어 베두인족 마을을 방문했다. 암만에서 차를 다섯 번이나 갈아타고 가야 하는 알마줄레 마을, 손종희 씨 친구네 집은 뜨거운 바람이 부는 벌판 한가운데에 염소 털로 촘촘히 짜서 만든 담요 텐트를 치고 살고 있었다.

텐트 바로 옆에는 시멘트로 제법 잘 지은 건물이 있는데, 한쪽은 창고로 사용하고 한쪽은 개와 양이 산다. 좋은 집은 동물에게 내주고 사람은 텐트에서 야영 생활을 하는 거다. 종희 씨와 함께 텐트에 들어서니 얼굴에 문신을 한 아줌마가 반갑게 맞으며 몸을 기댈 방석과 차를 내놓는다.

베두인인은 이집트에서부터 사우디아라비아에 이르는 사막에서 양이나 염소, 낙타들을 키우며 사는 유목민의 총칭이다. 정직하고 직선적인 성격에 한 번 한 약속은 반드시 지키며 명예와 체면을 존중하는 종족이다. 자기의 뿌리를 소중하게 생각해서 베두인인이라는 데 대해 대단한 자부심을 가지고 있다.

이들은 손님 대접이 융숭하기로 유명하다. 자기 천막 안에 발을 들여놓은 손님은 온갖 정성을 다해 대접한다. 보통 차 대접은 그 집 아들들이 하는 게 전통인데, 일단 자기 집에서 차를 마신 사람은 그가 눈앞에서 사라질 때까지, 식사를 한 사람은 하룻밤 하루 낮을, 하룻밤 묵은 사람은 사흘 밤 사흘 낮을 집주인이 책임지고 지켜줘야 한다. 그 손님이 쫓기는 사람이라면 그를 쫓는 사람과 목숨을 건 한판 싸움도 불사할 정도로 손님을 중하게 여긴다.

이 베두인인들은 염소 털로 촘촘하게 짠 진한 고동색 담요를 이어서 텐트를 만드는데, 한쪽은 부엌으로 쓰고 다른 한쪽은 긴 깔개를 깔아 거실로 쓴다. 이 텐트는 신기하게도 사막의 더위를 잘 막아주어서 시원하고, 비가 와도 털의 기름기 때문에 물이 안 새고, 겨울에는 방한이 잘된다고 한다. 보통 양 스무 마리 정도의 가격이라고 하는데 아주 튼튼해 대를 물려 쓸 수 있단다.

이들은 양고기를 먹고 양젖을 짜 그대로 먹거나 버터, 요구르트 등을 만들어 먹으며, 양 똥을 말렸다가 연료로 쓰고, 양털로 옷과 생활용품을 만들기 때문에 모든 물질적 가치가 양으로 계산된다. 그러므로 이들의 생활은 자연히 양과 함께 전개된다.

아침에 일어나면 양젖에 밀가루 빵을 먹고, 양들을 데리고 나가 하루 종일 풀을 뜯기고, 해가 지면 양들을 데리고 와 물을 먹여 우리에 집어넣고, 우리가 잘 보이는 곳에서 양을 지키면서 야영을 한다. 그러다가 근방에 풀이 떨어지면 텐트를 싸 들고 목초지를 찾아간다.

다음 날은 이 동네 결혼식. 이들도 사촌끼리 결혼이 가능한데, 재산 분할을 막고 자기 종족을 퍼트려 세력을 키우려는 목적 때문에 씨족 결혼을 장려한다고 한다.

여기는 전통적인 모슬렘 마을이고 외부 사람들과의 접촉도 거의 없는 곳이기 때문에 옷차림에 신경을 써야 한다는 말을 듣고, 이 집 아줌마의 베두인 전통 옷을 빌려 입고 결혼식장에 갔다.

이 검은 베두인 옷은 놀랍게도 공기가 하나도 안 통하는 두꺼운 천으로 만들었는데, 설상가상으로 그 안에 긴 나일론 속치마, 또 그 안에 발목까지 오는 면으로 된 내복을 입는다. 거기에 양말을 신고 머리에는 두꺼운 스카프를 써야 정장이란다. 보기만 해도 땀이 흐른다. 땡볕 더위에 이런 옷을 입고 어떻게 견디나? 공짜 사우나를 하는 셈치고 비지땀, 구슬땀을 뻘뻘 흘리며 잔칫집으로 갔다.

내가 시커먼 베두인 옷에 두건까지 쓰고 식장에 턱 나타나니 그야말로 시선 집중. 씨족끼리 결혼해 퍼트린 동네 사람들이 모두 친척인데, 아이들과 아줌마들은 환호성을 지르며 좋아한다.

자기네 옷을 입고 있으니까 물론 자기네 말을 할 수 있으리라고 생각했는지 아이고 어른이고 다투어 나를 붙들고 한마디씩 한다. 아랍어가 짧은지라 아는 말에는 대답을 하고 모르는 말에는 무조건 "아이와(예)."라고 할 수밖에. 그런데도 사람들은 똑같은 말을 묻고 또 묻고 한다.

결혼식장 한쪽에서는 동네 아줌마들이 장작불을 지펴놓고 음식 만들기에 바쁘다. 나중에 내오는 걸 보니 쌀에 향료를 듬뿍 치고 양고기와 잘 섞어 쪄서 그 위에 양젖으로 만든 요구르트를 얹은 거다. 이게 이곳의 전통 결혼식 음식이라고 한다. 여기서도 여자는 여자끼리, 남자는 남자끼리 따로 둥글게 모여 앉아 손으로 밥을 집어먹는다.

식사 후 누군가가 장구를 치고 결혼식 분위기가 무르익었다. 이어서 흥겨운 아랍 리듬으로 고수가 북을 두드리자 남자들 여남은 명이 나와 군무를 추기 시작한다. 그러자 방 안에 있던 여자들도 질세라 북을 두드리며 가락에 맞춰 신부 주위를 빙빙 돌며 춤을 춘다. 흥이 고조되자 나까지 끌어들이는데, 나도 신이 나서 금방 배운 리듬에 따라 몸을 흔들었다.

차를 마시며 잠깐 앉아 있자니까 어디에서 모였는지 동네 꼬마 스무 명 정도가 나를 둘러싸고 뭐라고, 뭐라고 얘기를 하고 싶어 한다. 둘러보니 모두 다 눈, 코, 입이 또렷하고 예쁜 얼굴에 천진하기 짝이 없는 모습들이다. 이 아이들하고 좀 놀아주고 싶은 마음이 생겼다.

"너희들 중에 모하메드 손 들어봐!"

아니나 다를까, 서너 명이 손을 든다.

"그러면 마하무드는?"

또 두 명.

"무스타파도 있지?

그러자 한 명. 이름을 불린 아이들이 좋아서 어쩔 줄을 모른다. 아랍 남자들은 모하메드, 마하무드 등 열 개 미만의 이름이 적어도 전체의 30퍼센트는 차지한다는 걸 다니면서 알게 된 덕분이다.

며칠 동안 사막의 베두인족 텐트에서 수없이 차를 마시고 밤이면 별똥 떨어지는 걸 원 없이 보고 암만으로 돌아왔다. 시리아로 갈 준비를 하다가 황정미 씨와 손종희 씨에게 붙잡혀 열흘이나 퍼질러 놀았다.

"이렇게 얼굴을 엉망으로 해 가지고 어디 가서 창피하게 한국 사람이라고 하지 말아요."

입심 좋은 손종희 씨는 이렇게 놀리면서 사해에서 가져온 진흙으로 열심히 팩을 해주고, 음식 솜씨 좋은 황정미 씨는 갖은 솜씨를 다해 내 입을 즐겁게 해준다. 느긋하게 긴장은 물론 전대까지 풀어놓고 실컷 놀았다. 고마워요, 정미 씨, 종희 씨. 슈크란 자딜란(정말 고마워)!

팔레스타인, 내 가슴을 아프게 하는 땅

: 남한 사람 절대 입국 금지

"남한 국민에게는 비자를 발급하지 않습니다."

요르단 암만에 있는 시리아 대사관에서는 이렇게 한마디로 자른다. 시리아는 김일성 사망 때 사흘 동안 조기를 게양했을 정도로 북한과 각별한 사이라 대한민국 국적을 가진 사람에게는 '특별한 이유'가 없는 한 여행 비자는커녕 경유 비자도 안 내준다는 거다.

육로로 시리아를 경유해 터키로 가는 길이니 시리아에 못 들어간다면 다시 이스라엘로 돌아가 거기서 배를 타고 터키로 가면야 되겠지만, 이 나라가 갑자기 '못 가는 나라'가 되니까 더욱더 '가보고 싶은 나라'가 된다.

무조건 한국 대사관 영사과를 찾아가 떼를 썼더니 한국 회사를 소개해주었다. 이 회사에서 출장 증명서를 발급하고, 국경 출입국 관리소에 팩스를 보내놓으면 이게 바로 '특별한 이유'가 된다는데, 황정미 씨와 손종희 씨의 적극적인 로비 덕택에 나는 얼떨결에 삼성전자 직원이 되어 출장 증명서를 가지고 시리아 국경을 넘을 수 있었다. 일면식도 없는 삼성전자 지사장님이 이렇게 고마울 수가!

국경에서 가짜 비즈니스 우먼이 되어 한껏 무게를 잡고 있는데, 출입국관리소 사람들은 혼자 다니는 한국 여자는 처음 보는 모양인지 본분을 잊고 이런저런 개인적인 질문만 한다. 생글거리며 최대한 상냥한 태도를 보였더니 젊은 직원이 윙크까지 하면서 입국 도장을 찍어준다. 쾅쾅, 쾅쾅! 시리아의 문이 열리는 소리다.

국경에서 버스로 2시간 거리에 있는 다마스쿠스. 나는 이상하게 어릴 때부터 이 이름에 큰 매력을 느껴왔다. '다마스쿠스'라는 이름에는 뭔가 설명할 수 없는 신비로움이 깃들어 있는 것 같았다.

기원전 5000년부터 사람이 살았다는 도시, 기원전에는 페르시아의 중심지였고, 알렉산더 대왕 때는 그리스의 중심지, 로마 시대에는 동방의 중심지 그리고 이슬람 시대에는 아랍의 중심지인 다마스쿠스. 요충 중의 요충지인 이 다마스쿠스가 보고 싶어서 나는 직장 여성으로 보이도록 평소에는 입지도 않던 긴 원피스를 입고, 머리 드라이까지 하고 얌전을 떨며 국경을 넘은 거다.

시내에 도착해 동서남북이 헷갈려 헤매고 있으니까 잘생긴 청년이 어디 가느냐고 묻는다. 시내 중심가에 있는 호텔 이름을 대니까 두말없이 내 작은 배낭을 번쩍 들고 앞장을 선다.

인도나 페루에서 이런 일이 벌어졌다면 그 자리에서 '가방 도둑이야!' 소리를 질렀을 테지만 여기는 아랍, 아랍인들에게 이런 친절은 너무도 당연한 일이다. 그 청년도 십중팔구 가던 길이 아닌데도 호텔까지 1킬로미터 정도를 데려다준 게 분명하다. "슈크란(고마워요)." 하고 돌아서는 청년에게 인사를 했더니, "아프환(천만에요)." 하며 오른손을 가슴에 갖다 댄다.

그러나 예루살렘이라는 살아 있는 박물관을 보고 온 직후여서인가, 다마스쿠스 도시 자체에서는 별 재미를 느끼지 못했다. 옛 성 안에 있는 무지막지하게 크고 장식이 아름다운 사원 말고는 재래식 시장이나 아랍 궁전도 성에 차지 않는다.

시리아는 요르단보다도 보수적인지 여자들이 눈도 안 내놓고 까만 천으로 얼굴을 몽땅 덮어 뒤집어써서 앞뒤가 분간되지 않는다. 창문도 없이 움직이는 검은 텐트라고나 할까.

: 이야기로 듣는 팔레스타인 투쟁사

다음 날 팔레스타인 출신 여자 대학원생 합사네 집을 찾아갔다. 요르단대학교에서 중동 고대사를 공부하고 있다는, 요르단의 손종희 씨에게서 소개받은 친구다.

합사는 자그마한 키에 파란 눈의 청순한 미인이다. 그녀의 가족은 이른바 팔레스타인 난민, 1948년 팔레스타인 지역이 하루아침에 이스라엘 손으로 넘어가자 빈손으로 집에서 쫓겨나 지금까지 떠돌고 있는 사람들이다. 이들은 자녀 교육을 최상의 목표로 여기며 매우 부지런해서 아이들을 거의 대학에 보내고, 대부분 중산층 생활을 하고 있다.

합사네 가족은 시리아로 피신했다가 쿠웨이트로 가서 살았는데, 6년 전 걸프전 때 전쟁을 피해 다시 시리아로 넘어오는 파란만장한 고난을 겪었다고 한다. 그런 속에서 부모는 5남 5녀를 훌륭히 키우고 지금은 은퇴해 시골에서 채소 농사를 짓는다고 한다. 그렇다면 그 시골을 찾아가보지 않을 수 없지.

다마스쿠스에서 버스로 1시간쯤 걸리는 시골집은 상상과는 다르게 더운 물이 나오고, 가스레인지와 세탁기까지 있는 현대식이다. 멀리 한국에서 찾아간 손님을 반갑게 맞는 시골집에는 마침 외할머니와 외삼촌까지 와 있다. 이 외삼촌이 얼마 전까지 팔레스타인 해방기구(PLO)의 대변인이었던 사람이다. 차를 마시며 자연히 '애기로 듣는 팔레스타인 투쟁사' 강의가 시작된다.

나로서는 PLO쪽 얘기를 들을 수 있는 절호의 찬스이므로 시간 가는 줄 모르고 메모까지 해가며 열심히 들었지만 독자들은 혹 지루할지 모르니 간단히 요약하자.

옛날에 가나안이라고 불리던 팔레스타인은 로마 시대에 무장반란을 일으킨 유대인을 내쫓고 그 땅에 아랍인들을 정착시킨 곳이다. 여기서 2000년간 유대인들과 아랍인들은 분쟁 없이 평화롭게 살아왔다. 그러다 19세기 후반 유대인 시온주의자들이 이 땅에 이해관계가 걸린 영국을 등에 업고 이스라엘 건국의 꿈을 키웠다.

팔레스타인 주민들은 영국의 막강한 지원을 받는 시온주의자들과 기나긴 투쟁을 벌였으나 결국 땅을 빼앗기고 600만 인구가 졸지에 유랑자 신세가 되었다. 그 후 영국 대신 미국의 후원을 받는 이스라엘에 '6일 전쟁'에서 결정적으로 대패해 패망의 길을 걷게 되었다.

"우리가 수천 년 동안 잘 살고 있는 땅에 어느 날 갑자기 외세를 업은 유대인들이 쳐들어와 주민들을 몰아냈습니다. 그러나 지금 상황에서 우리가 바라는 것은 외국의 간섭 없이 옛날처럼 유대인과 함께 서로의 종교와 문화를 존중하며 평화롭게 사는 겁니다. 다만 한 가지 전제는 우리는 어떤 경우에도 예루살렘을 내줄 수 없다는 겁니다."

외삼촌은 그 말로 강의를 끝낸다. 우리가 한국에서 듣는 세계 정보라는 게 미국을 비롯해 이스라엘과 이해관계가 있는 서방을 통한 것이어서 때로는 진실이 왜곡되고, 때로는 사실과 거리가 먼 경우도 많다. 바로 그 대표적인 예가 팔레스타인 문제라고 생각한다. 이 외삼촌 덕분에 미흡하나마 양쪽의 얘기를 비교적 균형 있게 들을 수 있어서 다행이었다.

아침이 되자 합사의 부모는 일찍 일하러 나가신다.

"사람은 일할 수 있을 때가 가장 행복한 거요."

허드레옷을 입고 일찍 밭으로 나서면서 아버지는 이렇게 말씀하신다. 참으로 건강한 삶을 사시는 분이다. 나도 늦잠을 잘 수 없어 합사의 헌 옷을 빌려 입고 밭에 나가서 주렁주렁 탐스러운 가지를 따 왔다.

75살 되신 외할머니는 또 얼마나 부지런하고 신앙심이 깊은 분인지 모른다. 쉬지 않고 집 안을 쓸고 닦다가 나와 눈이 마주치기만 하면 말씀하신다.

"알 함두렐라. 왈라히 알 함두렐라(알라께 감사드려요. 정말로 고마우신 알라)."

자기가 믿는 신에 대해 어쩌면 그렇게 확신을 가지고 정성을 다할 수가 있는지 부럽고도 존경스럽다. 집안 가족이 모두 그렇다. 하루에 다섯 번씩 메카를 향해 기도하는 것은 모슬렘의 4대 의무 중 하나인데, 기도할 때마다 몸을 깨끗이 씻어야 하기 때문에 목욕실은 하루 종일 사용 중이다. 자신들의 신에 대한 경외감을 표현하는 한 모습이다.

이들은 일상생활에도 종교적인 진지함이 속속들이 배어 있다. 내가 만나본 모슬렘들은 그렇게 하나같이 순수하고 평화적이며 경건한 사람들이었다.

이 집에서 사흘을 묵고 합사와 함께 다마스쿠스로 돌아왔다. 합사가 방학이 끝나 요르단으로 돌아가기 전날 우리는 밤을 새우며 얘기를 하고, 합사가 가진 멋진 팔레스타인 전통 의상을 입어보고, 서로 얼굴에 신경 쓰자고 '맹세'하며 달걀 마사지까지 했다.

어렵게 얻은 시리아 비자 15일치 가운데 이렇게 일주일을 썼으니 남은 8일간은 시리아의 볼거리라는 팔미라와 하마, 알레포를 발바닥이 닳도록 돌아다녀야겠다.

: 팔미라에서 읽은 한국인 편지

다마스쿠스에서 시리아 최대의 유적지 팔미라로 가는 길에는 3시간 정도 사막을 달렸는데도 마을이 나타날 기미가 보이지 않는다.

이런 망망한 사막에 무슨 유적지가 있겠나, 막 실망을 하려는 차에 멀리 대추야자수가 우거진 마을이 나타났다. 아랍어로 팔미라는 '대추야자의 도시'라는 뜻인데, 이름처럼 대추야자가 먼저 손님을 맞는다.

여기서부터 다음 물이 있는 곳까지는 서쪽으로는 150킬로미터, 동쪽으로는 200킬로미터라고 하니, 그 옛날 비단과 향료 등을 낙타에 가득 싣고 가도 가도 끝없는 사막을 여행하던 대상들은 멀리서 보이는 대추야자수 우거진 오아시스가 얼마나 반가웠을까.

팔미라에서는 '제노비아'라는 야심만만한 여왕의 이름을 떠올리지 않을 수 없다. 그리스와 아랍 피가 반반 섞인 혼혈로 클레오파트라 빰치는 미인이었던 제노비아는 야망 때문에 남편인 왕을 죽이고 스스로 여왕이 되어 로마를 공격하다가 패망하고 말았다.

이때부터 기울기 시작한 팔미라는 후에 이슬람의 손에 들어갔다가 1089년 지진으로 폐허로 변했는데 현재의 팔미라는 최근에 발굴, 재건한 거다. 시리아 최대의 유적지라고는 해도 마을 구석구석이 아직 때 묻지 않은 순수함을 간직하고 있음을 한눈에 알 수 있다.

배낭족들에게 유명한 뉴 투어리스트 호텔에 들어가자 젊은 매니저가 "곤니치와." 하고 인사를 해온다. 이놈의 곤니치와는 어딜 가나 곤니치와다. 아프리카나 아랍 사람들은 모두 나만 보면 일본 사람으로 여긴다. 그만큼 일본 여행자는 많고 한국 여행자는 보기 어려운 탓이다.

"안녕하세요." 하고 한국말로 인사를 하고 "나는 한국 사람이에요." 했더니 눈이 휘둥그레지며 급히 책상 서랍에서 방명록을 꺼내놓는다. 이곳을 거쳐 간 여행객들이 간단한 여행 정보나 소감을 메모 형식으로 적어놓은 그 방명록에서 매니저가 펼쳐준 페이지를 보니, 놀랍게도 거기에 한국인 이름이 적혀 있다. 지난 3월 이곳을 다녀간 홍지연 씨.

'여기까지 오시면서 큰 어려움은 없으셨는지요.'

이렇게 시작되는 홍지연 씨의 한 페이지가량 되는 한국어 메모는 깔끔하면서도 정이 가득 담겨 있다. 어찌나 반가운지, 그 메모를 연애편지라도 되는 양 읽고 또 읽고, 소리 내어 읽으니까 매니저가 아는 사람이냐고 묻는다.

"그럼요. 한국 사람은 전부 친척이에요."

재작년 인도 여행 이후 근 2년 동안 한국인 여행자는 한 명도 만나지 못한 터에 이처럼 나보다 먼저 다녀간 여행객이 있다는 사실만으로도 정말 반갑다. 여행지에서 만나는 동료 여행객이라고 밤낮 유럽 사람 아니면 북미나 오스트레일리아 사람이고 기껏해야 일본 사람이었는데, 편지로나마 동족을 만나니 옛날부터 아주 잘 알던 사람을 만난 듯하다.

팔미라는 특히 무너진 옛날 석조 건물들 사이로 보는 일출과 산꼭대기에서 보는 일몰이 일품이라는 매니저의 말은 하나도 틀린 말이 아니었다. 1시간 정도 걸어서 산꼭대기에 올랐는데, 그날은 구름이 끼어 일몰을 볼 수 없지만 멀리까지 보이는 허허벌판에 누런 모래사막과 푸르게 우거진 대추야자수가 멋진 대조를 이루었다.

다음 날 새벽 일출은 전날 못 본 일몰을 보상이라도 하듯 참으로 아름다웠다. 해가 뜨고 난 후 1시간 동안 부드러우면서도 신선한 햇살이 700미터 정도의 거리에 열병하듯 서 있는 돌기둥들을 비출 때는 정말 환상적인 분위기. 수천 년 전의 그 화려했던 제노비아의 영화가 그대로 살아나는 것 같다.

따뜻한 햇살을 즐기며 제노비아 신전 뒤에 있는 야트막한 언덕에 올라가 앉으니 팔미라가 한눈에 들어온다. 바로 앞에 보이는 제노비아 신전, 700미터의 돌기둥 길, 그 옆으로는 로마식 극장, 옛날 장터, 길 끝에는 성 입구를 지키는 아치 그리고 저 멀리 이 지역의 신인 벨을 모셨던 벨 신전까지.

바람 부는 언덕에서 바람을 피해 큰 바위 뒤에 몸을 숨기고, 해가 머리 꼭대기까지 올라와 눈이 부실 때까지 넋을 놓고 앉아 있었다. 이른 아침이라 보이는 사람이라곤 양을 몰고 가는 베두인족 처녀뿐이다.

눈을 감고 아득한 옛날, 그때를 상상해본다. 수백 킬로미터의 길고 뜨거운 사막을 가로질러 온 대상들이 이곳에서 낙타에게 물을 충분히 먹이고 자신도 대추야자수 그늘에 앉아 차를 마시며 유유자적 쉬고 있는 모습을.

버스에서 만난 35살의 영국인 노동법 변호사 데이비드와 오아시스 마을을 돌아다녔다. 어떻게 이런 사막 한가운데에 대추야자와 붉은 석류가 주렁주렁 열리고, 여러 가지 꽃들이 활짝, 활짝 피어 있는지 신기하기만 하다.

팔미라 최고의 기념품은 유적지가 그려진 구리 접시나 모형물이 아니라 바로 여러 빛깔의 대추야자다. 그 신기한 야자수들 사진을 열심히 찍어대고 있자니, 지나가던 동네 아저씨가 얼른 나무에 올라가 잘 익은 대추 몇 개를 따다가 손바닥에 올려놓는다.

"슈크란!"

우리나라 대추보다 두세 배는 큰 이 오아시스 대추를 한 입 베어 먹어보니 아주 부드럽고 꿀에 절여놓은 듯 달다 .

다음 날 데이비드와 팔미라를 떠나 이틀간 하마를 돌아보았다. 하마는 십자군의 1차 원정 때 지었다는 800년 전의 모습이 그대로 남아 있는 십자군성과 로마 시대 때 강물을 끌어올려 도시 전체에 물을 공급했던 초대형 물바퀴가 유명하다.

그러고는 데이비드와 함께 시리아의 마지막 방문지인 알레포로.

휴가 중인 이 영국인 변호사는 원래 고급 호텔에서 묵으며 고급 관광을 다니는 사람인데, 어쩌다 나를 만나게 되어 처음으로 현지인 식당에서 현지인들과 함께 현지인 음식을 먹고, 화장실과 샤워를 공동으로 사용하는 배낭족 숙소에서 잠을 자고, 현지인들 사이에 끼어 완행버스를 타고 다니는 게 참 재미있다며 줄곧 나를 따라다닌다.

내 덕에 자기는 준비한 여행 경비를 반의반도 쓰지 않았다며 알레포를 떠나기 전날에는 근사하게 저녁을 한턱냈다. 이곳에서 제일 좋은 식당에서 여러 가지를 포식하고 알레포 명물인 통비둘기 구이도 먹었다.

"데이비드 씨는 비둘기 고기가 대단한 정력제라는 걸 아세요?"

"아, 그래요? 아랍 사람들은 정력이 좋다고 소문이 났던데, 이 비둘기 고기 때문인가 보죠?"

"이집트에서는 신혼부부에게 친정어머니가 한 달간 비둘기 요리를 해주는 풍습이 있어요. 한국에서는 사위에게 비둘기 대신 닭을 잡아 줘요. 비둘기 외에도 올리브 열매와 피스타치오라는 견과류가 아랍 사람들의 전통적인 정력제랍니다."

"비야 씬 미혼이면서 정력제에 대해 아는 게 많군요."

"한국에는 서당 개 3년이면 풍월을 읊는다는 말이 있어요. 한국 남자들이 하도 정력제, 정력제 하니까 저절로 관심이 갔던가 봐요."

"한국에서 정력제로 뭘 먹나요? 나도 정력제가 필요한 나이가 되면 먹어야 하니까 참고로 알아두어야 할 거 아녜요?"

"말해줘 봤자 당신은 죽었다 깨어나도 못 먹을 것들이에요."

"왜 그러세요? 나도 무엇이든 잘 먹는 편이라고요."

"그럼 한번 들어볼래요? 음, 뱀장어에 해구신, 사슴 피, 곰쓸개, 까마귀 고기, 굼벵이 그리고······."

바싹 다가앉아 열심히 듣던 데이비드의 얼굴이 점점 일그러진다.

：칠겹살 시리아 여자들과 알몸 사우나

알레포에는 유명한 아라비아 목욕탕 '알 나스리 하맘'이 있다.

1491년 오스만투르크 때 지은 것으로 우리나라 최고급 호텔 사우나는 저리 가랄 만큼 고급 시설이 으리으리하다. 사우나라면 자다가도 벌떡 일어나는 내가 여기를 빠트릴 수는 없는 일이다.

거금 340파운드(우리 돈 5500원 정도)를 마다 않고 들어갔다. 이 요금에는 때 미는 것과 마사지, 음료수 값까지 포함되어 있다. 이 사우나에 여자가 들어갈 수 있는 날은 목요일, 토요일 오전 9시부터 오후 5시까지다.

사우나에는 아름답게 장식한 커다란 홀이 있고 홀 가장자리에 고급스런 칸막이를 치고 칸마다 소파와 테이블이 있다. 홀 중앙에는 아담한 분수가 있고, 천장에는 멋진 아랍식 샹들리에가 달려 있다. 옷을 벗고 타월과 비누 등을 받아 가지고 꼬불꼬불 미로를 한참 지나니 맨 끝에 타일로 예쁘게 장식한 작은 홀이 나온다.

돌로 만든 물통에 따뜻한 물을 받게 해놓았다. 이곳에서 비누로 몸을 씻고 사우나 방으로 들어갔다. 그러나 웬걸, 이건 사우나 방이 사람 체온 덕을 볼 정도로 미지근하다. 더구나 시리아 여자들은 그것도 덥다고 문을 열어놓아 오히려 몸이 서늘해진다.

"이렇게 백 년을 있어봤자 땀은커녕 고드름만 달리겠네."

혼자 투덜거리는데 마사지 아줌마가 빨리 나오라고 손짓한다. 그러더니 딱딱한 수건으로 온몸을 빡빡 미는데 생살이 벗겨지는 듯 아프다.

"아이고 아파라. 좀 살살 밀어요."

그러나 이 시리아 여자가 영어를 알아듣지 못하니 아픔을 참을 수밖에. 5분도 안 되어 다 끝났다고 사우나 방으로 밀어 넣는다.

그런데 5분도 안 되어 또 나오라고 한다. 이번에는 전신 마사지라고 해주는데 대강대강 얼렁뚱땅. 우리나라 목욕탕 아줌마의 꼼꼼한 손 마사지를 받아본 사람에겐 턱없이 부족한 기술이다.

어떻든 공식적인 과정은 일단 끝났으니 나 혼자 내 식으로 다시 시작하려고 사우나 방으로 들어갔더니 하마 같은 아줌마, 아가씨들이 하나 둘 들어온다. 어떻게 여자 몸이 저렇게 크고 뚱뚱할 수가 있나. 삼겹살은커녕 칠 겹, 팔 겹은 될 만큼 뱃살이 겹겹이 붙은 집채만 한 여자들 사이에 앉으니 내 몸은 유치원 어린이 같다.

이곳 중동 남자들은 서양식으로 깡마른 여자들보다는 우리가 보기에는 한 20킬로그램쯤은 빼야 될 것 같은 살찐 여자들을 좋아한단다. 한마디로 육덕이 있어야 한다는 얘기다.

나를 마사지하던 아줌마가 내 몸을 보고 한심하다는 듯이 혀를 끌끌 차면서 "마피쉬, 마피쉬(살이 하나도 없네)." 하던 것도 당연하다.

어쨌든 평소에는 얼굴도 보기 어려운 아랍 여자들과 발가벗고 함께 앉아 있다는 것 자체가 색다른 체험이다.

新西伯利亚 **В**
НОВОС

러시아 · 시베리아 횡단 열차

언젠가는 꼭 타봐야지, 다짐했던 바로 그 시베리아 횡단 열차.
7박 8일 시베리아 횡단 열차를 타고 나면
서울-부산 간 기차 여행은 눈 깜빡할 사이다.

마음까지 얼어붙는 모스크바

: 무표정, 무관심, 무반응, 온통 화난 사람들

"방금 탑승 수속한 사람과 동행이세요?"
"아뇨. 일행이 없는데요. 왜 그러세요?"
"아, 한국 사람이니 아까 그 한국 분과 동행인 줄 알았습니다."

이스탄불과 모스크바를 오가는 이름도 없는 항공사의 싸구려 전세비행기. 뜨고 내리는 시간이 아주 불편하고 서비스가 빵점인, 그래서 표 값이 일반 비행기의 3분의 1밖에 되지 않는 이 특별 비행기에 나 말고 다른 한국 사람이 탔다고?

될수록 비행기를 타지 않는 게 대원칙이지만 이번에는 도저히 어떻게 해볼 수가 없었다. 시리아의 옆 나라 터키에서 육로로 다음 목적지인 러시아로 가려면 터키 북부 항구에서 우크라이나행 배를 타야 하는데, 겨울철이라 항구가 얼어 봄까지 기다려야 하기 때문이다. 백방으로 수소문해서 이스탄불의 한 여행사를 통해 러시아 비자를 얻어 이 비행기에 오른 것이다.

새벽 1시에 떠난 비행기가 모스크바에 도착하니 새벽 4시. 있는 옷을 겹겹이 껴입고 내리려는데 맨 뒷좌석에서 누군가 자고 있다.

쓰고 있는 모자에 '좋은 친구'라는 한글 상표가 선명하다.

"한국 분이시죠? 모스크바에 다 왔어요."

이렇게 해서 알게 된 사람이 러시아에 유학 온 항공 공학도 강상수 군이다. 겨울방학을 이용해 터키를 여행하고 오는 중이란다. 강상수 군 덕분에 모스크바의 살인적인 추위와 살인적인 물가 그리고 살인적인 불친절 속에서도 목숨을 부지할 수 있었으니 이름 하여 그는 내 '모스크바의 파수꾼'이다.

어느 나라나 도착해서 처음 얼마 동안은 생소함으로 당황하게 되는데(사실은 당황하는 이 며칠간이 여행의 묘미이지만), 러시아는 그 정도가 너무 심하다. 러시아 사람들의 무표정, 무관심, 무반응은 혹독하기 이를 데 없다.

우선 사람들이 웃지를 않는다. 옆을 보지도 않는다. 지하철 안에서도 부동자세다. 열심히 연습한 러시아 말로 한껏 미소를 띠고 물어보아도 본 척도 않는다.

그 정도라면 그래도 다행이다. 물어보는 내 말이 다 끝나기도 전에 "야네 즈나아유(난 그런 것 몰라)!" 소리를 꽥 지르며 지나가기도 한다. 세계 여행을 하면서 묻는 데는 이제 프로가 되었다고 자부하고 있는데, 여기에서는 누구에게 물어봐야 구박을 안 받나 눈치를 살피는 딱한 신세가 된다.

물건을 살 때도 딱 한 번에 사야지 이것저것 보여달랬다가는 당장 날벼락을 맞는다. 여기에 일단 돈을 내고 물건을 사고 나면 환불이나 교환은 절대 불가다. 통화를 하지 못해도 한번 들어간 전화 토큰은 나오지 않는다. 아니, 아예 다시 나오는 환불 구멍이 없다.

기차역에서는 외국인 전용 창구 여직원이 영어를 한 마디도 못한다. 그 주제에 날더러 러시아말 못 알아듣는다고 소리를 지르며 눈을 부러린다.

"야, 이년아! 아침부터 왜 큰소리야!"

한국말로 걸쩍지근하게 욕을 해주고 돌아서는 발걸음이 영 불쾌하다.

지하철에서는 옆에 탄 학생 같은 젊은이에게 모스크바대학교 역을 가르쳐달랬더니 가만히 있다. 알았다는 뜻인 줄로 짐작하고 넋놓고 앉아 있다가 그 역이 지난 걸 나중에 알았다. 화가 나서 그놈의 얼굴을 쏘아보았더니, '내가 너 길 가르쳐주는 사람이냐' 하는 표정으로 태연히 앉아 있다. 나쁜 자식.

그동안 나그네에게 너무나 친절한 중동 사람들에게 익숙해져 있다가 이런 일을 당하니 상대적으로 더 불친절하게 느껴지는지도 모르겠다.

그런데 이 모스크비치(모스크바 사람)들도 3년 전까지만 해도 이렇지 않았다고 한다. 경직된 공산당 치하라는 선입견과는 달리 여유가 있고 부드러웠는데, 3년 전부터 물가가 폭등하고 세계에서 가장 안전했던 도시가 세계에서 가장 불안한 도시가 되면서 사람들이 변했다는 거다.

각계각층에 마피아들이 설치면서 정치와 경제를 장악하고, 지도자는 무능해서 민생이 말이 아니다. 실제로 유학 중인 학생에게 물어보니 3년 전만 해도 100달러면 네 가족이 한 달 동안 안락하게 살 수 있었으나 지금은 자기 혼자 반달치 용돈도 안 된다고 한다.

: 강도보다 경찰이 더 무서워

해가 지면 주택가에는 길에 나다니는 사람도 별로 없다. 여기서 현금을 많이 가지고 다니는 걸로 알려진 한국인과 일본인 여행객이나 학생들은 강도들의 좋은 표적이 된다고 한다.

나는 겁도 없이 매일 밤 11시가 넘도록 지하철을 타고 돌아다니는데, 한번은 숙소로 돌아오는 길에 역에서부터 수상한 놈이 따라왔다. 500미터 달리기로 죽어라고 뛰어 숙소에 돌아와 학생들에게 그 얘기를 하니 깜짝 놀란다.

"그곳은 사고 다발 지역이에요. 그렇지만 뛰어다니면 안 돼요. 강도 피하려다가 강도보다 더 무서운 경찰한테 걸려요."

이건 또 무슨 얘긴가? 유학생들이 사는 숙소는 큰 아파트인데 이 건물에는 전화가 없다. 그래서 한 학생이 다른 아파트로 전화를 걸러 갔다가 오는 길에 너무 추워 뛰어서 돌아오다 경찰에게 걸렸단다.

"어이 학생, 왜 경찰을 보고 도망쳐?"

경찰은 엉뚱한 생트집을 잡아 결국 수십 달러를 뜯어내더라는 얘기다. 세계를 놓고 미국과 힘을 겨루던 초강대국의 면모가 오늘날 참으로 한심스럽게 되었다.

각오는 했지만 한겨울의 모스크바는 춥긴 또 왜 그리 추운지. 준비해 간 옷이란 옷을 몽땅 껴입고 둔한 움직임으로 밖에 나가면 10분도 지나지 않아 이빨이 저절로 딱딱 마주치고 골이 띵하다.

러시아 사람들이 이런 추위를 견디는 힘은 모자에서 나오는 것 같다. 하나같이 두툼한 털모자를 쓰고 다니는데, 모자를 쓰면 정말로 온몸이 훈훈해진다. 체온의 70퍼센트가 머리로 빠져나간다더니 그 말이 맞나 보다. 그래서 이 사람들은 모자를 생명처럼 여긴다. 상트페테르부르크에 갔을 때 날씨가 조금 따뜻해져서(그래도 영하 15도) 모자를 벗고 다녔더니 길을 지나가던 아줌마가 큰소리를 지른다.

"아가씨야, 모자 어디 갔어? 모자."

기온이 영하 30도를 밑도는 날에는 콧속에도 살얼음이 가득한데, 눈만 오지 않으면 젖먹이를 유모차에 태우고 시장에 나오는 엄마들도 많다. 동토의 나라에서는 어릴 때부터 이렇게 체력을 단련해야 하나 보다.

: 놓칠 뻔했던 모스크바의 아름다움

설날까지 집에 가겠다는 내 계획은 모스크바 주재 중국 대사관의 기가 막히는 비능률 때문에 무산되고 말았다. 그 속 터지던 일을 생각하면 지금도 화가 난다.

모스크바에 도착한 날부터 중국 대사관에 전화를 걸었다. 그러나 어찌 된 일인지 러시아어와 중국어로 녹음된 메시지만 흘러나왔다. 비싼 전화 토큰만 몇 개나 날렸다. 여기는 전화 한 통 값이 지하철 한 번 타는 값이다. 다음 날 겨우 전화가 통하기는 했지만 대사관 직원이 영어를 전혀 못하는 사람이라 또 토큰과 시간만 허비했다.

"안 되겠다, 직접 찾아가자."

같은 숙소에 있는 중국 학생들이 그려준 약도를 들고 찾아 나섰다. 물어물어 찾아가니 대사관은 월, 수, 금요일에만 업무를 본다는 안내문이 붙어 있다. 그날은 목요일, 창구 직원에게 엉터리 한문을 써서 필담으로 물으니 알아들은 듯 '근무시간 월, 수, 금 9~13시'라고 써준다.

다음 날 12시 10분에 찾아가니 영사관 문은 굳게 닫혀 있다. 영사 업무는 12시까지만이란다. 병신 같은 놈들! 욕이 저절로 나온다. 순전히 이렇게 비자 받는 게 늦어져 한국 가는 일정이 차일피일 미뤄진다고 생각하니 속이 부글부글 끓고 약이 올라 온몸이 떨릴 지경이다.

그러나 별수 없이 월요일까지 기다려야 했다. 월요일에 가서도 가지가지 조건을 달고 시간을 끌고 해서, 정말 천신만고 끝에 일주일간의 경유 비자를 받았다.

여러모로 열을 받아 머리 꼭대기에서 김이 무럭무럭 날 지경인데. 이걸 진정시켜준 건 모스크바의 한국 가게에서 만난 임석희 양이다. 한국 가게에 한국 라면을 사러 갔는데, 그동안 어찌나 라면이 그리운지 라면 봉지 안에 들어가 잠자는 꿈을 꾸기까지 했다.

그 가게에 두부를 사러 왔다가 우연히 만난 석희는 로켓 공학도. 시원시원하고 명랑해서 한눈에 쏙 드는 여학생이다. 내가 장기 여행 중이라니까 당장 나를 자기 집으로 이끈다.

"그동안 한국 음식 못 드셨죠? 제가 오늘 두부 샀으니까 이걸로 찌개 끓여드릴게요. 제가 담근 김치도 있어요."

나는 이렇게 자신 있게 사는 사람을 만나면 신이 난다. 그 사람이 전도가 양양한 젊은 여자일 때는 특히 그 기쁨이 배가된다. 동지애가 발동하나 보다.

공부에 대한 포부와 열정도 대단한 석희는 러시아에 온 지 얼마 안 되어 아직 말도 서툴고 적응도 안 되지만 그래도 겸손하고 당당하게 살고 있어서 얼마나 대견하고 자랑스러운지.

석희는 내가 놓칠 뻔했던 모스크바의 아름다움을 보여주었다. 눈 내리는 밤 크렘린 궁에 가서 성 바실리 사원의 환상적인 모습을 만끽하게 해주고, 모자이크와 인물 흉상 등으로 박물관처럼 멋있게 꾸며놓은 지하철역을 구경시켜주었다. 또 우리 돈 단돈 1000원으로 볼 수 있는 《호두까기 인형》과 《돈키호테》 등 세계 정상의 발레 구경도 같이 가주었다.

중국 비자를 기다리는 동안 상트페테르부르크에 다녀오라고 등을 떠민 사람도 석희다. 그녀는 내게 상트페테르부르크에서 파스텔조의 충격적인 아름다움을 만나게 해주었다.

러시아의 최전성기 때 200년 동안 수도였던 상트페테르부르크는 어디를 둘러보아도 유럽풍의 중후하고 세련된 건물들이 있다. 이 도시의 에르미타슈 박물관, 상트이사크 대성당은 말할 것도 없고, 웅장하고도 화려한 마린스키 극장에서 본 오페라, 보로딘의 《이고리 공》의 감동은 평생 잊지 못할 거다. 이건 내가 클래식 음악실 디제이 시절 아주 즐겨 듣던 곡이기도 하다.

시베리아 횡단 열차가 출발하는 날, 새벽 기차로 모스크바에 돌아와 횡단 열차에 올랐다. 그동안 여러 가지로 애를 써준 강상수와 임석희가 기차가 떠날 때까지 창문에 붙어 깔깔거리며 배웅해주었다. 귀엽고도 고마운 친구들, 진심으로 건투를 빈다.

9500킬로미터, 178시간, 시베리아 횡단 열차

: 7박 8일간의 룸메이트

시베리아 횡단 열차! 어렸을 때 아버지와 함께 세계지도를 펴놓고 언젠가는 이 철도를 꼭 한번 타봐야지 하고 다짐했었다.

아버지와 동생과 함께 지도를 보며 '지명 찾기' 놀이를 할 때, 유라시아 대륙의 큰 땅덩어리가 같은 황토색인 걸 보고 나는 이 어마어마한 땅이 하나의 나라라는 게 믿기지 않았다.

"아버지, 이거 모두 같은 색이니 한 나라라는 뜻이야?"

"그래. 여기가 세계에서 땅덩어리가 제일 큰 나라 소련이야. 넓이가 우리나라의 100배도 넘는단다."

"와, 대단하다."

"더 놀라운 사실을 알려줄까? 이 나라 수도 모스크바에서 동쪽 끝 블라디보스토크까지 일주일을 달려서 오는 기차가 있단다. 시베리아 횡단 열차라고 하지."

"와, 신나겠다. 일주일간 기차에서 먹고 자며 달린단 말이야? 우리도 그 기차 탈 수 있어요?"

"그럼. 지금은 사정상 어렵지만 너희들이 컸을 때는 당연히 탈 수 있겠지. 꼭 그렇게 되어야 해. 그 기차를 타고 하얼빈으로 와서 신의주를 거쳐 서울까지 올 수 있어야 해."

"내가 크면 꼭 그 기차 타볼 거예요."

그 꿈이 드디어 이뤄지는 거다. 모스크바를 출발해서 우랄 산맥과 시베리아 벌판, 만주 벌판을 지나 베이징까지 7박 8일을 달리는 대륙열차 20호, 10번 객차, 5번 침대에 몸을 싣는다.

배낭 두 개와 식료품이 가득 든 비닐 봉투 두 개를 들고 올라 정리를 하고 있는데, 바로 옆 칸에서 우리말 소리가 들린다. 반가워서 얼굴을 들이밀자 남자 셋, 여자 하나가 있다.

"한국 분들이세요?"

"우리는 북조선에서 왔수다."

"아, 그러세요? 저는 남조선에서 왔어요. 저는 베이징까지 가는데 어디까지 가세요?"

"나 혼자만 창춘(長春)까지 갑네다."

여자가 대답. 그녀 부부는 옌볜(延邊) 조선족이고 다른 두 남자는 북한에서 온, 남편의 친구들이다.

아내 혼자 가는 게 영 마음이 안 놓였는데 남조선 동무를 만나 잘 되었다며, 그 남편이 차장에게 어떻게 부탁했는지 침대칸을 바꿔서 나는 그 예쁘장한 옌볜 조선족 김미란 씨와 동행을 하게 되었다. 적어도 일주일 동안 벙어리 신세는 면하게 된 셈이다.

음력설 일주일 전까지만 해도 표를 구하기가 하늘의 별 따기였는데 이 차가 베이징에 닿을 때는 이미 설이 지난 후여서인지 기차에는 사람이 별로 없어 4인승 침대칸을 우리 둘이 전부 쓸 수 있다.

미란 씨와 인사를 하고 우선 먹을 걸 점검했다. 내가 준비한 건 컵라면을 비롯해 몽땅 인스턴트식품인데, 미란 씨는 조선족답게 김치와 돼지고기 장조림, 고추장에 찰밥과 누룽지 말린 것까지 싸 가지고 왔다. 이것저것 잘 섞어 먹으면 질리지 않게 일주일은 갈 것 같아 안심이다.

기차 시설도 생각보다 깔끔하다. 여자 차장 두 명이 한시도 쉬지 않고 쓸고 닦고 해서 차 안도 깨끗하고, 침대와 침대보, 이부자리도 청결하다. 침대칸에는 책상도 있고, 열차 전체에 빨간 카펫이 깔려 호텔 객실 같다. 춥지도 않고 복도 끝에는 뜨거운 물이 나오는 탱크가 있어 차나 컵라면 먹기에도 좋다. 다만 머리를 감을 수 없는 게 약간 걱정이지만.

시베리아 철도를 타면 어떻게 해서든지 잠을 많이 자야 지겨움을 견딜 수 있다는 다른 여행객의 경험담이 생각나 졸리지도 않은데 늦게까지 누워 있었다.

아침 11시에 일어나 커튼을 젖혀도 실내는 하나도 환하지 않다. 기차는 눈 덮인 벌판을 달리는데 하늘이 깜깜하게 흐려 있어서 더러운 회색 커튼이 드리워진 느낌이다. 밤새 우리는 유럽과 아시아의 경계인 우랄 산맥을 넘었다.

부스스 일어나 녹차를 우려 마시는데, 옆 침대에서 쿨쿨 자고 있던 미란 씨가 갑자기 벌떡 일어나더니 "밥 먹어야지." 하면서 밥통과 김치 병을 연다. 찰밥에 컵라면을 국 삼아 먹으니 그럴듯한 식사가 된다.

"조선족은 그저 밥을 먹어야 해요."

김치를 쭉 찢어 먹는 미란 씨가 사랑스럽다. 미란 씨는 29살. 남편은 모스크바에서 가죽 옷 가게를 하는데 마피아와 경찰, 세무서원, 땅 주인에 가게 주인까지, 상납해야 하는 사람들이 하도 많아서 다른 나라로 갈 생각을 한단다.

미란 씨는 지금 비장이 나빠서 치료를 받으러 친정에 가는 중이란다. 7년 전에 결혼해 아들까지 하나 있다는데, 어찌나 멋을 부리고 미용에 신경을 쓰는지. 알고 보니 전직이 피부 미용사다.

이 일이 지금 옌볜에서 아주 인기 있는 직업이라 일반 노동자의 이십 배 정도를 번다고 한다. 입고 있는 가죽 코트는 러시아제인데 얼마짜리고 끼고 있는 반지는 중국 노동자 1년치 월급이고 하며 말하는 품이 자본주의 물이 단단히 들었다.

내 얼굴을 들여다보더니, 어떻게 피부가 이 지경이 되도록 내버려두었느냐며 창춘까지 마사지를 매일 해주겠단다. 첫날은 베이비오일로, 둘째 날은 빵에 발라 먹으려고 산 꿀로 마사지를 받았는데, 몇 년 만에 받아보는 마사지라 당장 얼굴이 확 피는 것 같다.

머리는 감지 못해 떡이 되었는데, 얼굴만 반질반질 빤짝빤짝하다.

: 러시아 아저씨의 세뱃돈

내일은 설날, 지금쯤 한국에선 민족의 대이동이 시작되었겠군. 설날까지 집에 가겠다던 가족들과의 약속을 못 지켜 정말 미안하다. 이번에 서울 가면 가족들이랑 될수록 시간을 많이 보내야지.

한국에 있는 동안만이라도 어디 나돌아 다니지 말고, 엄마한테도 신경질 내지 말고 잘해드려야지. 말씀은 안 하셔도 시집도 안 간 딸이 이렇게 세상 좁다고 돌아다니고 있으니 얼마나 걱정이 많으

시겠는가. 내가 배낭을 이고 지고 집에 턱 들어서면 모두 어떤 표정을 지을까, 생각만 해도 짜릿하다.

돌아갈 집이 있다는 게 새삼 얼마나 감사한 일인지 모르겠다. 나를 반갑게 맞아줄 가족들과 가까운 친구들, 나를 아껴주는 사람들과 내가 아끼는 사람들. 그들의 따뜻한 품으로 돌아갈 수 있다는 게, 돌아가서 편히 쉴 수 있다는 사실이 눈물 나도록 고맙다.

교통 지옥, 물가 지옥, 공해 지옥. 내가 사는 서울은 이렇게 지옥으로 표현되곤 하지만 내게는 천국이다. 내가 이 세상에서 제일 편히 쉴 수 있는 곳이니까. 이 기차가 쉬지 않고 동쪽으로, 동쪽으로 달리고 있으니 나는 곧 나의 천국에 닿을 것이다.

설날 아침에 창을 여니 강렬하면서도 신선한 햇살이 쏟아져 들어온다. 기쁜 목소리로 새해 인사를 하듯이. 기분이 좋아져서 만나는 사람마다 "새해 복 많이 받으세요." 하고 한국말로 인사를 했더니 옆 칸에 타고 있던 영어를 조금 하는 러시아 아저씨가 영문을 묻는다.

"오늘이 중국식 음력 설날인데 우리도 이 음력을 쇠거든요. 한국에서는 설날 어른들께 세배를 드리고 세뱃돈도 받고 하지요."

이 아저씨, 내 말을 어떻게 알아들었는지 싱글벙글하면서 주머니에서 종이돈 한 장을 꺼내준다. 새해 첫날부터 공돈이 생겼으니 올해는 뭔가 잘될 것 같다.

꿩 대신 닭이라고 떡국 대신 컵라면에 미란 씨가 가져온 누룽지를 넣어 불리고, 잘 익은 김치를 곁들여 설날 아침상을 차렸다.

기차는 동쪽으로 한없이 달리고, 벌판 저 멀리 자작나무 숲이 이어진다. 그 위로 쏟아지는 밝은 햇살이 눈부시다. 이 시베리아 벌판은 추위와 척박함 때문에 식물 하나 제대로 살지 못할 거라는 우리의 상식과는 달리 지독한 환경을 이긴 강인한 생명들이 자라고 있는 극복의 땅이었다.

: 이 순간의 키워드는 보드카

 나흘째가 되자 기차 안에 있는 사람들은 모두 지겨움을 참지 못해 지친 얼굴이 된다. 남자들은 모두 알코올에 절어 있다. 이들은 지루함을 이기려고 눈을 뜨면 45도 보드카를 마시고 벌겋게 취해 있다가 잠들고, 잠이 깨면 다시 보드카를 마신다.
 나도 이 사람들이 권하는 대로 매일 보드카를 여러 잔 마시는데, 그러고 나니 맥주는 순한 보리음료 같은 맹물 같다.
 몇 시간마다 잠깐씩 서는 기차역을 기다렸다가 기차가 서기만 하면 완전무장을 하고 뛰어나가 구경을 한다. 기차역에는 아줌마들이 삶은 감자며 튀긴 만두, 베개 모양의 딱딱한 빵을 팔고 있다.
 기차가 서는 시간은 15분 미만, 그래도 밖에 나가면 꽁꽁 얼어붙기에 충분한 시간이다. 바깥 기온은 영하 36도로 소변을 보면 그대로 얼어버리는지는 실험을 안 해서 모르겠으나 침을 탁 뱉었더니 금방 발 앞에서 얼어붙는다. 바깥쪽으로 난 기차 손잡이를 맨손으로 잡으면 쩍쩍 달라붙으며 손바닥 살점이 떨어져 나간단다.
 모스크바를 떠나 이미 4000킬로미터 넘게 달렸다. 다른 이는 지겨운지 몰라도 나는 그런대로 즐겁게 지낸다. 실컷 자고 아침에 느지막이 일어나 여유를 가지고 책도 보고 편지도 쓴다. 또 미란 씨에게 중국에 도착하면 꼭 필요할 것 같은 중국말을 배운다.

미란 씨의 중국어 레슨 대가로 나는 영어를 가르쳐준다. 미란 씨는 어찌나 열심인지 고시 공부 하듯 밤늦게까지 단어를 외운다. 서로 가르쳐준 걸 가지고 다음 날 시험을 보기로 하니까 더 열심히 하게 된다. 역시 시험은 필요악이라니까.

저녁에는 좁은 객실의 문을 잠가놓고 미용체조를 한다.

"서울에서는 얼굴만 뽀얘 가지고는 미인 소리 못 들어요. 건강미가 있어야 하니까 몸매를 가꾸세요."

닷새째 날, 비교적 일찍 8시 정도에 눈을 떴다. 오랜만에 활짝 갠 파란 하늘에 흰 눈 덮인 벌판이 계속된다. 오늘은 오전 중에 세계에서 제일 깊고 맑은 호수라는 바이칼 호를 지나간다니까 정신 바짝 차리고 기다려야 하기 때문이다.

"기차가 바이칼 호에 서면 뛰어서 호수에 가서 잠깐 물에 몸을 담그고 와도 돼요. 그러나 막 뛰어와야 해요. 우리도 기차 놓칠 뻔했어요."

아프리카에서 만난 뉴질랜드인 부부가 한 말이다. 바이칼 호 역에 서자마자 총알같이 뛰어나갔으나 호수까지 동서남북 길을 모르겠다.

지나가는 사람들에게 "바이칼 바이칼?" 하고 물으니 가리켜주는 손가락 방향이 제각각이다. 막무가내 한참을 뛰어가니 저만큼 호수가 보이는데, 거기까지 갔다가는 기차를 놓치겠다 싶었다.

'그 부부는 어떻게 수영까지 했지? 내가 정말로 올 줄은 모르고 허풍을 떤 게 분명해. 순진하게 그 말을 믿은 내가 잘못이지.'

어쨌든 오랜만에 달리기를 한 덕분에 잠이 완전히 달아나, 기차 안에서 몇 시간 동안 계속되는 바이칼 호와 그 주위 경치를 제대로 구경할 수 있었다. 세계에서 제일 깊은 호수와 그 주위의 회초리같이 날씬한 자작나무 숲들.

: 강아지 밀수꾼에 마피아까지

그날 낮에 나를 찾아온 사람이 있다. 30대 후반의 뚱뚱한 미국인으로, 식당에 접시를 빌리러 갔을 때 나를 보았다는 거다. 모스크바와 베이징을 오가며 장사를 하고 있다는데, 내가 보기에는 그냥 부초처럼 뿌리 없이 떠도는 만년 부랑자 같다.

오랜만에 영어로 얘기하니 숨통이 트인다며 남 생각은 하지 않고 늦게까지 퍼질러 앉아 떠드는 게 주책없다고 생각했지만, 그동안 얼마나 외로웠으면 저러나 하는 측은한 마음도 들었다.

오후에는 어느 정거장에서 중국인들이 제법 많이 탔는데, 그 가운데 수상한 남자 둘이 옆 칸에 들어 우리를 감시하는 것 같아 신경이 쓰였다. 우리가 객실을 나오기만 하면 자기들도 방 밖에 나와 서성이고, 화장실에 가면 자기들도 화장실 앞에서 차례를 기다리는 척한다.

"아니, 저 사람들이 왜 저러지? 미란 씨 짐작 가는 거 없어?"

"글쎄요. 이 열차에 도둑이 많다던데 도둑 같습니다."

우리는 물건을 잘 보이게 정리해서 짐마다 자물쇠를 채웠다. 화장실 갈 때도 반드시 함께 가기로 하고, 가스총을 꺼내놓고 방문을 잘 잠갔지만 좀처럼 편안한 시간을 가질 수가 없다.

밤에 한참 자고 있는데 누가 문을 두드렸다. 벌떡 일어나보니 새벽 2시다.

'이 밤중에 웬 놈인가?'

겁이 나서 문을 열지 못하는데, 밖에서는 더 크게 문을 두드리며 발로 차기까지 한다. 미란 씨는 겁에 질려 얼굴이 새파랗다. 비상사태라고 생각한 나는 가지고 다니는 가스총을 겨누며 호루라기를 꺼내 있는 힘을 다해 불었다.

"휘익, 휘리릭, 휘리릭."

조금 뒤 웅성거리는 소리가 나고 여차장 탄야의 목소리가 들린다.

"문 좀 열어봐."

그러나 이 여자도 믿을 수 없다. 이 기차에 타는 도둑놈들은 승무원과 짜고 도둑질을 한다니까.

"나 차장이야. 걱정 말고 문 열어요."

심호흡을 하고 가스총을 장전해 겨누며 바짝 긴장해서 문을 열었다. 그랬더니 문 앞에 그 뚱뚱보 미국인이 잔뜩 취해서 서 있다.

"술 한잔 같이하자는데 뭐 잘못된 거 있어요?"

혀가 꼬부라진 이 '부초'의 손에는 보드카 한 병과 오전에 바이칼호에서 산 훈제 생선이 들려 있었다.

우리를 힐끔거려 신경 쓰이게 했던 수상한 사람들은 강아지 밀수꾼들이다. 러시아에서 중국으로 애완용 강아지를 밀수해 파는 개장수들이다. 중국에서는 법적으로 애완용 강아지를 키우지 못하게 되어 있는데 이렇게 밀수된 강아지는 중국 상류층에 고가로 밀매된단다. 어렵게 국경을 넘으면 살아남는 수는 절반, 그래서 부르는 게 값이란다.

그렇게 목숨을 건진 강아지들도 중국에 넘어가자마자 성대 제거 수술을 해서 평생 짖지도 못하고, 신흥 재벌들의 살아 있는 장난감 노릇을 하다가 몸이 좀 커지면 그대로 내쫓겨 거리를 헤매다 죽는 아주 불쌍한 처지가 된단다.

　이들은 짐 조사가 심하지 않은 외국인인 내게 강아지 상자를 맡기려고 그렇게 살핀 거다. 호기심에 그러라고 했더니 국경에서 강아지 열 마리가 든 상자가 올라온다. 상자를 열어보니 수면제를 잔뜩 먹여 거의 빈사 상태다. 어떤 것은 벌써 입가에 거품을 물고 있다. 가엾어라!

　애완견을 기르지 못하게 하는 경직된 법이나 그걸 꼭 기르려고 하는 졸부들 그리고 강아지의 목숨을 담보로 돈만 벌면 된다고 생각하는 밀수꾼들 때문에 가엾은 생명만 저렇게 죽어가는 거다.

　엿새째 날, 기차는 러시아와 중국 국경을 넘는다. 국경 가까운 역에서 새벽에 많은 중국인들이 탔다. 우리 칸에도 러시아에서 공부하는 중국인 유학생 왕이라는 청년이 올라왔다.

　그는 타자마자 자기는 포르노 사진도 많고 달러도 규정보다 많으니 내 짐 속에 사진도 좀 숨겨주고 돈도 좀 맡아달라고 한다. 나는 외국인이라 수색을 하지 않는다는 거다. 50달러를 주겠다고 통사정이다.

　밀수 강아지에 포르노 사진에 신고하지 않은 달러까지? 사정은 알겠지만 솔직히 한국을 코앞에 두고 쓸데없는 곤경에 말려들고 싶지 않았다. 좀 냉정하지만 부탁을 거절해버렸다.

　드디어 국경도시 자바이칼스크. 오후 3시에 도착해 무려 5시간을 난방 없는 역사에서 떨며 기다렸다. 대부분의 시간은 기차 바퀴 갈아 끼우기로 소모되었다. 러시아와 중국의 바퀴 폭이 다르기 때문이다.

　나머지 시간은 세관원들의 짐 검사와 몸수색 그리고 출입국관리들의 비자와 여권 검사. 모두들 조마조마한 얼굴이어서 아무 죄 없는 나까지 긴장된다.

우리 칸에도 미남 러시아 검사관이 들어와 짐 검사와 몸수색을 시작한다. 미란 씨와 나는 세관 서류를 한번 쓱 훑어보는 것으로 끝났으나 왕이라는 학생은 걸리고 말았다.

우리더러 좀 나가 있으라고 하더니 옷을 발가벗기고 숨겨놓은 돈 1000달러를 찾아냈다. 우리가 옆 칸에서 간을 졸이며 듣고 있자니 왕의 애원 소리가 들렸다.

"그 돈 다 드릴 테니 나를 중국에 보내주세요."

한참 실랑이 끝에 국경 경찰이 오고 가고 하더니 결국 이 학생은 수갑을 차고 내려간다. 승무원 말로는 이 학생이 마피아라는데 단돈 1000달러, 우리 돈 80만 원을 신고 없이 지닌 죄로 철창행이라니, 너무 가혹하다는 생각을 떨쳐버릴 수 없다. 돈을 맡아주었어야 했나 하는 죄책감이 들기도 한다.

강아지 밀수꾼들은 어떻게 손을 썼는지 그 방에서는 아무 소리가 없다. 이불 밑에 넣어놓은 왕의 포르노 사진과 침대 밑에 넣어놓은, 죽었는지 살았는지 모를 강아지 열 마리를 싣고 기차는 러시아를 떠나 중국 땅에 들어섰다.

: 끝없는 평원, 지구는 평평하다

중국 땅에 들어서자 중국 차장이 한자로 된 세관 서류와 입국 서류를 건네주는데, 이번에는 미란 씨가 안절부절. 이름도 나이도 틀린 가짜 여권으로 15일간의 여행 허가증을 받아 반년 만에 돌아가는 길이니 벌벌 떨 수밖에. 별일 없을 거라고 위로했으나 얼굴이 파래진다.

출입국관리소에 끌려갔던 미란 씨는 1000원, 중국 돈으로는 어마어마한 벌금을 내고 돌아왔으나 싱글벙글이다. 벌금으로 끝난 게 다행이라고 입을 다물지 못한다. 벌금 내고도 저렇게 좋아할 수 있을까.

이레째, 기차는 국경을 넘어 내몽골 평원을 달린다. 지금 누가 내게 지구는 둥근가 평평한가 물으면 나는 망설이지 않고 평평하다고 대답할 만큼 평원은 끝도 없이 펼쳐져 있다.

여기가 우리의 선구자들이 말 달리던 드넓은 만주 벌판이다. 우리 민족의 기개와 기상이 서려 있는 곳이라는 느낌이 들어 괜히 코끝이 찡한 한편, 이 땅이 예전에는 우리 땅이었다고 생각하니 왠지 씁쓸하고 안타깝다.

어제 저녁부터 웬일인지 꼭 체한 것처럼 속이 불편하고, 머리가 아프고, 힘이 없다. 하기야 7일 밤낮을 기차를 타고 왔으니 멀미가 날 때도 되었지.

기차는 오전에 하얼빈을 지나 오후에 창춘으로, 밤에 선양(瀋陽)까지 간다. 미란 씨는 다 왔다고 가슴이 부풀어 아침부터 곱게 단장하고 누웠다 앉았다 부산을 떤다. 멀미가 나서 죽은 듯이 누워 있는 나를 깨워, 물어보지도 않은 자기 아들 자랑을 한참 한다. 여태껏 잘 지내다가 나 아프다고 박정하게 대할 수는 없어 울며 겨자 먹기로 맞장구를 쳤다.

점심에 무얼 먹기는 먹어야 할 것 같아서 또 컵라면을 먹었더니 속이 뒤집힌다. 이제는 컵라면도 신물이 난다. 일주일 동안 삼시 세끼 컵라면만 먹었으니 그 고소하던 라면이 냄새도 맡기 싫고, 면발도 보기 싫다. 컵라면 소리도 듣기 싫고, 컵라면 먹는 사람 꼴도 보기 싫다. 나 같은 라면 중독자에게 정말 불가사의한 일이다.

창춘에서 미란 씨가 내리기 전에 그녀가 탐내던 내 물건들을 모두 줘버렸다. 그동안 입던 옷에 쓰던 화장품, 스타킹에 수첩, 그림엽서와 볼펜까지.

며칠간 한방을 쓰던 친구라 내리자마자 아쉽다. 미란 씨가 내리고 나니 멀미가 더 도지는 것 같아서 이런 때 미란 씨라도 옆에 있었으면 하는 생각이 간절했다.

무뚝뚝하지만 나름대로 신경을 써주던 탄야와 마리나, 두 여차장이 손님도 다 내려 할 일이 없어졌는지 보드카를 들고 찾아왔지만 몸 컨디션이 말이 아니어서 그 좋은 기회를 사양했다. 그저 빨리 시간 가기만 바랄 뿐 아무것도 할 수가 없다.

언제나 지치고 힘든 나를 위로하는 건 아무리 봐도 싫증나지 않는 우리 가족들 사진 그리고 세계 각국의 국제 사서함을 통해 받은 가족들과 친구들의 편지다. 보고 또 보고, 읽고 또 읽고. 여행 내내 이것들이 없었으면 문득문득 찾아오는 외로움을 이겨내기 어려웠을 거다.

아침 6시 35분에 베이징에 닿는다는 걸 몇 번이나 확인하고, 전날 밤부터 잠도 제대로 못 잤다. 이불도 덮지 않고 선잠을 자면서 1시간에 한 번씩 깼다.

짐을 다 꾸려 큰 배낭, 작은 배낭, 음식 꾸러미까지 챙겨놓고 잠깐 눈을 붙인다는 게 그만 깜빡 잠이 들었는데, 머리를 깔끔히 빗어 넘긴 탄야가 정복 차림으로 나를 깨운다.

"베이징이에요?"

"다, 다(그래요, 그래)."

아직 어둠이 가시지 않은 역에는 한자로 '북경역(北京驛)'이라고 쓴 붉은 네온사인이 피로 도장을 찍은 듯 선명하다.

총 길이 9500킬로미터, 178시간을 달리는 시베리아 횡단철도의 종착역. 북한까지 이어지는 시베리아 횡단 열차를 꿈꾸던 아버지와의 다짐을 한 조각 이루어냈다는 작은 만족감이 가슴을 채운다.

내일이면 '우리 집'에 간다

: 베이징에서도 보이는 건 한국뿐

　베이징의 유스호스텔에 누워 있어도 침대 밑에서는 기차 바퀴 소리가 들리고 침대가 흔들리는 것 같다. 내 침대는 벙커베드 2층인데, 조금만 몸을 움직여도 침대가 심하게 요동을 쳐 기차 멀미를 도지게 한다.
　너무 피곤하니까 잠도 오지 않고 자꾸만 배가 아프다. 옆으로 누워도 아프고, 바로 누워도 아프고, 엎드려도 아프다. 위경련인가? 나는 안 아픈 사람이라고 장담하면서 남은 약도 모두 미란 씨 줘버렸는데 이런 때는 무슨 약을 먹어야 하나?
　기왕에 아플 거라면 서울 가서 아프지 말고 여기서 다 아프고 가면 좋겠다. 서울 가서 아프면 가족들이 만날 그러고 다니는 줄 알고 걱정이 클 테니까 말이다.
　다음 날 톈진에서 떠나는 인천행 배표를 사러 갔다. 안내를 보니 학생은 20퍼센트 할인이란다. 가짜지만 국제 학생증도 있겠다. 창구 직원에게 학생표를 달라고 했다.
　영어를 못하는 그 직원, 나를 쭉 한번 쳐다보더니 손짓으로 학생증을 보여달란다. 내 국제 학생증을 보여주니 이건 안 된다고 한다. 할인은 중국에서 공부를 하고 있는 사람들에게만 해당된다고 하는 것 같다. 귀동냥과 미란 씨에게 배운 중국말을 좀 써보았다.

"나 중국에서 공부해요."

"어디서?"

"상하이."

"어느 학교?"

"상하이문화교류센터."

"무슨 공부?"

"요리."

이렇게 해서 아주 쉽게 학생 할인을 받았다.

'중국어 별거 아니네. 사성이 어렵다지만 앞에 악센트를 넣었다가 안 되면 다시 뒤를 세게 한번 해보는 거야, 호호호.'

닷새 후에 인천으로 떠나는 배표를 손에 쥐니 내 마음은 먼저 한국에 가 있다. 천안문이니 자금성이니 만리장성이니 구경은 하는데, 모든 게 건성이다. 엄청난 규모에 입이 딱 벌어지지만, 다른 때처럼 이리 뛰고 저리 뛰며 사진도 찍지 않았다.

"너는 별로 감동을 받지 않는 것 같네."

숙소에서 만나 동행한 일행들이 감탄사를 연발하면서 무덤덤한 내게 묻는다.

"이런 거 우리나라에도 다 있거든. 규모만 백 배쯤 뻥튀기했다고 생각하면 돼."

대답을 해놓고 보니 내 말이 그럴듯하다. 규모만 클 뿐이지 서울에서도 다 볼 수 있는 거 아닌가.

: 떡볶이, 김치찌개, 비빔국수……

인천으로 가는 배가 뜨는 톈진 항. 아침 배를 타기 위해 여기서 하룻밤을 묵기로 했다. 기차역 근처에서 여관 호객꾼들이 잡아끌어 따라가 보았더니 외국인에게는 엄청난 바가지다. 호객꾼 젊은 청년 하나에게 중국어 반, 필담 반으로 물었다.

"부모님하고 같이 살아요(父母同居)?"

이 친구, 무슨 영문인지 모르겠다는 표정이다.

"이렇게 비싼 여관 안 좋아요. 자기 집에서 하룻밤 잘 수 있어요 (高價旅館不好, 你家寢可能)?"

"방 한 칸에 엄마, 아버지, 형까지 사는데요? 화장실도 없고."

"괜찮아요. 엄마 옆에서 침낭 펴고 자면 되니까(無關係我母側寢可能)."

이렇게 중국에서도 말도 안 되는 필담으로 억지 민박을 했다. 이 집 엄마는 고향이 헤이룽장성(黑龍江省)으로 그곳에 조선족이 많아서 나를 낯설어하지 않는다. 잉어와 돼지고기 조림에 맥주까지 마시며 푸짐한 저녁을 먹고 일찍 잠자리에 들었다. 가족들이 모두 발도 안 씻고 한방에서 자기 때문에 발 고린내가 진동해, 그날 밤 발 고린내 가스에 중독되지 않은 게 다행이다.

아침에 숙식비를 내놓으니 화장실도 없는 데서 이러면 안 되는데 하는 표정을 지으면서도 좋아하며 삶은 오리알 몇 개를 싸 준다.

드디어 그리고 그리던 한국으로 가는 배 삼등 선실에 옌볜 조선족 아줌마들과 자리를 잡았다. 옆에는 한국 대학생 배낭족 두 팀이 배낭을 부리자마자 내게 말을 건다.

"아줌마, 아줌마도 옌볜에서 오셨어요?"

"뭐라고? 아줌마라고?"

아줌마, 참 오랜만에 들어보는 호칭이다. 여행 중 한국인 여행자들은 보기가 힘들고 현지에서 만난 한국 사람들은 아무도 나를 이렇게 부르지 않았는데, 한국 가는 배에 올라타서야 나이를 체감하게 된다.

아줌마, 싫은 척했지만 따뜻하게 느껴지는 단어이기도 하다.

"아줌마가 뭐야? 큰누나라고 해야지."

학생들은 박장대소.

"알았어요. 아줌마 큰누나."

이들은 따로따로 여행하다 베이징에서 합류했다는데 서로 앞을 다퉈 자랑 삼아, 보고 삼아 자기들의 여행이 얼마나 어렵고 힘들었는지 얘기한다.

"고추장이 일주일 만에 바닥나서 음식 먹느라고 얼마나 고생했는지 몰라요."

"말도 마세요. 15시간 기차를 타는데, 지루해 죽는 줄 알았다고요."

이 학생들, 2주일간의 단기 여행이라 그런지 집에 돌아가는 길에도 한국 물자가 잔뜩 남아 있어 신기하다. 물휴지며 껌, 커피믹스에 피로 회복제까지. 그중 한 녀석이 2주일 전에 떠난 고국이 그립다 어떻다 하면서 컵라면을 권한다.

"제발 저리 치워줘, 사람 살리는 셈치고. 정말 부탁이야."

"어, 왜 그러세요? 라면 알레르기세요? 이 중국 컵라면 맛있는 건데."

"너희는 지금 내 심정 모를 거다. 너희도 시베리아 횡단 열차 한 번 타봐라."

큰 보따리 짐에 기대어 있는 나를 장사꾼으로 알았던 대학생들,

눈이 휘둥그레진다.

"여행 중이세요?"

"그래, 그것도 홀로 하는 육로 세계 일주 여행. 지금 만 3년, 햇수로 4년째야."

"아이쿠, 사부님 누나."

학생들은 일제히 내 앞에 바짝 머리를 조아린다.

갑판에 나와 바다를 본다. 누가 이 바다를 황해라 했나. 이름 같으면 누런색일 텐데 검은 듯 짙은 청색이다. 언제나 자신 있게 도전하고 힘 있게 헤쳐 나가는 젊은이들의 빛깔.

내일이면 집에 가는 거다. 집에 가면 가족들이랑 시간을 많이 보내야지. 산에도 많이 가고 보약도 먹어야겠다. 그동안 밀렸던 책도 많이 보고 영화도 많이 보고.

집에 도착하면 먼저 사우나부터 가자. 아니, 아니, 친구들에게 전화부터 해야겠다. 얼마나 반가워할까. 전화통에서 튀어나오려고 할 거다.

아무래도 말라리아 예방약 때문에 간이 나빠진 모양인데 간 검사도 꼭 해야겠다. 많이 나빠졌다고 여행을 중단하라면 어떻게 하지? 아직도 중국과 그 주변 국가를 2년쯤 더 여행할 생각인데.

나빠졌다면 집에서 먹고 자고 푹 쉬지, 뭐. 그래, 한국 음식 실컷 먹으면 금방 좋아질 거야. 먹고 싶은 거 잊어버리기 전에 다 적어 놓아야겠다.

떡볶이, 초장 찍은 생굴, 멸치 미역국, 김치 빈대떡, 김치찌개, 비빔국수, 파 듬뿍 넣은 도가니탕…….

멀리 붓으로 점을 찍어놓은 듯 작고도 까만 우리의 무인도가 눈에 들어오기 시작한다.

바람의 딸,
걸어서 지구 세 바퀴 반 1

첫판 1쇄 펴낸날 2007년 10월 18일
6쇄 펴낸날 2008년 4월 1일

지은이 한비야
펴낸이 김혜경
문학교양팀 이재현 이진 김미정
디자인팀 박정숙 윤정우 전윤정 문지현 지은정
마케팅팀 엄현진 윤혜원 이원영 이재훈
경영지원팀 임옥희 김순상

인 쇄 백왕인쇄 제 책 정민제책

펴낸곳 (주)도서출판 푸른숲
출판등록 2002년 7월 5일 제 406-2003-032호
주 소 경기도 파주시 교하읍 문발리
　　　　파주출판도시 529-3 푸른숲빌딩, 우편번호 413-756
전 화 031)955-1400(마케팅본부) 031)955-1410(편집부)
팩시밀리 031)955-1406(마케팅본부) 031)955-1424(편집부)
http://www.prunsoop.co.kr

ⓒ 푸른숲, 2007

ISBN 978-89-7184-747-3 04810
　　　978-89-7184-746-6 (세트)

* 잘못된 책은 구입하신 서점에서 바꾸어 드립니다.
* 본서의 반품 기한은 2013년 4월 30일까지입니다.

이 도서의 국립중앙도서관 출판시도서목록(CIP)은 e-CIP 홈페이지(http://www.nl.go.kr/cip.php)에서
이용하실 수 있습니다.(CIP제어번호: CIP2007003045)

- 1권 경로
- 2권 경로
- 3권 경로
- 4권 경로